国債管理政策の新展開

日米英の制度比較

須藤時仁

日本経済評論社

はしがき

　本書は国債管理政策に係る諸制度を考察し，その運用が国債市場へ及ぼす影響を理論的，実証的に分析した研究書である．具体的には，国債管理政策を発行政策と残高管理政策に分けた上で，①「国債の発行に係るコストの最小化とリスクの抑制」という国債管理政策の目的に対してどのような制度が整備されているのか，②諸制度の運用が国債市場に与える影響を通じてその政策目的にどの程度寄与しているのか，という2つの観点から論考している．分析対象は1990年代後半以降の日本，アメリカ，イギリスである．

　前著『イギリス国債市場と国債管理』（2003年，日本経済評論社）では，1980年代から90年代にかけてのイギリス国債市場の効率性および国債管理政策について実証的に分析した．前著，本書とも国債管理政策がメインテーマであるが，前著が国債市場との関係から分析した「マーケット編」であるのに対して，本書はいわば「制度編」である．

　近年，わが国では国債管理政策の重要性が高まっているが，関連する邦語文献は少ない．特に，国債管理政策に係る制度は，わが国のみならず英米でも1990年代後半から急速な変化を遂げているにもかかわらず，それらを整理した邦語文献はほとんど見当たらない．本書は日米英における制度を詳細に解説しているが，単なる制度の解説と比較にとどまらず，それらの諸制度が国債市場にどのような影響を及ぼしているのか，国債管理政策の目的に照らしてどのような貢献をしているかについて実証的，理論的に分析している点に大きな特徴がある．

　本書は全7章で構成されている．

　第1章は日本における財政状況の説明を通じて本書の問題意識を論じている．第2章から第4章までが発行政策に関する分析である．第2章では国債

の需要構造を考慮した場合の最適な発行満期構成を理論的に考察した．第3章では，発行政策を発行制度と狭義発行政策（発行満期構成）に分けて詳細に考察し，狭義発行政策における各国の特徴を明らかにした．第4章では，英米を対象に金利の期間構造と発行満期構成との関係を実証分析し，第3章で導いた狭義発行政策の特徴を検証した．

第5章から第7章までは残高管理政策に係る諸制度を分析している．第5章は財政当局が満期到来以前に国債を市場から買い戻す国債買戻政策を考察し，第7章は国債管理政策の観点から非市場性国債の制度について論じている．各章とも前半は各国の制度を詳細に比較し，後半はその政策または制度が国債市場に及ぼす影響について実証的または理論的に分析した．第6章では，2004年から05年にかけてイギリスで導入が議論された年金国債を残高管理の観点から活用するメリットを論じ，実際に日本に導入するための条件を検討している．

各章の分析を通じて明らかになったことは以下の点である．

まず，発行政策に関して，今日では日米英とも同様の制度的枠組みを備えている．しかし，国債発行の実態を国債管理政策の目的に照らして評価すると，イギリスはその目的と整合しているが，日米では必ずしも整合していない．一方，残高管理政策において重点が置かれている制度は，イギリスでは買戻制度，アメリカでは非市場性国債と区々であるが，実証分析からいずれの国でも国債管理政策の目的に寄与していることが推測される．日本の制度は英米に比べて不十分であり，課題は発行政策より残高管理政策に係る制度の整備と言えよう．

内容についてはこれ以上立ち入らないが，当然のことながら，本書には至らぬ点が多々あることと思う．今後の研究を深めていくためにも，どのような点であれ，本書に関するご批判等を読者の方々からいただければ筆者として望外の喜びである．

筆者のような浅学非才の者がこうして2冊目の単著を上梓することができ

たのは，多くの方々のご指導，ご援助の賜物である．この機会をかりて感謝の意を表したい．

現職場である財団法人日本証券経済研究所に奉職して約10年が経つ．同研究所の研究環境はきわめて充実しており，そのような恵まれた環境がなければ筆者のような者が単著を著すことなどとてもできなかったであろう．筆者に自由な研究を許していただいた髙橋厚男理事長をはじめとした歴代の理事長ならびに常務理事，入所以来ご指導いただいている小林和子主任研究員，佐賀卓雄理事・主任研究員をはじめとする同研究所の方々に心から感謝申し上げなければならない．また，斉藤美彦先生（獨協大学）と代田純先生（駒澤大学）には同研究所に入所するきっかけを与えていただいたばかりか，今日に至るまで公私にわたり大変お世話になっている．さらに，同研究所のヨーロッパ資本市場研究会，公社債市場研究会をはじめとした諸研究会では，参加されている先生方から筆者の報告に対して的確なご意見とご指摘をいただいた．この場を借りて御礼申し上げたい．

前著により，2005年3月に横浜国立大学から博士（学術）の学位を授与された．主査，副査となっていただいた井上徹先生（横浜国立大学），米澤康博先生（早稲田大学），浅野幸弘先生（横浜国立大学）からは，口頭試問の過程において，国債市場並びに国債管理に対する様々な角度からのご意見を伺うことができた．本書のスタートはその口頭試問からと言っても過言ではない．

本書のもとになった論文は巻末の初出一覧で示したとおりである．それらの論文を執筆するにあたり多くの先生方から貴重なコメントをいただいた．なかでも，野村容康先生（獨協大学），山田直夫研究員（日本証券経済研究所），査読誌のレフェリーの先生方にはここに記して感謝の気持ちを伝えることとしたい．

最後に，専門書の出版事情が極めて厳しいおり，前著に続き本書の出版を快くお引き受けくださった日本経済評論社の栗原哲也社長および編集の清達二氏に心から御礼を申し上げたい．本書は，独立行政法人日本学術振興会平

成 19 年度科学研究費補助金（研究成果公開促進費）学術図書（課題番号：195114）の交付を受けた刊行物である．ここに記して御礼申し上げる．

2007 年 6 月

初夏の研究室にて　　須　藤　時　仁

目　次

はしがき

第1章　国債管理政策の意義 …………………………………1

1　はじめに　1
2　国債管理政策とは　3
　2-1　定　義　3
　2-2　目　的　4
3　財政政策の経済効果　7
　3-1　公債の中立命題　9
　3-2　非ケインズ効果　12
　3-3　公債の中立命題と非ケインズ効果の整合性　15
　3-4　日本を対象とした先行研究　16
4　日本の金利動向　18
　4-1　リスク・プレミアムの顕現化　19
　4-2　借換債の大量発行と民間消化負担の増加　21
5　結　論　24
付論　「コスト最小化」目的と「リスク抑制」目的の背反関係
　　　を示す仮設例　25

第2章　最適満期構成の理論的考察
　　　　―新発国債の需要と供給― …………………………31

1　はじめに　31
2　政府による最適供給　34

2-1　予算制約と政府行動の仮定　34
　　2-2　最適供給構成の導出　36
　　2-3　最適供給構成の特徴　41
　3　投資家による最適需要　43
　　3-1　投資家行動の仮定　44
　　3-2　最適需要構成の導出と特徴　45
　4　均衡経路と不均衡分析　48
　　4-1　均衡経路　48
　　4-2　不均衡分析　50
　5　結　論　56
　付論　命題の証明　58

第3章　国債発行政策の日米英比較　65

　1　はじめに　65
　2　発行制度　67
　　2-1　発行市場の枠組み　67
　　2-2　商 品 性　77
　3　狭義の発行政策と保有構造　88
　　3-1　狭義の発行政策　88
　　3-2　保有構造　95
　4　結　論　109

第4章　国債発行政策と金利の期間構造　119

　1　はじめに　119
　2　モ デ ル　123
　　2-1　金利の期間構造理論と発行政策との関係　123
　　2-2　金利の期間構造と発行政策との長期的関係を表すモデル　125
　　2-3　金利の期間構造と発行政策との短期的関係を表すモデル　129

　　　　　　　　　　　目　次　　　　　　　　　ix

　　3　データの検証　　　　　　　　　　　　　　　131
　　　3-1　データ　131
　　　3-2　単位根検定　134
　　4　推定結果　　　　　　　　　　　　　　　　　138
　　　4-1　推定上の問題点　138
　　　4-2　長期的関係　139
　　　4-3　短期的関係　153
　　5　結　論　　　　　　　　　　　　　　　　　　167

第5章　国債買戻政策の日米英比較 ……………………171
　　1　はじめに　　　　　　　　　　　　　　　　　171
　　2　買戻制度とは　　　　　　　　　　　　　　　173
　　　2-1　目的と対象銘柄の選択要素　174
　　　2-2　買戻オペレーション　176
　　　2-3　借換オペレーション　179
　　　2-4　各オペレーションの効率性とコスト　182
　　3　日米英の制度比較　　　　　　　　　　　　　184
　　　3-1　イギリス　184
　　　3-2　アメリカ　190
　　　3-3　日　本　193
　　4　オペレーションの実施状況　　　　　　　　　194
　　　4-1　オペレーションの時期　194
　　　4-2　オペレーションの概要　195
　　　4-3　オペレーションの目的に対する成果　200
　　5　結　論　　　　　　　　　　　　　　　　　　210

第6章　国債残高管理政策としての年金国債導入 ………227
　　1　はじめに　　　　　　　　　　　　　　　　　227

2 債務負担の軽減策　230

- 2-1 国債残高の削減　230
- 2-2 利払費の削減　232
- 2-3 償還年限の長期化　232

3 年金国債　235

- 3-1 年金国債の特徴　236
- 3-2 年金国債と固定利付国債との比較　239
- 3-3 年金国債のメリットと問題点　241

4 保有構造と年金国債の具体的導入：結びにかえて　244

- 4-1 国債保有構造の日米英比較　245
- 4-2 非市場性の年金国債を発行した場合のメリットと問題点　252

第7章　非市場性国債の活用
―国債管理政策の視点から―　255

1 はじめに　255

2 貯蓄国債　256

- 2-1 貯蓄国債とは　256
- 2-2 貯蓄国債商品の英米比較　259
- 2-3 貯蓄国債の財政と家計金融資産への影響度　266

3 政府部門向け非市場性国債　271

- 3-1 貯蓄国債以外の非市場性国債　271
- 3-2 アメリカ　272
- 3-3 イギリス　276
- 3-4 政府部門向け非市場性国債の財政への影響度　277

4 非市場性国債発行のメリットと市場への影響　281

- 4-1 非市場性国債発行の意義　281
- 4-2 モデル分析　282

5 結論：日本へのインプリケーション　286

目　次　　　　　　　　xi

参考文献　　　　　　　299
索　引　　　　　　　　309
初出一覧　　　　　　　314

図表一覧

図 1-1　一般政府債務残高の名目 GDP 比
表 1-1　国債（公的債務）管理に係るリスクの種類
表 1-2　1990 年以降の大型経済対策
図 1-2　公共投資の民間需要刺激効果
表 1-3　非ケインズ効果に関する実証研究結果
図 1-3　長期金利と利払費
図 1-4　国内銀行の総資産に占める国債と貸出金の比率
図 1-5　国債の要償還額および借換債発行額の見通し
付表 1-1　政府の国債管理計画と実際の推移（仮設例）

表 3-1　日米英のプライマリー・ディーラー制度
表 3-2　市場性国債（自国通貨建ての内国債）の商品性比較
図 3-1　年限別発行構成（イギリス）
図 3-2　年限別発行構成（アメリカ）
図 3-3　年限別発行構成（日本）
表 3-3　イギリスの投資家別政府債務の保有構成比
表 3-4　市場性国債の保有構造（イギリス）
表 3-5　市場性国債の保有構造（アメリカ）
表 3-6　日本の金融機関が保有する外国債券（証券）の残存期間別保有構成比
表 3-7　米国生命保険会社が保有する債券の残存期間別構成比
表 3-8　市場性国債の保有構造（日本）
表 3-9　日本の金融機関が保有する日本国債の残存期間別保有構成比
付表 3-1　各国発行市場の枠組み
付表 3-2　表 3-6 および表 3-9 で集計の対象とした日本の民間金融機関

表 4-1　単位根検定の結果
表 4-2　イギリスにおける期間構造と発行構成比との長期的関係（5 年物金利）
表 4-3　イギリスにおける期間構造と発行構成比との長期的関係（10 年物金利）
表 4-4　イギリスにおける期間構造と発行構成比との長期的関係（20 年物金利）

表4-5 アメリカにおける期間構造と発行構成比との長期的関係（5年物金利）
表4-6 アメリカにおける期間構造と発行構成比との長期的関係（10年物金利）
表4-7 アメリカにおける期間構造と発行構成比との長期的関係（20年物金利）
表4-8 イギリスにおける期間構造と発行構成比との短期的関係（5年物金利）
表4-9 イギリスにおける期間構造と発行構成比との短期的関係（10年物金利）
表4-10 イギリスにおける期間構造と発行構成比との短期的関係（20年物金利）
表4-11 アメリカにおける期間構造と発行構成比との短期的関係（5年物金利）
表4-12 アメリカにおける期間構造と発行構成比との短期的関係（10年物金利）
表4-13 アメリカにおける期間構造と発行構成比との短期的関係（20年物金利）
表4-14 イールド・スプレッドを除いた場合の因果関係
付表4-1 変数表

表5-1 多くの国で採用されている買戻し対象銘柄の選択基準
表5-2 買戻制度を採用している主要国
図5-1 オペレーションの効率性とコスト
表5-3 オペレーションによる買戻し額および財政指標
表5-4 英米におけるRAオペレーション（1回当たり平均）の概要
表5-5 イギリスにおける借換オペレーションの概要
表5-6 オペレーションを行った時期と行わなかった時期の国債発行状況の比較
表5-7 RAにおける対象銘柄の満期（償還年）と買戻し額
表5-8 普通ギルト債残高の残存期間別構成比（イギリス）
表5-9 利付国債残高の残存期間別構成比（アメリカ）
表5-10 普通国債残高の残存期間別構成比（日本）
表5-11 日本における買戻制度の新旧比較
表5-12 日本における2006年1月以降のオペレーション実施状況
表5-13 国債整理基金による既発国債の買入消却等の新たな活用に対する考え方
付表5-1 イギリスにおける主要な買戻オペレーションの概要
付表5-2 イギリスにおける小額オペレーション
付表5-3 アメリカと日本における買戻制度の概要

表6-1 年金国債の基本的仕様（普通型と物価連動型に共通）
図6-1 普通年金国債（50年物）のキャッシュフロー
表6-2 日本における国債保有構造（2006年9月末）
表6-3 イギリスにおける国債（政府債務）の保有構造
表6-4 アメリカにおける国債保有構造（2006年9月末）

図6-2　年金積立金管理運用独立行政法人による運用資産の構成状況

表7-1　合衆国貯蓄債券の商品別残高
図7-1　合衆国貯蓄債券の財政と家計金融資産に占める比率
図7-2　イギリスにおける貯蓄投資の財政と家計金融資産に占める比率
表7-2　イギリス貯蓄投資の商品別残高
図7-3　アメリカにおける非市場性国債の残高と総国債残高に占める比率
図7-4　NILO債の残高と総国債残高に占める比率
図7-5　アメリカの社会保障信託基金残高の将来推計
表7-3　日本の個人向け国債の概要
図7-6　日本の公的年金残高の見通し
付表7-1　アメリカの合衆国貯蓄債券商品
付表7-2　イギリスの貯蓄国債商品
付表7-3　アメリカにおける主要な基金の概要
付表7-4　イギリスにおける主要な基金の概要

第1章

国債管理政策の意義

1 はじめに

　わが国政府は，経済の長期低迷や金融システムの動揺といった厳しい経済環境に対処するために大量の国債発行を余儀なくされ，その結果，財政は危機的状況に至っている．一般会計ベースの普通国債に財政融資資金特別会計国債（財投債）などを加えた内国債の残高は，2005年度末の671兆円（名目GDP比133.2％）から06年度末には674兆円（同132.1％）へと増加し，さらに07年度末には約693兆円（同132.8％）に達すると予想されている．

　また，SNAベースで見た一般政府債務残高の対名目GDP比をG7諸国で比較すると，わが国は1999年にイタリアを抜いて以来，他の6カ国とその差が開き続けている（図1-1）．OECDによる07年の予想（06年12月時点）では，英米独仏加の5カ国が49.0～74.4％，イタリアが121.0％に対して，日本は177.6％と突出している．

　こうした危機的状況を前に，財務省は公的債務管理の戦略を確立するため，「公的債務管理政策に関する研究会」（以下，「研究会」と略す）を設置し，03年11月にその研究会から『報告書』（公的債務管理政策に関する研究会[2003]，以下では「報告書[2003]」と記す）が公表された．研究会では，IMF・世界銀行が01年3月に公表した『公的債務管理のための指針』（IMF and World Bank [2001]，以下では「指針[2001]」と記す）をベースにしながらも，わが国公的債務の特徴を考慮して，公的債務管理政策が対

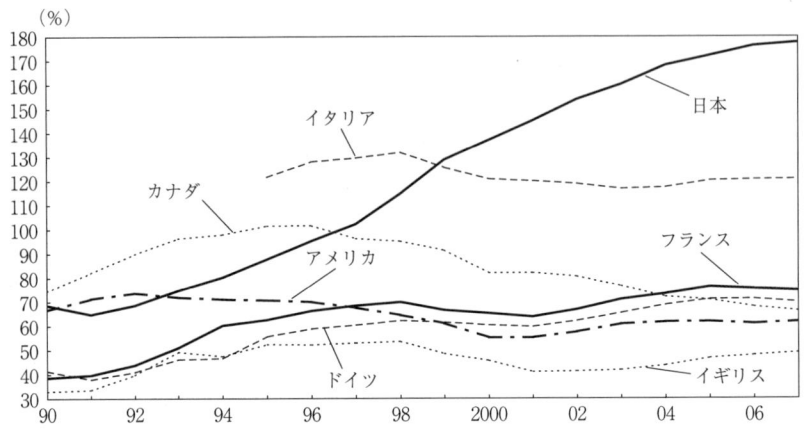

注：2006-07年は見通し．
出所：OECD, *Economic Outlook*, No. 79 と No. 80 から作成．

図1-1　一般政府債務残高の名目GDP比

象とする範囲および政策の在り方に対する提言を行っている．

　まず，公的債務の範囲だが，指針［2001］ではそれを「中央政府のコントロール下にある債務全般」と定義し，中央政府が負う市場性債務（国債等），非市場性債務（公的部門が引き受ける非市場性国債等），偶発債務（政府保証債等）は含むが公的企業や地方政府の債務は含まないとしている．一方，研究会は，中央政府の債務に加えて郵便貯金・簡易保険，公的年金，地方債，特殊法人等の債務もその対象範囲に含めるべきとしている．

　さらに，研究会は公的債務管理政策の在り方について次のような提言を行っている．

①リスク分析：金利変動リスク等について高度な定量分析を行うことにより，資金調達に伴うコストとリスクの相関関係を把握し，それを国債発行計画の策定等に活用する．

②国債保有構造：一層の商品性の多様化を進めるとともに，近年導入された税制上の措置の実効性を高めること等により，保有者の多様性を進める．

③市場への説明責任：公的債務全体について現状や政策を概観できる「債務管理レポート」を毎年作成し公表する．
④組織体制：財務省（理財局）内に国債管理部局を設置し，同時に職員の専門性（リスク管理の高度化や市場動向の把握・分析など）を向上させる．
⑤市場との対話の強化：プライマリー・ディーラー制度の導入（04年10月から段階的に導入）と併せて，公的債務管理政策について民間から意見を諮問するための会合（「日本版アドバイザリー・コミッティー」）を設置する．

しかしながら，研究会は指針［2001］と同様に公的債務管理政策の目的を「必要な財政資金の調達において，リスクを適切な水準に抑えた上で，中長期的視点から政府の資金調達コストを最小化すること」と捉えているが，報告書［2003］にはリスク管理やコストを最小化する資金調達の在り方に対する踏み込んだ提言はなされていない．

本章ではこの管理政策の目的について考察する．まず，目的にある「リスク抑制」と「コスト最小化」の意味を明らかにするが，後述するように，これらの目的は基本的に背反関係にある．この点を踏まえ，本章の後半では日本が今後どちらの目的を優先すべきかを考察する．なお，本書では国債も含めて中央政府が負う債務を「政府債務」と定義し，地方公共団体，公的企業などの公的主体が負う債務まで含めたものを「公的債務」と定義する．その上で，本書が管理対象として考察する債務は主に国債であるため，本章以下を通じて「公的債務管理」ではなく「国債管理」という用語を用いる．

2　国債管理政策とは

2-1　定　義

国債管理政策はどのように定義されるのだろうか．国債管理政策の概念・用法は必ずしも統一されていない．その包括的な定義として，浜田編

[1997]（25頁）は「できるかぎり財政負担の軽減を図りながら，国債が国民経済の各局面において無理なく受け入れられるよう，国債の発行，消化，流通及び償還の各方面にわたり行われる種々の政策の総称」と述べている．また，黒田［1982］（231頁）は国債管理政策を「構造的国債管理政策」と「数量的国債管理政策」に分けてもう少し具体的に定義している．それによると，前者は，国債管理制度の在り方を経済全体の金融，財政運営との関連で位置付けることによって，国債の発行・流通市場の制度的枠組みを決定する政策と定義され，後者は，国債の満期構成の操作が国債発行コストや有効需要水準に与える効果に関する政策と定義される．

これらの包括的な定義に対して，指針［2001］は，公的債務管理政策を「必要な資金調達を行うこと，リスクとコストに関する目的を達成すること，および国債市場の効率性の向上と維持など政府が定めたその他の管理目標を達成することといった観点から，政府債務を管理するための戦略を立案・執行すること」と定義している．これは，国債管理の目的を内包している点で，概念的というより具体的・実践的な定義と言えよう．

2-2 目　的

国債管理政策の目的とは何だろうか．前述した報告書［2003］の参考資料やアメリカのGAO［2001a］によると，欧米諸国における目的は様々だが，概ね共通している目的として以下の4つを挙げることができる．

①政府の資金調達を満たすこと
②資金調達コストを最小化すること
③（資金調達に伴う）リスクを許容範囲に抑えること
④市場の効率性を促進すること

これらの目的はすべて前述した指針［2001］の定義に含まれている．これらの目的の間で優先順位をつけることは困難だが，目的①と④は各々後述する「予算リスク，借換リスク，信用リスク」の抑制と「マーケット・リスク，流動性リスク」の抑制に還元されるとすれば，究極の目的は資金調達コスト

の最小化とリスクの抑制ということになる[1]．なお，目的にある「リスク」とは，投資家にとってではなく，発行体である政府にとってのリスクであることに注意されたい．

ここで，「資金調達コストの最小化」と「リスクの抑制」の意味を明らかにしておこう．前者の意味は明確である．つまり，「金利に係るリスク・プレミアムを最小化すると同時に，発行価格を所与としたとき調達必要額全体に係るコストを最小化する（よう債務の構成を図る）こと」である．では，「リスクの抑制」とは何だろうか．

指針［2001］では，表1-1に示すように国債（公的債務）管理に係るリスクとして，マーケット・リスク，借換リスク，流動性リスク，信用リスク，決済リスクおよびオペレーショナル・リスクを挙げている．これらのリスクのうち，極端に国債残高が積み上がっている場合（その場合は信用リスクが問題となる）は別として，通常，国債管理上重視されるリスクはマーケット・リスク（特に金利リスク）と借換リスクであろう．つまり，予期せぬ高金利で国債を借り換えなければならないリスクである．このことは，OECDまたはスウェーデン国家債務庁（Swedish National Debt Office）が行った各国の債務管理担当者へのアンケートにも現れている（Missale［1999］p.5）．しかし，指針［2001］には挙げられていないが，国債管理政策にとって予算リスクも考慮すべき重要なリスクである．ここで，予算リスクとは，予期せぬ景気変動による金利変化や調達必要額の変更が将来の財政（利払いおよび償還）負担を不安定化する結果，税率の安定が保持できなくなるリスクである．以上の説明から，総じて言えば，「リスクの抑制」とは「コストに対するリスクと経済厚生（課税変化）に対するリスクを抑制すること」を意味する．

---

1) 指針［2001］でも，公的債務管理政策の定義とは別に，その目的として，資金調達および元利払いにおいてリスクを適切な水準に抑えること，中長期的観点からコストを最小限に抑えることを挙げている．またわが国では，国債管理政策の基本的な目標として，確実かつ円滑な発行と中長期的な調達コストの抑制が掲げられている（財務省［2006a］）．

表 1-1　国債（公的債務）管理に係るリスクの種類

マーケット・リスク	金利，為替レート，商品価格などの価格変動が債務のコストに及ぼすリスク．
借換リスク	債務を借り換える場合に， ⅰ）非常に高金利で借り換えなければならないリスク（マーケット・リスクとも重複する），または ⅱ）需要が十分にないために借り換えることができないリスク．
流動性リスク	ⅰ）取引量が極端に少ないまたは特定の市場に深みがないために，投資家がポジションを閉じる際に直面するコストまたはペナルティー．このリスクは，債務管理が流動資産を対象とする場合またはデリバティブ契約を含んでいる場合には特に重要である． ⅱ）借り手（政府）にとって，予期せぬキャッシュフロー（払戻し）義務に直面し，流動資産残高が急速に減少するリスク，および（または）一時的な（短期）借入れによる資金調達が困難になるリスク．
信用リスク	借入れもしくは他の金融資産の借り手または金融取引の相手方による債務不履行リスク．このリスクは，債務管理が流動資産の管理を含んでいる場合には特に重要である．
決済リスク	取引の相手方が，債務不履行以外の何らかの理由で決済不能になったことにより（取引当事者としての政府が）被る潜在的損失．
オペレーショナル・リスク	取引の執行および記録における様々な段階での（取引）過誤，内部コントロールおよびサービスの不適切または失敗，評判リスク，法的リスク，担保侵害，事業活動に影響を与える自然災害などの広範かつ様々なタイプのリスク．
予算リスク	予期せぬ景気変動による金利変化や調達必要額の変更が将来の財政（利払いおよび償還）負担を不安定化する結果，税率の安定が保持できなくなるリスク．

出所：IMF and World Bank [2001] などから作成．

　国債管理政策の目的における「資金調達コスト最小化」と「リスク抑制」の意味を明らかにしたが，ここで重要なことはこれらの目的が両立しない，つまり背反関係にあるということである．このことは次の単純な例からも理解できよう（詳細な仮設例は本章末の付論を参照）．イールド・カーブが順イールドのとき，短期債を発行するほうが長期債を発行するより金利コストは低くなる．しかし，短期債を発行すると，長期債を発行する場合より借換えを頻繁に行わなければならないため，マーケット・リスクと借換リスクが大きくなる．つまり，順イールドという，一般に正常とみなされる状況下でコスト最小化の目的を優先するとリスクは高まってしまうのである．では，

これからの日本は国債管理政策を実施するに当たり，資金調達コストの最小化とリスクの抑制のいずれを重視すべきなのだろうか．以下ではこの論点について考察してみよう．

3 財政政策の経済効果

　国債管理政策の目的においてコスト最小化とリスク抑制が背反関係にあるのならば，日本は今後どちらの目的を優先して政策を行うべきだろうか．この問題を考えるために，90年代の財政政策を振り返ってみよう．

　バブル経済の崩壊後，92年8月の総合経済対策に始まり，2000年10月までほぼ毎年のように政府は経済対策を行ってきた（表1-2）．その回数は10回で，累積規模136.4兆円，そのうち公共事業関連は81.6兆円に上る．戦後，わずか10年足らずの間にこれほど大規模な経済対策が行われたことはない．その結果として，本章の冒頭に述べたように政府の債務残高が急速に積み上がってしまったのである．

　これほど大規模な経済対策を行ったにもかかわらず，景気回復の実感がほとんど伴わなかった．経済企画庁［1998］は公共投資の民間需要刺激効果が90年代に弱まったか否かを定量的に分析している．図1-2は公共投資が初期（第0期）に1%拡大したときに第1期以降民間需要が何パーセント変化するかを計測したものである．これを見ると，公共投資が短期的に民間需要を刺激する効果は80年代までは大きくかつ速やかに現れていたのに対し，90年代を分析期間に含めると，その効果は小さくかつ緩やかにしか現れない．この分析結果は，90年代だけを考えたとき，公共投資の民間需要刺激効果がほとんどなかったことを推測させるものである．

　では，なぜ90年代に財政政策の効果が弱まったのであろうか．90年代を通じて日本銀行は金融緩和政策を維持しており，総じて金利は低下基調にあった．90年代後半には大手証券会社，都市銀行の破綻に伴う金融システム危機などにより金利にリスク・プレミアムが付されたが，それでも歴史的に

表 1-2　1990 年以降の大型経済対策

(単位：兆円)

		公共事業等				中小企業対策	民間設備投資の促進	その他歳出拡大	減税	合計
		公共事業	地方単独事業	住宅金融公庫等	公共用地先行取得					
1992. 8.28	総合経済対策	8.6	5	2.8	0.8	(内1.6)	1.2	0.9	—	—	10.7
1993. 4.13	総合的な経済対策の推進	10.6	5.3	3.5	1.8		1.9	0.5	0	0.2	13.2
1993. 9.16	緊急経済対策	5.2	1.5	0.5	2.9	0.3	0.8	—	—	—	6
1994. 2. 8	総合経済対策	7.2	4.2	1.8	1.2	(内2.3)	1.4	0.1	0.7	5.9	15.3
1995. 4.14	緊急・円高経済対策	5.1	5.1	—	—		1.4	—	0.5	—	7
1995. 9.20	経済対策	12.8	11.3	1	0.5	—	1.3	0.1	0	—	14.2
1998. 4.24	総合経済対策	7.7	6.2	1.5	—	—	2	—	2.4[1]	4.6	16.7
1998.11.16	緊急経済対策	9.3	8.1	—	1.2	—	—	—	8.7[2]	6.3	24.3
1999.11.11	経済新生対策	8.8	6.8	—	2	—	7.4	—	1.8[3]	—	18
2000.10.19	日本新生のための新発展政策	6.3	5.2[4]	—	1.1	—	4.5	—	0.2[5]	—	11
	合　計	81.6	58.7	11.1	11.5	0.3 (内3.9)	21.9	1.6	14.3	17	136.4

注：1) うち2兆円は土地対策．
　　2) うち5.6兆円は貸し渋り対策，0.7兆円は地域振興券．
　　3) 雇用対策約1兆円と介護対策約0.9兆円の合計．金融システム安定化対策0.9兆円は含まず．
　　4) 災害対策0.5兆円を含む．
　　5) IT技能基礎講習費等．
　　6) 公共用地先行取得の（　）内の数値は，公共事業等に既に含まれている費用である．
出所：富田［2001］162 頁．

金利水準は低かった．つまり，大規模な経済対策（それに伴う大量の国債発行）やリスク・プレミアムにもかかわらず，企業の設備投資を大きく阻害するほどの金利急騰はなかったのである．したがって，90 年代に財政政策の効果が弱まった原因は他に求められよう[2]．その1つの，そして重要な原因として，国民（消費者）が公債の中立命題または非ケインズ効果を生じさせるような行動をとったことが考えられる．

---

　　2)　財政政策の効果が弱まった1つの要因として，富田［1999，2001］が指摘するように，冷戦終焉に伴う世界的な産業構造変化に対する企業の対応の遅れや労働力人口の減少などによって90年代の日本の潜在成長率が低下したこともあろう．

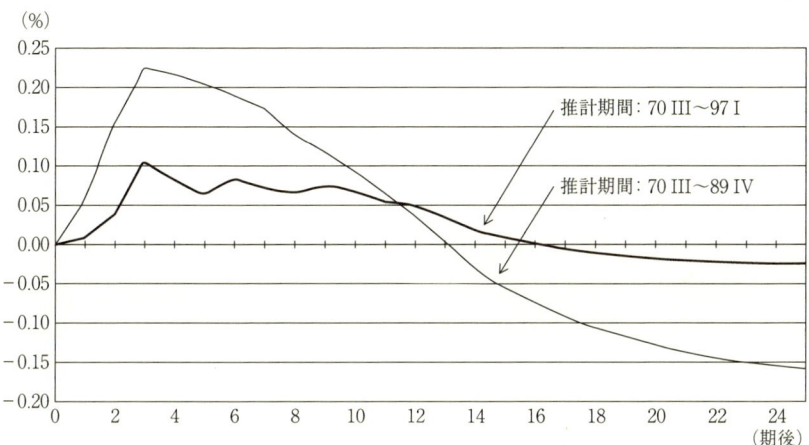

注：1) 公共投資を初期（第0期）に1%拡大したとき，民間需要が何パーセント拡大するかを示す．
   2) 民間需要，外需，公共投資，金利，物価，為替レートの変数からなるベクトル自己回帰（VAR）モデルのインパルス応答関数．
出所：経済企画庁［1998］249頁．

図1-2 公共投資の民間需要刺激効果

3-1 公債の中立命題

　公債の中立命題とは次のようなものである．マクロ経済的に見る限り，国債は現在における租税の賦課を将来に繰り延べたものに過ぎないから純資産ではない．このため，一定の財政支出の財源調達手段として国債を発行しようと租税で賄おうとマクロ経済的には何ら実質的影響をもたらさないと考えられる[3]．

---

[3] 公債の中立命題を，厳密に「リカードの等価定理」と「バローの中立命題」に分けて定義している先行研究もある（水口［1993］，村田［1996］）．そこでは，同世代内における公債発行と租税の経済効果に対する同等性を主張するものをリカードの等価定理と呼び，世代間に跨ってそれらの同等性を主張するものをバローの中立命題と呼んでいる．しかし，リカードは同世代内における公債発行と租税の経済効果に対する同等性のみを主張したわけではなく，また，リカードの等価定理とバローの中立命題を同義に用いている研究もある．本章では，上記の意味でバローの中立命題について説明するが，混乱を避けるために公債の中立命題という用語を用いる．

子孫に遺産を与えるという行動を前提としたとき，財政支出を租税で賄っても国債発行で調達してもその経済効果は同じであるという考えは，そもそも19世紀にリカードによって主張された（Ricard [1820]）．しかし，当時の財政思想の主流は健全財政，均衡財政であり，さらに第2次世界大戦後にはケインズ主義的な考え方が支配的であったため，リカードによる国債と租税の等価性の考えは顧みられなかった．

　「国債は国民にとって純資産となりうるのか」という問題意識の下でこのリカードの考え方に光を当て，世代重複モデルを用いて国債と租税の等価性をエレガントに証明したのがBarro [1974]である．Barroは，家計を永続する経済主体として捉え，現世代は現在の所得によってのみ消費を決定するのではなく，その将来世代の効用も考慮して消費を決定すると考えた．将来世代は現世代と家計によってつながっているので，それぞれが経済的に独立して行動するのではなく，相互に依存した行動をとる．各人は自分の所得や財産だけではなく，親や子供の将来などを視野に入れて，遺産の相続，子供への教育，親に対する老後支援などの所得移転を行う．このため，仮に国債発行によって純資産が変化したとしても，それが遺産や贈与で完全に調整が可能であれば，国債による純資産の増加は遺産の増大という形で完全に相殺されることになるのである．

　例えば，国債発行によって減税が行われたとしても，将来世代でその国債を償還するために増税が行われると予想するので，その増税を相殺できるように家計の現世代は減税で増えた所得すべてを将来世代に残すという行動をとる．このため，現在の国債発行による減税は現世代および将来世代の消費には影響を与えない．このように，Barroは，家計が自発的な所得移転で結ばれているならば，国債発行による歳出拡大や減税は完全に効力を失い，実質金利や投資などにまったく影響を与えないことを示した．

　ここで説明した公債の中立命題が成立するためには，以下のようないくつかの条件が必要である[4]．

　①租税体系が非攪乱的（一括税）である．

②家計の借入れに制約がなく，世代間の取引を可能にする完全な資本市場が存在する．
③消費者の生存期間，政府による将来の財政政策などに不確実性がない．
④政府と同様，家計も無限の（消費）計画期間を有する（有限な寿命を持つ各世代は将来世代の効用も考慮に入れて，消費・貯蓄の意思決定を行う）．
⑤各世代は単一の代表的家計によって総括される（同一世代内で異質な経済主体間の再分配がない）．

中立命題が成立するための条件はかなり厳しいため，現実にこの命題が厳密に成立することは期待しがたい．しかしながら，中立命題が厳密に成立しないことは，国民が常に国債を純資産と考えており，将来の租税負担増をまったく考慮していないことを意味するわけではない．この点を経済学的に説明したものが，後述する非ケインズ効果の議論である．

なお，公債の中立命題と関連して，国債管理の中立命題というものもある．これは，「現在の租税体系および政府支出の外生的経路を所与としたとき，ある条件の下では国債管理政策は資源の実質的配分または経済に影響しない」というものである．ここで，「ある条件」とは公債の中立命題の成立条件とほぼ同じであり，公債の中立命題が成立するなら国債管理の中立命題も成立する[5]．というのは，実際に発行している数種類の国債に対して，その

---

4) ここに掲げた条件の現実妥当性や必要性については多くの議論がある．その詳細は柴田，日高 [1992]，本間 [1996]，富田 [1999]（85-88頁）を参照されたい．
5) Missale [1999]（p.11）は次の7つの条件を挙げている．①民間経済主体は合理的である，②現世代は，政府の財政運営によって含意される将来の課税変更に直面する，または遺産動機による移転を通じて将来世代とつながっている，③各個人が支払うよう要求される将来の税のシェアは（経済）状態から独立である，④資本市場は完全である（特に公的資産の空売りに関する制約はない，または公的資産に対する民間の代替的資産がある），⑤民間資産市場は完備されている，または不完備な場合でも，初期均衡で存在しない新たな負債（金融）商品は導入されない，⑥負債の利用は価値を創出し得ない，つまり負債のポンジー・ゲームは実行不可能である，⑦税はインセンティブを阻害しない（例えば，税は一括税である）．

残高（または発行額）で加重平均した単一の国債を考えたとき，仮に公債の中立命題が成立するならば，それら数種類の国債における構成比の変化も実体経済に影響を与えないからである．

3-2 非ケインズ効果

ケインズ経済学の枠組みでは，乗数効果により財政支出の増加〔減少〕や減税〔増税〕は民間需要を増加〔減少〕させる．しかし，非ケインズ効果とは，特定の財政状況や経済環境の下では財政拡大が民間需要を減少させ，逆に財政の再建が民間需要を喚起するという現象である．

この効果を83-86年のデンマーク，86-89年のアイルランドにおける財政再建の事例から最初に確認したのはGiavazzi and Pagano［1990］である．また，90年代のスウェーデンや92-95年のイタリアの状況も非ケインズ効果が生じた代表的な事例である（富田［2001］，柿沼［2002］）．

この非ケインズ効果に関する理論・実証研究は精力的に積み重ねられ，実証研究ではこの効果が概ね認められている[6]（表1-3）．これらの先行研究によると，財政再建において非ケインズ効果が生じる条件として以下の3つが挙げられる．

①財政再建に先立ち，通常の許容範囲を超えて財政事情が悪いこと（例えば，基礎的財政収支ベースまたは構造的財政収支ベースでの深刻な財政赤字，非常に高水準の政府債務／GDP比率または政府支出／GDP比率など）．

②大規模かつ継続的な政府支出の削減または増税が行われ，国民から財政再建の信認が得られること[7]．

---

6) 理論的研究としては，Blanchard［1990］，Bertola and Drazen［1993］，Barry and Devereux［1995］，McDermott and Wescott［1996］，Sutherland［1997］，Perotti［1999］，Afonso［2001］が代表的である．なお，Afonso［2001］は非ケインズ効果の先行研究についてコンパクトにまとめている．

7) 財政再建のためには支出削減と増税のどちらが効果的かという問題に対しては，Alesina and Perotti［1995, 1997］，Giavazzi and Pagano［1996］，McDermott

表1-3 非ケインズ効果に関する実証研究結果

先行研究	対象地域・期間	検証ポイント	方法	検証結果
Giavazzi and Pagano [1990]	OECD 10 カ国 (1973-89) アイルランド (1961-87) デンマーク (1971-87)	民間消費支出に対する財政緊縮の影響	OLS	公的支出の削減は民間消費を増加させる.
De Ménil [1996]	OECD 諸国 (1960-92)	消費に対する政府支出増加の影響	OLS	消費者が流動性制約を受けていない国ではケインズ効果がない.
Giavazzi and Pagano [1996]	OECD 19 カ国 (1976-92)	消費に対する財政赤字増大の影響	OLS 2SLS	政府支出および租税政策に関して非ケインズ効果が見出される.
McDermott and Westcott [1996]	OECD 諸国 (1960-94)	財政状況が負債/GDP 比で 3% ポイント以上減少する確率	Logit model	支出削減の方が増税より負債/GDP 比を低下させる確率が高い.
Alesina and Ardagna [1998]	OECD 諸国 (1960-94)	財政の緊縮が成功する確率	Probit model	支出削減を通じた財政緊縮は(景気)拡大に働く.
Zaghini [1999]	EU 諸国 (1970-98)	財政の緊縮が成功する確率	Probit model	支出削減を伴う財政緊縮は成功する可能性が高い.
Perotti [1999]	OECD 19 カ国 (1965-94)	民間消費支出に対する財政赤字増大の影響	GMM	負債/GDP 比が高いほど, 財政緊縮が(景気)拡張的に働く可能性が高い.
Giavazzi et al. [2000]	OECD 諸国 (1973-96) 発展途上国 (1960-95)	国民貯蓄に対する財政拡大の影響	OLS with fixed effects	支出削減ではなく増税による場合, 財政緊縮は(景気)拡大に働く.
Heylen and Everaert [2000]	OECD 諸国 (1975-95)	負債/GDP 比に対する予算構成の影響	OLS	明確な非ケインズ効果は見出せない.
Afonso [2001]	EU 15 カ国 (1970-99)	民間消費支出に対する財政緊縮の影響	OLS with fixed effects	財政の大幅な緊縮時には非ケインズ効果が見出せる.
Van Aarle and Garretsen [2001]	EU 14 カ国 (1990-98)	民間消費支出に対する財政政策の影響	OLS pooled regression	明確な非ケインズ効果は見出せない.
Miller and Russek [2002]	OECD 19 カ国 (1970-96)	財政の拡大もしくは緊縮が消費または経済成長に与える影響	OLS pooled regression	経済成長については, 総じて, 明確な非ケインズ効果は見出せない. しかし, 民間消費支出に対してはその効果が見出せる.

出所：Afonso [2001] の Table 2 (p. 20) に加筆.

and Wescott [1996], Alesina and Ardagna [1998], Perotti [1999], Giavazzi et al. [2000], Heylen and Everaert [2000] 等の先行研究がある. これらによれば, 総じて, 増税より支出削減によるほうが財政再建の可能性が高いという結果が得られている.

③全家計に占める流動性制約を受けている家計の比率が低いこと．

では，非ケインズ効果はどのような過程を経て現れるのであろうか．また，その過程で上記の条件はどのように関係しているのだろうか．以下ではこの点について説明する．

政府債務の水準が低いときは，財政拡大が景気を刺激するというケインズ効果が現れる．これは，国民が財政再建は将来世代において行われると予想するため，現世代への増税を考えないで行動するためである．しかし，政府債務の水準が非常に高い状況で大規模な財政政策（政府支出または減税）が行われると，このような近視眼的な国民であっても，債務の利払いと償還負担を将来世代に転嫁することができず財政再建のための負担が自らに及ぶのではないかと予想するようになる．このため，財政政策を行っても近い将来に増税が行われる可能性が高いと予想すると，将来の可処分所得の現在価値（予想）が低下し，消費が抑制されることとなる．また，政府債務がさらに増加するという予想は，財政政策に対する信認を低下させるであろう．このことは金融資産のリスク・プレミアムを高め，為替レートを下落させ，金利を上昇させることを通じて，民間投資と個人消費に悪影響を与える．これが負の非ケインズ効果である．

逆に，高債務の状況で顕著な財政再建が進展するという期待が高まると，それが景気拡大につながる可能性がある．政府支出の削減が十分に大きくかつ継続すると信じられるならば，それは将来の減税に対するシグナルとなり恒常的に可処分所得が増大するという期待を生む．さらに，政府支出が既に高水準にある場合には，たとえ小規模の支出削減であっても，それが大きな政府からの転換の兆しと捉えられることによって，リスク・プレミアムの軽減→金利の低下期待→資産価格の上昇というルートを通じて個人消費を拡大させる可能性もある．また，現在の増税は将来にそれを先延ばしするより税負担を軽減するという期待が形成されれば，現在の増税が景気拡大的に作用しうる．これが正の非ケインズ効果である．

ここで説明した政府債務が高水準のときの消費行動は，家計が将来を見越

して消費決定を行うことを妨げる制約，つまり流動性制約がないことが前提となっている．一方，現時点の所得のみに依存して消費を決定せざるを得ない家計，つまり流動性制約に直面している家計にとって，政府支出の増加または増税は各々乗数効果を通じた直接的な所得の増加または所得の減少につながる．したがって，消費決定は流動性制約がない家計と逆になるため，非ケインズ効果が現れるためには全家計に占める流動性制約を受けている家計の比率が低いという第3の条件が必要になるのである．

3-3　公債の中立命題と非ケインズ効果の整合性

公債の中立命題にしても非ケインズ効果にしても，その効果が生じる根本的な要因は国民の「期待」である．中立命題においては，国債の発行による政府支出の増加ないしは減税は自らの世代（現世代）または将来世代に対する増税の繰延べにすぎないと「完全に」予想するために，それらの政策が経済に対して中立に働いてしまうのである．

一方，ケインズ効果対非ケインズ効果の論理では，財政事情が極端に悪化しておらず，現在の政府支出増加ないし減税による増税負担が将来世代に先送りできると予想されればケインズ効果が生じる．しかし，財政事情が極端に悪化しているにもかかわらず同様の政策が実施されれば，現世代は増税負担を将来に先送りできないと予想するために消費を抑制し，負の非ケインズ効果が生じるのである．

ここで，現世代が増税負担を将来世代に先送りできないと予想した場合に，非ケインズ効果が働く世界では財政拡大策に対して消費（民間需要）抑制，財政再建に対しては消費（民間需要）拡大が生じうるのに対して，中立命題が支配する世界ではいずれの政策を行ってもその効果は経済中立的となる．この相違は将来に対する不確実性の有無に起因している．つまり，後者の世界の国民は将来に対する不確実性がないことを前提に行動するのに対して，前者の世界では将来に対する不確実性があるために，国民は財政拡大に対して将来を過度に悲観し，財政再建に対しては逆に将来を過度に楽観してしま

うのである．したがって，中立命題において「将来に対して不確実性がない」という条件を排除したとき，増税負担を将来世代に先送りできないと予想した国民は非ケインズの世界の国民と同様な行動をとるであろう．つまり，このような条件の下では，公債の中立命題と非ケインズ効果は整合すると考えられる．

3-4　日本を対象とした先行研究

　日本を対象に非ケインズ効果の実証分析を行った研究は少ないが，絹川[2000]は，55年度から97年度までの一般政府ベースのデータを用いて実証分析を行い，財政収支の改善が実質GDPにプラスの影響を与えることを示している．また，中里[2002]も，55年度から98年度までの期間を対象に同様のデータを用いて実証分析を行った結果，80年代の財政再建期間中に歳出削減が民間消費の増加に結びついており，「増税なき財政再建」が財政改革のスキームとして一定の役割を果たした可能性を示唆している．川出ほか[2004]は，構造型VARモデルを用いて，政府債務の累増を明示的に考慮した場合に公共投資が民間需要（消費と設備投資）に与える影響を検証した．分析期間は75年第1四半期から02年第4四半期までである．分析の結果，89年第1四半期以降，①公共投資の効果がそれ以前の時期に比べて相対的に低下していること，②政府債務の累増が民間需要に対して有意に悪影響を与えていることが示された．これらの結果は，90年代以降の日本で非ケインズ効果が生じていた可能性を示唆している．

　一方，竹田ほか[2005]（第10章）は，80年第4四半期から03年第2四半期のデータを用い，中里[2002]と同様の枠組みで分析した結果，日本ではケインズ効果も非ケインズ効果も支持されなかった．竹田ほかはこの結果を「財政政策の変更そのものが直接消費に影響を与えているとはいえない」（300頁）と解釈し，最終的に非ケインズ効果を否定しているが，この解釈と結論は矛盾しよう．非ケインズ効果より，むしろケインズ効果を否定するものと考えたほうが素直である．財政政策変更の影響が見出せなかった理由

について特段の説明はないが，分析期間全体に占める日本経済に対する深刻な悲観時期の割合が高いことが影響していると推測される．

日本を対象とした公債の中立命題の実証分析も少なく，分析期間に90年代までを含めた研究はさらに少ない．しかしながら，90年代までを対象とした先行研究は非常に興味深い結果を報告している．

まず，経済企画庁［1998, 2000］は分析期間に90年代を含めた場合と含めない場合とで分けて中立命題を検証した結果，90年代を含めると中立命題が成立する可能性が高いことを指摘している．また，上村［1997］は，70-95年度の期間において，中央政府と地方政府合計の財政赤字を対象にした場合と地方政府のみの財政赤字を対象にした場合には中立命題は棄却されるが，中央政府のみを対象とした場合にはそれが成立することを見出している．

一方，本間［1996］は，57年から75年の財政均衡期，75年から80年半ばまでの赤字国債大量発行期，80年代以降（93年まで）の財政再建期に分けて，各期において中立命題が成立しているか否かを検証した．その結果，財政均衡期と財政再建期ではそれが棄却されたが，赤字国債大量発行期には棄却されなかった．この結果に対して本間は，「人々は，政府赤字が累増するようになると将来の負担を重視するようになり，その結果，公債発行によって減税された分は消費に向けられず将来の負担に対する貯蓄にまわされるという中立命題的な行動をとっており，逆に，財政再建が進むと将来の負担に対して楽観的になり貯蓄をせずに現在の消費を増やす非中立命題的（筆者注：非ケインズ効果的）な行動をしているということが読み取れる」(19頁）と解釈しており，まさにわが国における非ケインズ効果の成立を主張している．

最後に，近藤，伊藤［2004］は，世代間の利他的な結びつきを明示的に考慮した貯蓄関数を導出し，それに基づくベクトル自己回帰（VAR）モデルを推計することにより，中立命題の成否を検証した．分析期間は65年度から97年度または01年度までである．分析の結果，97年度までのデータからは中立命題は支持されないが，01年度までのデータを含めるとそれが支

持されることが示された．近藤，伊藤はこの結果を，「近年に入って，公債残高の累増がより顕著となったことにより，将来負担が，さほど遠くない世代，もしくは現役世代の生存期間中にも，何らかの形で課せられることになるのではないかという懸念が高まってきており，これが消費を減らして貯蓄を残すという，中立命題が示唆するような行動へ，家計を駆り立てているとも考えられよう」(48頁) と解釈しており，本間と同様に近年における非ケインズ効果成立の可能性を示唆している．

4 日本の金利動向

90年代以降の財政政策に対する経済効果を考えると，日本で非ケインズ効果が現れている可能性が高い．つまり，国民が増税負担の先送りをできないのではないかと考えるほど日本の財政事情は悪化しているのである．したがって，まず財政再建が最優先されなければならない．そのためには，98年12月11に成立した「財政構造改革の推進に関する特別措置法停止法」の解除が望まれる[8]．

しかしながら，たとえ財革法が復活してもすぐに財政再建が達成されるわけではない．しかも，財政再建の主役は財政政策であり，国債管理政策では

---

[8] 97年11月28日に「財政構造改革の推進に関する特別措置法」(財革法) が成立した．この法律では，具体的に①03年度までに国と地方の財政赤字を実績ベースでGDP比3％以下とすること，②98年度から02年度まで赤字国債の発行額を毎年度縮減し，03年度（後に05年度に改正）に赤字国債から脱却，あわせて公債依存度を97年度（補正後）に比べて抑制することが当面の目標として掲げられた．さらに，これらの目標を達成するため，①2000年度までの当初予算は一般歳出の主要経費ごとに定められたキャップ以下に歳出を抑制すること，②特別会計を含むすべての歳出分野を対象とした改革を推進すること，③国民負担率が50％を下回らないように抑制することが財政運営の方針として定められた．しかし，98年度の経済対策を行うために，この財革法は98年4月に改正が決定され，さらに同年12月にはその停止法が成立した．この停止解除は経済・財政状況を踏まえて判断されることとなっている．

図 1-3　長期金利と利払費

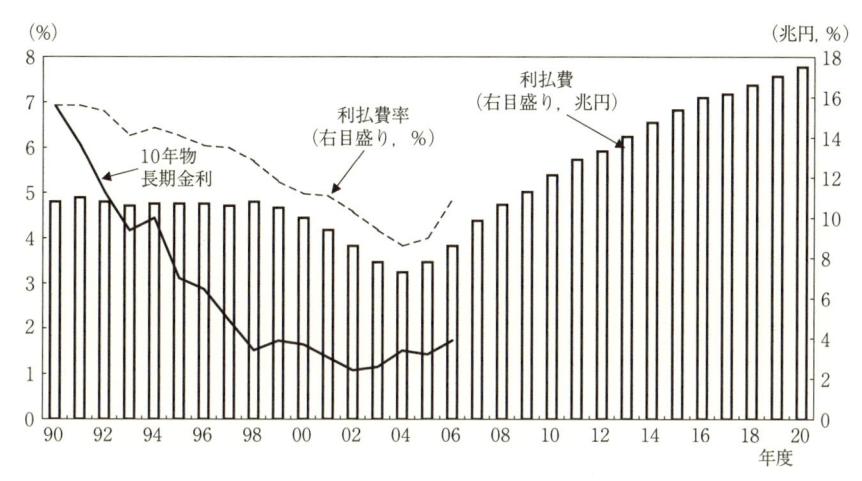

注：1）　長期金利は月末値の年度平均（05年度まで）と暦年平均（06年）．
　　2）　利払費率と利払費の06年度以降は政府見通し．
　　3）　利払費率とは歳出総額に占める利払費の割合．
出所：日本銀行ホームページ（HP）掲載の統計，財務省資料から作成．

ない[9]．ここで，日本の国債管理政策の在り方を考えるに当たり，資金調達に係るリスクとコストが最も反映される国債の金利動向について考えてみよう．

4-1　リスク・プレミアムの顕現化

前述したように，90年代後半から政府債務（国債）残高が急増した一方で，金利はむしろ歴史的な低水準で推移した（図1-3）．結果として，普通国債の残高が90年度末の166兆円から06年度末には532兆円まで増大したのに対して，一般会計（歳出）の利払費は同期間に10.8兆円から7.9兆円へむしろ低下している．

---

[9]　指針［2001］では，健全な財政政策および適切な金融政策が行われることが公的債務管理政策を有効に機能させるための前提であり，公的債務管理政策がそれらを代替しうるものではないとしている．

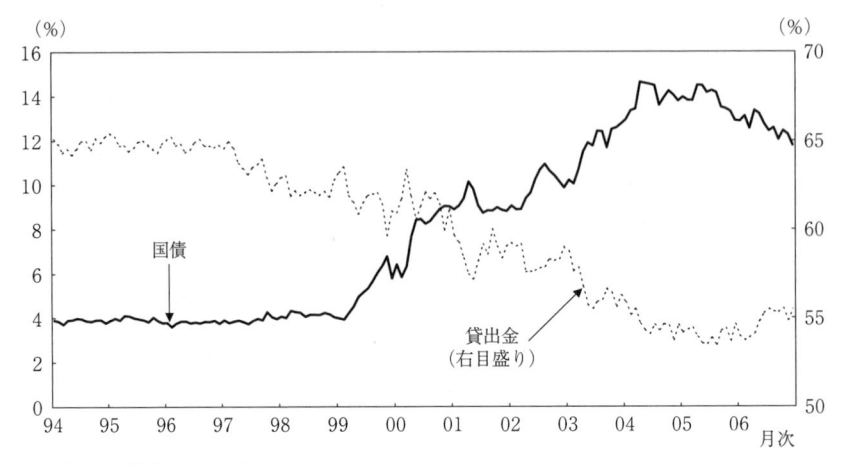

注：1) 銀行勘定ベース，月末ベース．
　　2) 国債には商品有価証券として保有されているものを含まない．
出所：日本銀行 HP 掲載の統計から作成．

図 1-4　国内銀行の総資産に占める国債と貸出金の比率

　低金利が続いた要因として，①潜在成長率の低下による実質金利の低下，②長期的な物価沈静に伴う期待インフレ率の低下，③日本銀行による流動性供給オペレーションの効果が挙げられるが，最大の要因としては，97年以降のアジア通貨危機（97年7月），日本の金融システム不安（97年11月），ロシア危機（98年8月）など一連の金融危機を背景とした信用不安と景気低迷，つまりリスクの増大によって投資における安全性と流動性への逃避が起こり，邦銀や機関投資家は国債への投資に傾斜せざるを得なかったことがあろう．特に邦銀は貸出先の選別を進める一方で優良企業の借入需要が減少し，さらに株式市場も低迷していたことから，資金（預金）の運用先として国債志向を強めることとなった（図1-4）．

　幸か不幸か，投資における安全性と流動性への逃避から，国債残高の急増にもかかわらず，それが金利高騰に結びついていない．しかし，03年からの景気回復を受けて金利は上昇基調に反転し，さらに06年に入ってからの日本銀行による量的緩和政策およびゼロ金利政策の解除を受けて今後も金利

の上昇は続くと予想される．実際，図1-3に示したように，財政当局も中期的に利払費が上昇すると予想している．このような状況の中，注目されることは，国債の信用リスクとそれに付随する流動性リスクに対するリスク・プレミアムが低金利時代から既に顕現化してきていることである．白石，大島［2003］は，金利のリスク・プレミアムを

[10年債の名目金利]－[消費者物価上昇率]－[実質GDP成長率]

と定義して計測したところ，90年度から96年度までの平均はほとんどゼロであったが，97年度から02年度の平均で見ると約1％のリスク・プレミアムが計測されている．

また，富田［2001］も，年限，償還年月，表面利率が類似した日本国債と円建て外国債の金利（利回り）を比較することによって，98年末ごろから日本国債に対するリスク・プレミアムが顕現化したことを示した．特に，2000年には財政状態が悪いイタリアの円建て外国債の金利すら日本国債の金利が上回ったことから，日本国債に対するリスク・プレミアムの深刻さを強調している．

このように，90年代後半以降，日本国債の金利に対して市場は明確にリスク・プレミアムを求めるようになったが，このリスク・プレミアムの顕現化に拍車をかける可能性があるのが，今後の国債償還負担問題である．次にこの点について説明しよう．

4-2 借換債の大量発行と民間消化負担の増加

90年代から国債を大量に発行した結果，今後その国債が次々に満期を迎え，償還されることとなる．07年1月に発表された「国債整理基金の資金繰り状況等についての仮定計算(1)」によると要償還額は07年度の113兆1,100億円から09年度まで減少が続くものの，10年度から増加に転じ，20年度には118兆7,400億円となる見通しである（図1-5）．これらの償還における主な財源は借換債の発行であり，財政当局の試算では07年度から20年度の平均で要償還額の89.0％が借換債発行で賄われる．その結果，借換債

(兆円)

要償還額　　借換債発行額

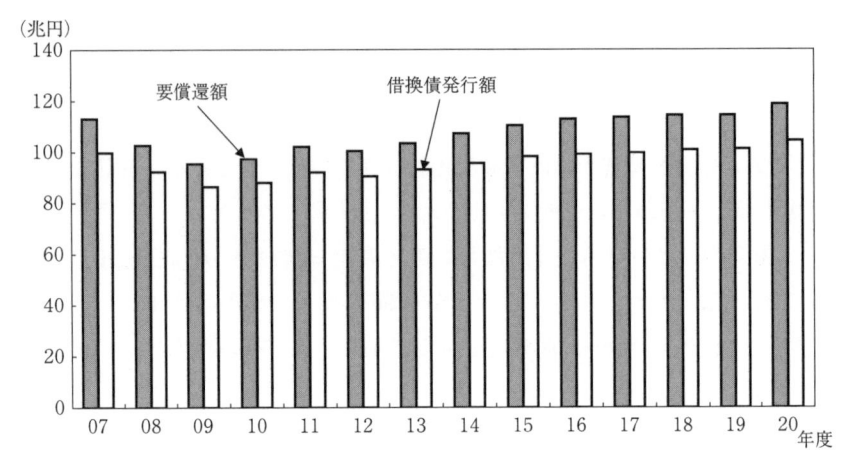

注：07年1月時点での仮定計算(1)に基づく．
出所：財務省，「国債整理基金の資金繰り状況等についての仮定計算」から作成．

図 1-5　国債の要償還額および借換債発行額の見通し

の発行額も07年度の約100兆円から要償還額と同様の推移を辿り，20年度には約104兆円に達する．借換債の発行額を07年度から20年度まで平均すると約96兆円であり，これに一般会計の不足分を賄うための新規国債および財投債の発行を加えれば，国債の総発行額はたとえ財政再建を強力に進めたとしても07年度から20年度の平均で110兆円程度に上る可能性が高い[10]．

財政再建を進めても今後14年間の国債発行額の平均が110兆円程度に上るという見通しも尋常ではないが，ここで重視すべきは01年度からの財政投融資改革に先立ち2000年度から資金運用部による国債引受がなくなったため，国債の民間消化負担が上昇したことである．例えば，98年度当初ベースの国債発行計画を見ると，国債発行額57.9兆円に対して資金運用部を

---

[10] 仮に07-20年度における国債の総発行額の平均が110兆円とすると，財投債を含めた新規発行額の平均は110−96＝14兆円となる．一方，要償還額の平均は約108兆円だから，実質的に国債残高に積み上がる額は平均して14−(108−96)＝2兆円にとどまる．経済が好調であった80年代後半の国債残高の年平均増加額は約6.4兆円だから，先の計算は財政再建を強力に推進しても今後14年間で平均110兆円程度の国債発行が必要であることを示している．

含めた公的部門（郵貯窓販を除く，以下同じ）で19.8兆円（内，資金運用部が12.0兆円）を引き受ける計画であったことから，民間消化額（郵貯窓販を含む，以下同じ）は38.1兆円で，総発行額に対するその割合は65.8％であった．大型経済対策後の98年度第3次補正後ベースで見ても，民間消化の割合は67.3％にとどまっていた．

一方，07年度の国債発行計画を見ると，総発行額143.8兆円に対して公的部門の引受額は17.3兆円となっており，したがって民間消化の割合は88.0％に上昇している．しかも，この公的部門引受の中には財投改革に伴う経過措置分として郵便貯金資金，年金資金，簡易保険積立金による引受分7.6兆円（構成比5.3％）が含まれており，この引受は財投債の発行に対して当てられる（なお，財投債は他に11.0兆円の民間消化を計画している）[11]．したがって，この分を発行額および公的部門の引受額から差し引くと，発行額136.2兆円に対して公的部門の引受額は9.7兆円となるから，民間消化の割合は92.9％まで上昇する．さらに，将来的に（08年度以降）この経過措置がなくなることを考えて仮定計算すると，発行額143.8兆円に対して公的部門の引受額は9.7兆円となるから，民間消化の割合は93.3％まで上昇する．

財投改革に伴う経過措置が終了しても郵貯や年金基金の資金による国債（財投債）の運用がなくなるわけではないことから，この仮定計算による90％前後が従来の意味での純粋な民間消化負担となるわけではない．さらに，07年10月から日本郵政公社（郵貯，簡保）は民営化され，同公社による新発国債の購入は民間消化に含まれることとなる．しかし，経過措置終了

---

11) 01年度からの財政投融資改革（郵便貯金および年金積立金の預託制度廃止）に当たって，既往貸付の継続にかかわる資金繰りを確保するとともに，市場に与える影響に十分配慮するとして，激変緩和のための経過措置が定められた．具体的には，01年度以降の7年間において，①郵便貯金において，年金資金とともに，資金運用部の既往貸付を維持するために必要な財投債を引き受ける，②新規財投債については，概ね2分の1程度を引き受け，漸次その割合を低下させる，③簡保資金についても，財政投融資計画の中でこれまで果たしてきた役割を踏まえ，相応の財投債を引き受ける，との合意がなされている（堀[2001]132頁）．

後には郵貯・年金資金等による国債の義務的な引受けがなくなるという意味で，市場に対する消化プレッシャーが大きくなることは確かであろう．しかも，不良債権問題も解決の目処がつき，日本経済が正常化してくれば民間の資金需要も拡大してこよう．その場合，邦銀を中心とした民間金融機関はこれまでのような国債投資余力がなくなる．このように，今後，借換債の大量発行に支えられて国債発行額は高水準にならざるを得ないことに加え，民間部門で消化しなければならない割合が上昇すれば，市場は現状以上に金利に対するリスク・プレミアムに敏感になるであろう．

5 結 論

今後，市場はリスク・プレミアムに対して非常に敏感になると予想される．リスク・プレミアムがどの程度付されるかは今後の財政政策（新規国債発行）次第だが，前述したように日本経済に非ケインズ効果の兆候が見られ，財政政策による民間需要の刺激効果がほとんど見受けられない以上，財政再建は避けられず，またそれが日本経済復活の道であろう．

そこで，仮に今後財政再建が進むとしたとき国債管理政策はどうあるべきか．財政再建が進み国民による将来の増税に対する不確実性が減少する結果，正の非ケインズ効果により民間需要が回復し，さらに拡大すれば，それは金利の上昇圧力として働く．しかし，一方で新規国債の発行抑制は金利上昇の緩和要因となる上，何よりも財政再建が市場で信認されれば，リスク・プレミアムがかなり抑えられるであろう．したがって，財政再建を前提としたとき，財政再建自体が国債管理上のマーケット・リスク，借換リスクなどのリスクを抑制するよう働くのだから，国債管理政策の主目的はコスト最小化に置くべきである．

一方，不幸にも財政再建が進まなかった場合には，市場は国債金利に対して相当のリスク・プレミアムを要求すると考えられ，借換債も含めた国債発行は高金利で行わなければならなくなるだろう．この場合，将来の課税負担

はかなり上昇することになると予想されるため，国債管理政策の主目的はリスク抑制に置かざるを得ないであろう[12]．

付論 「コスト最小化」目的と「リスク抑制」目的の背反関係を示す仮設例

日本経済が第0期から悪化したため，第1期には税収不足が見込まれ，政府は第1期に国債100億円を発行するとともに，以下のような3期間の国債管理政策を計画したと仮定する．

【第0期末における国債管理政策（計画）】
①政府は満期3期の長期利付国債を発行するか，または満期1期の短期利付国債を発行し，それを第2期と第3期に更新する．ただし，いずれの国債もパー発行とする．なお，短期債の借換えを阻害するような政府に対する信用リスクはなく，この国債市場では金利の純粋期待理論が成立しないものと仮定する．
②国債の利払費は所得税の増税で対応する．
③上記計画の下で，政府の歳入と歳出はバランスすると見込む．つまり，短期債を発行した場合の借換え以外には新規発行も既発債の買戻しも予定しない．
④短期債，長期債のいずれを発行するにせよ，最終的な（第4期）償還費は増税により賄う．

この計画のうち，③は政府の経済見通しに基づくものだが，現実の経済は

---

12) 指針［2001］も，債務残高が大きく経済的ショックに対する脆弱性が高い国ほど潜在的なリスクが大きいため，コスト抑制よりリスク抑制に重きを置くべきとしている．また，公的債務管理政策が有効に機能する前提として，公的債務残高およびその伸び率が持続可能な水準以下に抑えられていることが必要であるとも述べている．

付表1-1 政府の国債管理計画と実際の推移（仮設例）

(単位：億円)

	第1期	第2期	第3期	(第4期)
【計画】				
財政収支	−100	0	0	
国債発行・償還				
〈短期債の場合〉				
発行	100	100	100	
償還		−100	−100	−100
〈長期債の場合〉				
発行	100	0	0	
償還		0	0	−100
利払費（＝増税）				
短期債の場合	2	2	2	
長期債の場合	5	5	5	
【実績】				
財政収支	−100	20	−20	
国債発行・償還				
〈短期債の場合〉				
発行	100	80	100	
償還		−100	−80	−100
〈長期債の場合〉				
発行		計画と同じ		
償還				
利払費（＝増税）				
短期債の場合	2	4.8	3.5	
長期債の場合		計画と同じ		

注：1) 第4期の償還費用は増税により賄う．
　　2) 短期債を発行・更新するケースでは，第2期において100億円償還する一方，財政収支で20億円の黒字が見込まれるため，短期債の発行（更新）額は80億円となる．

見通しどおりに推移しないものである（付表1-1）．ここでは，実際の経済および金利（表面利率）が以下のように推移したと仮定しよう．まず，経済だが，第1期に予想外の回復・拡大を示したあと，第2期には再び景気が頭打ちとなる．それを受けて，財政収支の実績は，政府の計画に対して第2期に20億円の黒字が，第3期に20億円の赤字がそれぞれ発生する（予算リスク）と仮定する．

一方，金利だが，国債発行時（第1期）のイールド・カーブは順イールドであり，そのため当初の短期債，長期債は各々表面利率2％，5％で発行できたとする．その後，上記の経済変動を反映して金利が第2期に上昇，第3

期に下落したため，短期債を更新する際の表面利率は第2期6％，第3期3.5％となったと仮定する（金利〈借換〉リスク，予算リスク）．

　以上の国債管理計画および経済・金利動向（実績）の仮設例から，政府が短期債を発行する場合または長期債を発行する場合の発行額と利払費の推移は次のようになる．まず，短期債を発行・更新する場合だが，その発行額は第1期の100億円に続き，その後の予期せぬ財政黒字と財政赤字（ともに絶対額で20億円）により第2期，第3期の発行・更新額は各々80億円，100億円となる．また，表面利率は第1期2％，第2期6％，第3期3.5％だから，利払費は各々2億円，4.8億円，3.5億円となり，仮定（計画②）より同額だけ各期に課税される．

　一方，長期債を発行する場合だが，計画③より，第2期に生じた財政余剰（20億円）を将来の国債償還財源として政府は貯蓄し，第3期の財政不足（20億円）をそれで補ったとする．この場合，政府は第1期に100億円発行した後，第2期と第3期の新規発行はゼロとなる．また，第1期に長期債を発行した際の表面利率は5％だから，利払費はすべての期で5億円となり，やはり同額だけ各期に課税される．

　ここまでの分析を基に，政府がそもそもの財政赤字100億円を賄うために短期債を発行・更新した場合と，長期債を発行した場合とで，各政策のコストとリスクにどのような差異が生じたかを考察してみよう．

　コスト面では，第3期末の残高（これは計画④により最終的には課税によって償還されなければならない）は短期債，長期債ともに100億円だから，コストの差は利払費の差に帰着できる．利払費の総額は短期債を発行・更新した場合10.3億円，長期債の場合15億円だから，短期債を発行・更新する方が4.7億円コストを節約することができる．このコストの差は，短期債に対する長期債の期間（信用）リスク，流動性（換金）リスク，金利（インフレ）リスクなどに対するリスク・プレミアムが長期金利に反映されることから生じる[13]．

---

13) リスク・プレミアムに係るリスクは投資家に対するものであり，短期債を更新

リスク面では，この仮設例で仮定されたリスクは金利リスクと予算リスクである．まず，金利リスクから見ていこう．政府が短期債を発行・更新する場合，第1期の表面利率は2%であった．仮に第2, 3期に金利（景気）が変動しなければ3期間の利払費合計は6億円であるが，実際には金利が変動したため，その合計額は10.3億円となる．つまり，金利変動により4.3億円余分に金利を支払わなければならなくなった．一方，長期債を発行した場合には，第2, 3期の借換えがないため当初の計画通り利払費の合計は15億円のままである．予期せぬ利払いの増加が生じる，つまり「資金調達コストに対するリスク」という意味では短期債の発行・更新のほうが長期債の発行よりリスクが高い．しかしながら，総コストから見れば，前述したように短期債の発行・更新のほうが低いわけだから，リスク抑制目的をコストに対するリスクのみで捉えれば，リスク抑制はコスト最小化に還元できよう．

ここで重要なことは，国債の元利払いは最終的に課税に反映されることであり，すなわち資金調達に係るリスクは最終的には予算（課税）リスクに結びつくことである．仮設例では利払費は所得税で増税されるため，第0期の所得税に対する増税額は，短期債を発行・更新した場合，第1期に2億円，第2期に4.8億円，第3期に3.5億円となり，長期債を発行した場合には各期とも5億円の増税となる．第1期から第3期までの平均増税額は短期債発行の場合3.4億円，長期債発行の場合5億円で，長期債を発行する場合のほうが増税額が大きい．これは，コストが大きいのだから当然である．しかし，増税額の前期差で見ると，短期債の発行・更新の場合，第1期2億円，第2期2.8億円，第3期▲1.3億円（減税）に対して，長期債発行の場合，各々5億円，ゼロ，ゼロであり，所得税の安定という観点からは長期債を発行するほうが安定的である．

する場合に発行体が負う金利変動リスクとは性質が異なる．なお，（期待）インフレ率が（名目）短期金利にも反映されるならば，短期債を発行・更新する政策は，政府がインフレ政策を採らないという信認を投資家に与える可能性がある．この場合，更新も含めて短期債の発行量が多くなっても，短期金利の上昇は抑えられよう．

経済厚生最大化の観点から最適消費経路を攪乱しないためには，所得税率の安定が望ましい（Barro［1995］，須藤［2003］）．その意味で，短期債を発行・更新した場合の平均増税額が長期債を発行した場合のそれより小さいとしても，税額の変動が大きいために経済厚生上の損失が大きくなる[14]．つまり，「経済厚生に対するリスク（課税変化リスク）」という重大なリスクに対しては短期債の発行・更新のほうがリスクが高いのである．

　以上，かなり単純な仮設例に基づいた分析だが，国債管理政策の目的において資金調達コスト最小化（短期債の発行・更新）とリスク抑制（長期債の発行）とが両立しないことのイメージはつかめたのではないだろうか．ここで，再度明確にしておきたいことは，国債管理政策の主目的のうち「コストの最小化」とは「金利に係るリスク・プレミアムを最小化すると同時に，発行価格を所与としたとき調達必要額全体に係るコストを最小化する（よう債務の構成を図る）こと」であり，「リスクの抑制」とは「コストに対するリスクと経済厚生（課税変化）に対するリスクを抑制すること」を意味するということである．

---

14) 仮設例では，景気変動がそのまま財政収支に反映することを仮定しているため，利払い分の増税に伴う税額の変動は実質的に税率の変動を意味する．また，仮設例の場合と違い，景気変動による財政収支の変動が相殺されなければ，短期債の発行・更新額の変動が大きくなるため課税への攪乱はさらに大きくなる．

第2章

最適満期構成の理論的考察
―新発国債の需要と供給―

1 はじめに

　前章で詳説したように，国債管理政策の主目的としては資金調達コストの最小化とリスクの抑制を挙げることができる．ここで，「資金調達コストの最小化」とは「金利に係るリスク・プレミアムを最小化すると同時に，発行価格を所与としたとき調達必要額全体に係るコストを最小化する（よう債務の構成を図る）こと」を意味し，「リスクの抑制」とは「コストに対するリスクと経済厚生（課税変化）に対するリスクを抑制すること」を意味する．

　本章の目的は，コスト最小化とリスク抑制を達成するための発行（満期）政策を理論的に考察することである．最適満期構成に関する先行研究の多くは，国債管理政策の目的を経済厚生の最大化と仮定している[1]．国債の満期構成が経済厚生にどのような影響を与えるかについての研究は，当初，世代間のリスク配分の観点から進められた．代表的なものに Stiglitz [1983], Fischer [1983], Peled [1984, 1985], Pagano [1988], Gale [1990] 等がある．しかし，この観点には長期債発行に伴う現世代の納税負担と将来世代のそれとのバランスが考慮されておらず，Barro [1979], Lucas and Stokey [1983] は，経済厚生を最大化するためには，税率を平準化するように国債

---

[1] Missale [1999] と Leong [1999] は国債管理政策についての先行研究を包括的にサーベイしている．また，邦語による簡潔なサーベイとしては須藤 [2003]（第8章），西岡 [2004] を参照されたい．

の発行を考えることが最適な政策であることを示した．この結果を踏まえ，特に1990年代以降，税率を平準化するにおいて満期構成がどのような役割を担うかが研究され始めた[2]．代表的な先行研究にCalvo and Guidotti [1990], Bohn [1990], Barro [1995], Missale [1999], 須藤 [2003] 等がある．

これらの先行研究は前述した管理政策の目的のうち「経済厚生（課税変化）に対するリスク抑制」しか対象としておらず，「コスト最小化」の目的が明示的に考慮されていない．この目的を明示的に考慮したモデルとしてCoe et al. [2000, 2003, 2005] と西岡 [2004] がある[3]．

Coe et al. と西岡のモデルは形態がやや異なるが，その基本的な考え方はともに投資ポートフォリオ理論モデルに基づいている．つまり，t期におけるi期国債の発行コストを$r_{i,t}$，当該国債の国債残高全体または国債発行量全体に占める割合を$w_{i,t}$として，政府は発行コストと発行に伴うリスクの合計 $\sum_i \{w_{i,t}E[r_{i,t}] + (\lambda/2)w_{i,t}^2 \mathrm{Var}[r_{i,t}]\}$（$\lambda$は危険回避度）を最小にするように$w_{i,t}$を決定する．このモデルに基づき，Coe et al. は，イギリスの財政当局が1985-95年（[2000]）または1985-2000年（[2003, 2005]）にかけて満期構成（残高ベース）を変えることによって利払いコストを実際より低下させる余地があったことを実証した．一方，西岡は政府が国債を発行する場合の最適満期構成を理論的に考察することによって，①市場に占める長期投資家の運用資産比率が高まった場合，長期債の発行比率は上昇し，その超過

---

2) 税率を平準化するための国債発行政策を考察する場合，満期構成以外に，名目債，物価連動債，外貨建債といった各種の国債をどのように組み合わせるべきかという視点からのアプローチもある．このアプローチに関する先行研究はMissale [1999] が詳細にサーベイしている．

3) Missale [1999] (Chapter 6) は政府の反インフレ政策に対する市場の信認と国債の償還コストとの関係から最適満期構成を考察している．そこで提示されたモデルは，OECD加盟国の中で政府債務残高の高い国ほど，その政府は反インフレ政策を維持して高金利を回避するために満期構成を短期化しているという事実を説明しているが，このモデルも税率平準化を国債管理政策の目的として導出されている．

収益率は低下すること,②政府が危険回避的となった場合,長期債の発行比率は上昇し,その超過収益率は上昇すること,③投資家が危険回避的となった場合,長期債の発行比率は低下し,その超過収益率は上昇することを示した.しかしながら,Coe et al. と西岡のモデルには,前述の先行研究とは逆に経済厚生(課税変化)に対するリスクが考慮されていない.さらに,西岡は投資家による国債投資の最適満期構成,つまり需要面での最適満期構成を考慮しているが,Coe et al. はこの点を考慮していない.

本章では,これらの点を修正した最適満期構成のモデルを提示する.ただし,次に述べる理由から,コストに対するリスクはモデルで明示的に扱わない.第1に,ここで提示するモデルは国債の発行価格が市場の需給によって決まることを前提としている.したがって,短期債の更新には金利リスク(より高い金利で更新しなければならないリスク)や借換リスク(全額を市場で消化できないリスク)などが伴うが,これらのリスクが顕現した場合の予期しないコスト増加は税率の引上げにつながるという意味で,コストに対するリスクは課税変化に対するリスクに還元することができる.

第2に,Missale [1999] (pp. 174-176) も述べているように,コストに対するリスクの抑制については,財政の健全化,ベンチマーク債発行や国債の先物取引またはレポ取引の導入などの市場流動性向上政策,入札制度導入や発行日の事前公表などの発行制度改革を考察の主たる対象とすべきと考えるからである.流動性向上政策も含めた発行制度に関する議論は第3章で詳述する.

次節以下の構成は次のようになっている.第2節では,政府の予算制約に基づき,国債発行に係るコストとリスクの合計が最小となる最適満期構成を導出する.導出された最適満期構成は,「満期別需要を考慮せず,政府の一方的な国債管理政策に基づいたもの」という意味で最適供給構成を表している.第3節では,標準的なポートフォリオ理論に基づき,新発国債への投資に係る投資家の効用(期待収益率)が最大となる需要ベースでの最適満期構成(最適投資ポートフォリオ)を導出する.第4節では,政府の最適供給と

投資家の最適需要に基づいて満期構成の均衡経路を導出し，さらに短期債と長期債で需給が不均衡となった場合に政府がどのような発行（満期）政策を採るべきかを分析する．第5節では，これまでの分析を整理し，今後の課題を述べる．

2 政府による最適供給

本節では，政府の予算制約に基づき，国債発行に係るコストとリスクの合計が最小となる最適満期構成を導出する．導出された最適満期構成は，「満期別需要を考慮せず，政府の一方的な国債管理政策に基づいたもの」という意味で最適供給構成を表している．

2-1 予算制約と政府行動の仮定

供給面での最適満期構成を導出するために，政府行動について次のような仮定を置く．

政府は短期債（1期債），中期債（2期債），長期債（3期債）の3種類のゼロ・クーポン債（実質償還価格は1）を発行する．既発国債の買戻消却やリオープンなどの残高操作がないとき，政府の予算制約は，歳出として政府支出と1・2・3期前に発行した国債の償還があり，それを租税（所得税）と新たな国債の発行で賄うことになる．この予算制約は次のように定式化できる．

$$G_t + \sum_{i=1}^{3} a_{i,t-i} D_{t-i} = \tau_t Y_t + \sum_{i=1}^{3} q_{i,t} a_{i,t} D_t \qquad (2.1)^{4)}$$

---

4) 政府支出と国債償還が税収のみで賄われるとき，予算制約は $G_t + \sum_{i=1}^{3} a_{i,t-i} D_{t-i} < \tau_t Y_t$ となる．ここで，財政余剰を用いて国債の買戻消却を行わずに，来期以降の国債償還（または国債発行の減額）のために貯蓄しておくと仮定すれば，その実質貯蓄額を S_t として $G_t + \sum_{i=1}^{3} a_{i,t-i} D_{t-i} + S_t = \tau_t Y_t$ と表せる．この貯蓄 S_t は将来の国債発行量 $D_{t+j} (j \geq 1)$ に対して影響を与えるが，国債発行の最適満期

ここで,

Y_t：t 期における実質非資産所得（実質 GDP）

G_t：t 期における実質政府支出

τ_t：t 期における所得税率

$q_{i,t}$：t 期における i 期債（$i=1,2,3$）の実質発行価格

　　（$q_{3,t} < q_{2,t} < q_{1,t} < 1$）[5]

D_t：t 期における国債の総発行量

$\alpha_{i,t}$：D_t に占める i 期債の発行構成比 $\left(0 \leq \alpha_{i,t} \leq 1, \ \sum_{i=1}^{3} \alpha_{i,t} = 1\right)$

である.

　国債の発行価格 $q_{i,t}$ は流通市場での価格に基づいて決められ,政府にとって所与のものであると仮定すれば,予算制約式(2.1)において政府が決定しなければならない変数は $G_t, \tau_t, D_t, \alpha_{1,t}, \alpha_{2,t}$ である. $\alpha_{3,t}$ は $\alpha_{1,t}$ と $\alpha_{2,t}$ が決定されれば $\alpha_{3,t} = 1 - \alpha_{1,t} - \alpha_{2,t}$ により決まる.

　これらの変数を決定することは広義の財政政策の問題と言えようが,ここでの問題意識は国債管理政策にあることから,それを明確にするために「財政政策」と「国債管理政策」の役割を次のように定義する.まず「財政政策」とは,政府が経済環境に応じて政府支出 G_t を決定し,それによって確定した歳出総額を税収（τ_t の決定）と国債発行（D_t の決定）によってどのようにファイナンスするかを決定する政策と定義する.一方,「国債管理政策」とは,財政政策によって決定された G_t, τ_t および D_t を所与として,国債発行によって生じる将来のコストとリスクの合計が最小となるように満期構成 $\alpha_{1,t}, \alpha_{2,t}$（および $\alpha_{3,t}$）を決定する政策と定義する.

　ここで「将来のコストとリスク」の意味を明確にしておこう.まず「将来

　　構成に対しては影響しない.貯蓄 S_t 分だけ減らすことができた国債発行量 D_{t+j}
　　を所与として,政府は最適満期構成を考えればよいからである.したがって,以
　　下では予算制約式(2.1)に基づいて議論を進める.

5)　イールド・カーブは順イールドを仮定する.

のコスト」だが，政府は t 期に各国債を1単位当たり実質価格 $q_{i,t}$ ($i=1,2,3$) で発行し，将来の満期時にはそれらを単位当たり実質価格1で償還しなければならないから，国債発行に係る将来の総コストは

$$\sum_{i=1}^{3}(1-q_{i,t})a_{i,t}D_t \tag{2.2}$$

と表せる．

一方，「将来のリスク」は t 期における i 期債の発行が将来の税率に与える影響である．つまり，予算制約式(2.1)より，t 期に発行した i 期債の償還が $t+i$ 期に行われるため，i 期債の発行量は $t+i$ 期の税率 τ_{t+i} に影響を及ぼしうる．経済厚生の観点から税率は平準化されることが望ましいことから，国債発行に係る「将来のリスク」は

$$\sum_{i=1}^{3} \mathrm{Var}[\tau_{t+i}] \tag{2.3}$$

によって表せる．

したがって，前述の定義に従えば，(2.2)，(2.3)式より，政府の国債管理政策とは G_t, τ_t, D_t を所与として損失関数

$$L_t \equiv \sum_{i=1}^{3}(1-q_{i,t})a_{i,t}D_t + \sum_{j=1}^{3}\left(\frac{\lambda_G^j}{2}\right)\mathrm{Var}[\tau_{t+j}] \tag{2.4}$$

を $a_{1,t}, a_{2,t}$ について最小にすることとなる．なお，上式で λ_G は損失関数におけるコストに対するリスクのウエイト（リスク回避度）を表し，

$$0 < \lambda_G < 1 \tag{2.5}$$

と仮定する．

2-2 最適供給構成の導出

前項で定義した国債管理政策から最適満期構成を導出するためには τ_{t+j} を定義しなければならない．予算制約式(2.1)より，τ_{t+j} は

$$\tau_{t+j} = \frac{G_{t+j}}{Y_{t+j}} + \sum_{i=1}^{3} a_{i,t+j-i}\left(\frac{D_{t+j-i}}{Y_{t+j}}\right) - \sum_{i=1}^{3} q_{i,t+j}a_{i,t+j}\left(\frac{D_{t+j}}{Y_{t+j}}\right)$$

となる．ここで

$$d_t \equiv \frac{D_t}{Y_t}, g_t \equiv \frac{Y_t}{Y_{t-1}}$$

と定義し,さらにすべての t に対して

$$\frac{G_t}{Y_t} = a \ (一定)$$

と仮定すると,上式は

$$\tau_{t+j} = a + \sum_{i=1}^{3} \alpha_{i,t+j-i}\left(\frac{d_{t+j-i}}{\prod_{l=0}^{i-1} g_{t+j-l}}\right) - \sum_{i=1}^{3} q_{i,t+j}\alpha_{i,t+j}d_{t+j} \tag{2.6}$$

と書き換えることができる.

政府にとって Y_t は外生変数であるから,損失関数(2.4)で第1項の D_t を d_t に置き換えて

$$L_t \equiv \sum_{i=1}^{3}(1-q_{i,t})\alpha_{i,t}d_t + \sum_{j=1}^{3}\left(\frac{\lambda_G^j}{2}\right)\text{Var}[\tau_{t+j}] \tag{2.4'}$$

と再定義すると,政府による国債管理政策は次のように定式化できる.

$$\underset{\alpha_{1,t},\alpha_{2,t}}{\text{Min}} L_t$$

s.t. (2.6)式, $\alpha_{3,t} = 1-\alpha_{1,t}-\alpha_{2,t}, 0 \leq \alpha_{i,t} \leq 1 \, (i=1,2), \alpha_{1,t}+\alpha_{2,t} \leq 1 \quad 4\forall t$

この最適化問題を解くためには,政府は経済成長,経済成長と各国債価格との関係,国債発行量の対実質 GDP 比について3期先まで予想しなければならない.これらの予想について次のような仮定を置く.

①経済成長

$$\frac{1}{g_{t+1}^e} = \frac{1}{g_t} + u_t, u_t \sim \text{i.i.d.N}(0, \sigma_u^2) \tag{2.7}$$

$$\frac{1}{g_{t+3}^e} = \frac{1}{g_{t+2}^e} = k \ (一定, \ k > 0) \tag{2.8}$$

ここで,上付き文字 e は政府による予想を表す.したがって $\frac{1}{g_{t+j}^e}$ ($j=1, 2, 3$) はすべて確率変数でなければならない.その意味で(2.7)式は妥当だが,

(2.8)式はこの要件を満たしていない．しかしながら政府が国債管理政策のために経済予想をする場合，短期的には(2.7)式のように今期の経済成長率に基づいて予想するとしても，中長期的な予想は政府の「経済計画（目標）」に依拠すると仮定するほうが現実的であろう．したがって，t期時点における2期先，3期先の経済成長率は一定（k^{-1}）と仮定した．

②経済成長と国債価格との関係

$$\text{Cov}\left[q^e_{i,t+1}, \frac{1}{g^e_{t+1}}\right] = \text{Cov}\left[q^e_{i,t+2}, \frac{1}{g^e_{t+2}g^e_{t+1}}\right]$$
$$= \text{Cov}\left[q^e_{i,t+3}, \frac{1}{g^e_{t+3}g^e_{t+2}g^e_{t+1}}\right] > 0$$
$$(i=1,2,3) \quad (2.9)$$

$$\text{Cov}\left[q^e_{1,t+j}, \prod_{l=1}^{j} \frac{1}{g^e_{t+l}}\right] = \text{Cov}\left[q^e_{2,t+j}, \prod_{l=1}^{j} \frac{1}{g^e_{t+l}}\right]$$
$$= \text{Cov}\left[q^e_{3,t+j}, \prod_{l=1}^{j} \frac{1}{g^e_{t+1}}\right] > 0$$
$$(j=1,2,3) \quad (2.10)$$

(2.9)式は，t期において政府が「各国債のj期後（$j=1,2,3$）の価格は，jにかかわらず1期後からj期後までの累積経済成長率と安定した関係を維持しており，その関係とは経済成長率が上昇すれば国債価格が下落（金利は上昇）するという関係である」と想定していることを示している．(2.10)式は，(2.9)式について説明した関係が$t+j$期時点のイールド・カーブ全体に成立すると政府が想定していることを表している．なお，以下では，t期までの情報に基づいてCovを定義しているという意味で$\text{Cov}[f(q^e), h(g^e)] \equiv \text{Cov}_t[f(q), h(g)]$と記す．

③国債発行量の対実質GDP比率

$$d^e_{t+i} = m^i d_t \quad (i=1,2,3) \quad (2.11)$$

ここでmは$m \geq 0$を満たす定数である．これは，t期において，今後3期間

第 2 章 最適満期構成の理論的考察

の国債発行量の対実質 GDP 比率が平均 m の割合で変化すると想定されていることを示している．

以上の仮定の下で前述の最適化問題を $\alpha_{1,t}$ と $\alpha_{2,t}$ について解くと，最適満期構成は次のようになる[6]．

$$\alpha_{1,t}^* = \frac{1}{1+\lambda_G k^2 + \lambda_G^2 k^4}\left[\frac{1}{\lambda_G \sigma_u^2 d_t}\{\lambda_G k^2(q_{1,t}-q_{2,t})+(q_{1,t}-q_{3,t})\}\right.$$

$$+\frac{1}{g_t d_t}\left\{\lambda_G^2 k^4 \alpha_{3,t-1} d_{t-1} - (1+\lambda_G k^2)\left(\alpha_{2,t-1}d_{t-1}+\alpha_{3,t-2}\frac{d_{t-2}}{g_{t-1}}\right)\right\}$$

$$\left.+\frac{1}{2\sigma_u^2}m(1-\lambda_G m)\{1+(m+k^2)\lambda_G\}\mathrm{Cov}_t\left[q_{3,t+1},\frac{1}{g_{t+1}}\right]\right] \quad (2.12)$$

$$\alpha_{2,t}^* = \frac{1}{1+\lambda_G k^2 + \lambda_G^2 k^4}\left[\frac{1}{\lambda_G^2 k^2 \sigma_u^2 d_t}\{(q_{2,t}-q_{3,t})-\lambda_G^2 k^4(q_{1,t}-q_{2,t})\}\right.$$

$$+\frac{1}{g_t d_t}\left\{-(1+\lambda_G k^4)\alpha_{3,t-1}d_{t-1}+k^2\left(\alpha_{2,t-1}d_{t-1}+\alpha_{3,t-2}\frac{d_{t-2}}{g_{t-1}}\right)\right\}$$

$$\left.+\frac{1}{2k^2\sigma_u^2}m(1-\lambda_G m)(m-\lambda_G k^4)\mathrm{Cov}_t\left[q_{3,t+1},\frac{1}{g_{t+1}}\right]\right] \quad (2.13)$$

このとき

$$\alpha_{3,t}^* = 1 - \alpha_{1,t}^* - \alpha_{2,t}^*$$

$$= 1 - \frac{1}{1+\lambda_G k^2 + \lambda_G^2 k^4}\left[\frac{1}{\lambda_G^2 k^2 \sigma_u^2 d_t}\{(q_{2,t}-q_{3,t})+\lambda_G k^2(q_{1,t}-q_{3,t})\}\right.$$

$$+\frac{1}{g_t d_t}\left[\{1+\lambda_G(1-\lambda_G)k^4\}\alpha_{3,t-1}d_{t-1}\right.$$

---

6) 仮定 (2.7)-(2.11) の下では，1 階の条件より

$$\frac{\partial^2 L_t}{\partial \alpha_{1,t}^2} = \lambda_G \sigma_u^2(1+\lambda_G k^4)d_t^2 > 0, \quad \frac{\partial^2 L_t}{\partial \alpha_{2,t}^2} = \lambda_G^2 k^2 \sigma_u^2(1+\lambda_G k^2)d_t^2 > 0$$

$$\frac{\partial^2 L_t}{\partial \alpha_{1,t} \partial \alpha_{2,t}} = \frac{\partial^2 L_t}{\partial \alpha_{2,t} \partial \alpha_{1,t}} = \lambda_G^3 k^4 \sigma_u^2 d_t^2 > 0,$$

$$\left|\begin{array}{cc} \frac{\partial^2 L_t}{\partial \alpha_{1,t}^2} & \frac{\partial^2 L_t}{\partial \alpha_{1,t} \partial \alpha_{2,t}} \\ \frac{\partial \alpha L_t}{\partial \alpha_{2,t} \partial \alpha_{1,t}} & \frac{\partial^2 L_t}{\partial \alpha_{2,t}^2} \end{array}\right| = \lambda_G^3 k^2 \sigma_u^4 (1+\lambda_G k^2 + \lambda_G^2 k^4)d_t^4 > 0$$

が成立するから，L_t が $\alpha_{1,t}^*$ と $\alpha_{2,t}^*$ に対して最小となるための 2 階の条件は満たされる．

$$+\{1-(1-\lambda_G)k^2\}\Big(\alpha_{2,t-1}d_{t-1}+\alpha_{3,t-2}\frac{d_{t-2}}{g_{t-1}}\Big)\Big]$$

$$-\frac{1}{2k^2\sigma_u^2}m(1-\lambda_G m)\{m+(1+\lambda_G m)k^2\}\mathrm{Cov}_t\Big[q_{3,t+1},\frac{1}{g_{t+1}}\Big]\Big]\quad(2.14)$$

上記(2.12),(2.13)式の [ ] 内において, 第1項と第3項は各々政府が最適満期構成を決める際の価格要因, 価格(金利)と経済成長率(マクロ経済)との相関要因を表している. 一方, 第2項において, $\alpha_{3,t-1}d_{t-1}/g_t$ と $(\alpha_{2,t-1}d_{t-1}+\alpha_{3,t-2}d_{t-2}/g_{t-1})/g_t$ は, 各々経済成長率で割り引いた残存期間2期と1期の既発国債残高比を表すから, 第2項は最適構成を決める際に考慮する既発国債の残高要因を示している.

ここで, これらの最適満期構成を解釈する場合に留意すべき点を述べたい. 第1点目は, (2.12), (2.13)式で表された $\alpha_{1,t}^*$ と $\alpha_{2,t}^*$ は完全な系列解ではないということである. $\{\alpha_{1,t}^*\}$ と $\{\alpha_{2,t}^*\}$ の完全な系列を求めるためには, $\alpha_{3,j}=1-\alpha_{1,j}-\alpha_{2,j}$ ($j=t-1,t-2$) と置き換えたときに(2.12), (2.13)式で表される $\{\alpha_{1,t}\}$ と $\{\alpha_{2,t}\}$ に関する連立差分方程式を解かなければならない. しかし $\{q_{i,t}\}$ ($i=1,2,3$) の系列が明らかでないため, この連立差分方程式を解くことはできない. また, $\alpha_{i,t}=\alpha_{i,t-1}=\alpha_{i,t-2}=\alpha_i^*$ ($i=1,2$) とおいて定常解を求めることは次に述べる理由から意味がない.

第1に, 定常解を求めるために他の外生変数の系列も定常と仮定した場合, Y_t もすべての t で一定だから $\sigma_u^2=0$ となってしまうことである. このとき(2.12), (2.13)式の両辺に $\sigma_u^2(=0)$ をかけると両式とも左辺および右辺第2項が消えてしまい, $\alpha_i^*(i=1,2)$ について解くことができない[7]. 第2に, 仮に外生変数の系列を定常と仮定しなければ α_i^* ($i=1,2$) について解くことができるが, 外生変数の系列が定常ではないという仮定に立った定常解には意味がない.

留意すべき第2点目は, 何らかの方法により現実のデータから推定したパラメータおよび外生変数を(2.12)-(2.14)式に代入したとき, 必ずしも

---

7) これは, 政府の損失関数(2.4′)において $\mathrm{Var}[\tau_{t+j}]=0$ となるため解が求められないことを意味する.

$$0 \leq \alpha^*_{i,t} \leq 1 \,(i=1,2,3) \tag{2.15}$$

が保証されるわけではないということである．しかしながら，逆にこの条件を満たす $\alpha^*_{i,t}$ が存在し得ないことも明らかではない．これはあくまで実証の問題である．そこで，以下では最適構成比が条件(2.15)を満たすものとして分析を進める．

2-3 最適供給構成の特徴

前項で導出した(2.12)-(2.14)式より，供給面における最適満期構成の特徴として次の命題を導くことができる（証明は本章末の付論を参照）．

[命題S1]

各国債の価格上昇は当該国債の発行比率を上昇させ，他の国債の発行比率を低下させる．

[命題S2]

$\lambda_G m \to 1$ の条件下では，t 期における国債発行量の対実質GDP比 d_t の上昇は短期債と中期債の発行比率を低下させ，長期債の発行比率を上昇させる．ここで，$\lambda_G m \to 1$ の条件は，d の将来予想が定常状態に近づく（$m \to 1$）とき，政府の損失関数におけるリスクへのウエイトも一定（$\lambda_G^2/2 \to 1/2$）となることを含意している．

[命題S3]

$\lambda_G m \to 1$ の条件下では，d_t の予想増減率 m の上昇は短期債の発行比率を低下させ，長期債の発行比率を上昇させる．中期債の発行比率は，同じ m が上昇した場合でも，$m > k^2$ のとき低下させ，$m < k^2$ のとき上昇させることが最適な政策となる．

[命題 S4]

　残存期間2期の既発国債残高（経済成長率で割引後）に対する残存期間1期の既発国債残高（同）の比率が十分に大きく，かつ $(1-\lambda_G)<k^{-2}$ のとき，今期経済成長率 g_t の上昇は短期債の発行比率を上昇させ，中・長期債の発行比率を低下させる．

[命題 S5]

　$\lambda_G m \to 1$ の条件下では，次期経済成長率の予測における変動 σ_u^2 の上昇は短期債の発行比率を低下させ，長期債の発行比率を上昇させる．中期債の発行比率は，同じ σ_u^2 の上昇でも，$q_{2,t}-q_{3,t}>\lambda_G^2 k^4(q_{1,t}-q_{2,t})$ のとき低下させ，$q_{2,t}-q_{3,t}<\lambda_G^2 k^4(q_{1,t}-q_{2,t})$ のとき上昇させることが最適政策となる．

[命題 S6]

　$\lambda_G m \to 1$ かつ $k=1$ の条件下では，経済成長率で割り引いた残存期間1期の既発国債残高および残存期間2期の既発国債残高が十分に大きければ，将来の経済成長率 k^{-1} の（1からの）上昇は短期債の発行比率を低下させ，長期債の発行比率を上昇させる．

　以上の命題から，短期債の発行環境と長期債の発行環境についていくつかの特徴を挙げることができる．第1に，財政事情が現在悪化しているまたは将来悪化が予想されるとき，政府は短期債より長期債の発行比率を上昇させることが望ましい（命題 S2, S3）．財政事情が現在悪化しているまたは将来悪化すると予想されるときに短期債を発行すると，財政事情が改善する以前に大きな償還負担または借換え負担がかかる可能性がある．これは税率の引き上げ要因または国債の発行金利の上昇（リスク・プレミアム）要因につながり，リスクとコストの面から政府の損失を増大させる．ただし，後者の点については，特に長期にわたって既に財政事情が悪化している場合，政府が敢えて短期債の発行を増加させることで投資家による反インフレ政策への

信認，延いては財政再建への信認が高まり，金利のリスク・プレミアムが低くなる可能性もある[8]．

　第2に，短期的に経済成長率が上昇しているときには短期債の発行比率を上昇させ，長期的にも経済成長率の上昇が予想されるときには長期債のそれを上昇させることが望ましい（命題S4，S6）．経済成長率の上昇と財政事情の改善とが連動していることを考えれば，特にリスク面から見て上記の政策が望ましいことは容易に納得できよう．

　第3に，経済成長に対する不確実性が高いときには長期債の発行比率を上昇させることが望ましい（命題S5）．これは，第1の特徴と同様に，経済成長の不確実性が高いときに短期債を発行すれば短期的に償還負担または借換え負担がかかり，リスクとコストの両面から政府の損失を増大させるためである．

　以上で最適供給の分析を終えるが，1つだけ特筆しておきたい点がある．本章のモデルでは，既発国債の買戻消却やリオープンなどの残高操作が行われないことを仮定している．しかし，それが可能とした場合，(2.12)–(2.14)式から，残存期間1期の既発国債残高（経済成長率で割引後）の減少（買戻消却）は中期債および長期債の最適発行比率を低下させ，残存期間2期の既発国債残高（同）の減少は短期債および長期債のそれを低下させることが示される．この結果についてはこれ以上立ち入らないが，政府や中央銀行による発行残高または市場保有残高の操作を考慮して国債管理政策を分析することは重要であり，その場合にもここで用いたモデルは有用である．

3　投資家による最適需要

　本節では，標準的なポートフォリオ理論に基づき，新発国債への投資に係る投資家の効用（期待収益率）が最大となる需要ベースでの最適満期構成

---

8)　第1章の注13を参照されたい．

（最適投資ポートフォリオ）を導出する．

3-1 投資家行動の仮定

需要面における新発国債の最適満期構成を導出するために，次のような投資家行動を仮定する．

投資家は各期において国債の発行価格，総発行量を所与とした上で，新発国債に対する1期間のポートフォリオを考える．ここで，ポートフォリオの対象を「新発国債」に限定したのは，本研究の問題意識が「国債管理政策としての最適な発行満期構成はどうあるべきか」という点にあり，政府が既発国債の買戻消却またはリオープンを行わなければ既発国債への需要がどうあろうとその残高（供給）は変化しないためである．また，ポートフォリオ期間を1期間としたのは，短期債の満期が1期であるため，1期ごとに投資家がポートフォリオを見直すと仮定した．投資家は次期以降，残存期間が1期または2期となった既発国債を保有することも売却することも自由である．ただし，本研究では同質の投資家を仮定するため，既発国債を売却する場合，その相手先は中央銀行とする．これは，中央銀行が国債価格（金利）を適正に維持するため既発国債のオペレーションを行うことを含意する．

国債の取引コストがないと仮定すると，上記ポートフォリオの予想収益率 P^e_{t+1} は次のように表せる．

$$P^e_{t+1} = \left\{ \beta_{1,t}\left(\frac{1-q_{1,t}}{q_{1,t}}\right) + \beta_{2,t}\left(\frac{q^e_{2,t,t+1}-q_{2,t}}{q_{2,t}}\right) + \beta_{3,t}\left(\frac{q^e_{3,t,t+1}-q_{3,t}}{q_{3,t}}\right) \right\} D_t \tag{2.16}$$

ここで，

$\beta_{i,t}$：総発行量 D_t に占める i 期債 $(i=1,2,3)$ の需要構成比 $\left(0 \leq \beta_{i,t} \leq 1, \sum_{i=1}^{3} \beta_{i,t} = 1\right)$

$q_{i,t,t+1}$：t 期に投資した i 期債の1期後の実質価格

であり，上付き文字 e は投資家の予想を表す．

さらに，(2.16)式の両辺を実質 GDP (Y_t) で除した，所得に対するポートフォリオの予想収益率 p_{t+1}^e

$$p_{t+1}^e \equiv \frac{P_{t+1}^e}{Y_t} = \left\{ \beta_{1,t}\left(\frac{1-q_{1,t}}{q_{1,t}}\right) + \beta_{2,t}\left(\frac{q_{2,t,t+1}^e - q_{2,t}}{q_{2,t}}\right) \right.$$
$$\left. + \beta_{3,t}\left(\frac{q_{3,t,t+1}^e - q_{3,t}}{q_{3,t}}\right) \right] d_t \tag{2.17}$$

によって投資家の効用が決まると仮定し，その効用関数を

$$U_t \equiv \mathrm{E}\left[p_{t+1}^e\right] - \frac{\lambda_I}{2}\mathrm{Var}\left[p_{t+1}^e\right] \tag{2.18}$$

と定義する．ここで λ_I は投資家の危険回避度であり

$$0 < \lambda_I < 1 \tag{2.19}$$

と仮定する．

3-2　最適需要構成の導出と特徴

前項の仮定により，投資家の効用最大化問題は次のように定式化できる．

$$\underset{\beta_{1,t},\beta_{2,t}}{\mathrm{Max}}\ U_t$$
s.t.　(2.17)式，$\beta_{3,t} = 1 - \beta_{1,t} - \beta_{2,t}, 0 \leq \beta_{i,t} \leq 1\ (i=1,2), \beta_{1,t} + \beta_{2,t} \leq 1\quad \forall t$

この最適化問題を $\mathrm{E}[q_{i,t,t+1}^e] = \mathrm{E}[q_{i,t,t+1}]$ の条件の下で解くと，最適投資比率は次のようになる[9]．

---

9)　1階の条件より，
$$\frac{\partial^2 U_t}{\partial \beta_{1,t}^2} = -\lambda_I d_t^2 \frac{\mathrm{Var}[q_{3,t,t+1}]}{q_{3,t}^2} < 0,$$
$$\frac{\partial^2 U_t}{\partial \beta_{2,t}^2} = -\lambda_I d_t^2 \left(\frac{\mathrm{Var}[q_{2,t,t+1}]}{q_{2,t}^2} + \frac{\mathrm{Var}[q_{3,t,t+1}]}{q_{3,t}^2}\right) < 0$$
$$\frac{\partial^2 U_t}{\partial \beta_{1,t} \partial \beta_{2,t}} = \frac{\partial^2 U_t}{\partial \beta_{2,t} \partial \beta_{1,t}} = -\lambda_I d_t^2 \frac{\mathrm{Var}[q_{3,t,t+1}]}{q_{3,t}^2} < 0$$
$$\begin{vmatrix} \frac{\partial^2 U_t}{\partial \beta_{1,t}^2} & \frac{\partial^2 U_t}{\partial \beta_{1,t}\partial \beta_{2,t}} \\ \frac{\partial^2 U_t}{\partial \beta_{2,t}\partial \beta_{1,t}} & \frac{\partial^2 U_t}{\partial \beta_{2,t}^2} \end{vmatrix} = \lambda_I^2 d_t^4 \left(\frac{\mathrm{Var}[q_{2,t,+1}]}{q_{2,t}^2}\right)\left(\frac{\mathrm{Var}[q_{3,t,+1}]}{q_{3,t}^2}\right) > 0,$$

が成立するから，U_t が $\beta_{1,t}^*$ と $\beta_{2,t}^*$ に対して最大となるための2階の条件は満たされる．

$$\beta_{1,t}^* = 1 - \frac{1}{\lambda_I d_t} \left\{ \frac{(\mathrm{E}[q_{2,t,t+1}] - q_{2,t})/q_{2,t} - (1 - q_{1,t})/q_{1,t}}{\mathrm{Var}[q_{2,t,t+1}]} q_{2,t}^2 \right.$$
$$\left. + \frac{(\mathrm{E}[q_{3,t,t+1}] - q_{3,t})/q_{3,t} - (1 - q_{1,t})/q_{1,t}}{\mathrm{Var}[q_{3,t,t+1}]} q_{3,t}^2 \right\} \quad (2.20)$$

$$\beta_{2,t}^* = \frac{(\mathrm{E}[q_{2,t,t+1}] - q_{2,t})/q_{2,t} - (1 - q_{1,t})/q_{1,t}}{\lambda_I d_t \mathrm{Var}[q_{2,t,t+1}]} q_{2,t}^2 \quad (2.21)$$

ここで，i 期債 ($i=1,2,3$) を 1 期間保有した場合の実質保有収益率（実質保有期間利回り）を次のように定義する．

$$Hr_t^{(i,1)} \equiv \frac{q_{i,t+1} - q_{i,t}}{q_{i,t}}$$

ただし，$\mathrm{E}[Hr_t^{(1,1)}] \equiv r_t^{(1)}$ は確定値である．この実質保有収益率を用いて (2.20)，(2.21) 式を書き換えると，

$$\beta_{1,t}^* = 1 - \frac{1}{\lambda_I d_t} \left(\frac{\mathrm{E}[Hr_t^{(2,1)}] - r_t^{(1)}}{\mathrm{Var}[Hr_t^{(2,1)}]} + \frac{\mathrm{E}[Hr_t^{(3,1)}] - r_t^{(1)}}{\mathrm{Var}[Hr_t^{(3,1)}]} \right) \quad (2.22)$$

$$\beta_{2,t}^* = \frac{\mathrm{E}[Hr_t^{(2,1)}] - r_t^{(1)}}{\lambda_I d_t \mathrm{Var}[Hr_t^{(2,1)}]} \quad (2.23)$$

となる．このとき定義より

$$\beta_{3,t}^* = 1 - (\beta_{1,t}^* + \beta_{2,t}^*) = \frac{\mathrm{E}[Hr_t^{(3,1)}] - r_t^{(1)}}{\lambda_I d_t \mathrm{Var}[Hr_t^{(3,1)}]} \quad (2.24)$$

である．

(2.23)，(2.24) 式は，i 期債 ($i=2,3$) への最適投資比率が i 期債と 1 期債に各々 1 単位（投資金額は $q_{i,t}$，$q_{1,t}$）投資した場合の期待収益率の差（超過収益率）によって決まることを示している．つまり，超過収益率が正の場合のみ中・長期債に投資するのである．一方，中・長期債への投資に係る超過収益率がともにゼロのとき（金利の期間構造に関する純粋期待理論が厳密に成立するときにそれはゼロとなる）短期債に対してのみ投資される．これは，短期債と中・長期債の期待収益率が等しい場合にはいずれの国債へ投資しようと無差別であるはずだが，危険回避的な投資家は利益が確定している短期債を選好することを含意している．

(2.22)-(2.24) 式より，需要面における最適満期構成の特徴として次の命題

を導くことができる(証明は本章末の付論を参照).

[命題 D1]
　①各国債への投資に係るリスク(各国債の収益率の変動)を所与としたとき,各国債の期待収益率の上昇は当該国債への投資比率を上昇させる.
　②各国債への投資に係る期待収益率を所与としたとき,i 期債($i=2, 3$)に係る収益率変動の上昇は当該国債への投資比率を低下させ,j 期債($i \neq j$)への投資比率を変化させない一方で,1 期債への投資比率を上昇させる.

[命題 D2]
　国債の総発行量が増加(または経済環境の悪化により実質 GDP が減少)することによって総発行量の対実質 GDP 比率 d_t が上昇すると,中・長期債への投資比率を低下させる反面,短期債への投資比率を上昇させる.

　[命題 D1] はポートフォリオ理論に照らして常識的な結果である.①は期待収益率の上昇を現在価格 $q_{i,t}$ の下落によるものと解釈すれば,価格の下落が需要の増加につながることを示している.②は投資家の危険回避的な性質を表している.一方,[命題 D2] は前節で述べた [命題 S2] と対照的であり興味深い.つまり,国債の発行量を増加せざるを得ないとき,政府は短期的な償還または借換えに係る負担(それに伴う税率引上げまたは金利へのリスク・プレミアム)を避けるために長期債の発行比率を上昇させるのに対して,投資家は政府に対する中長期的観点からの信用リスク増大を懸念して中・長期債より短期債への選好を強める.したがって,この場合には満期ごとに(特に短期債と長期債で)需給のミスマッチが生じることとなるが,この問題については次節で分析する.

4 均衡経路と不均衡分析

本節では，政府の最適供給と投資家の最適需要に基づいて満期構成の均衡経路を導出し，その後，前節で留保した短期債と長期債で需給が不均衡となった場合を分析する．

4-1 均衡経路

前二節での分析より，満期構成の均衡条件はすべての t で
$$a^*_{i,t} = \beta^*_{i,t} \; (i=1,2)$$
となることである．均衡解を $w^*_{i,t}$ とおくと，(2.12)，(2.13)式の右辺第2項に(2.23)，(2.24)式を適用することによって，均衡経路は次のように表すことができる．

$$\begin{aligned}
w^*_{1,t} =& \frac{1}{1+\lambda_G k^2 + \lambda_G^2 k^4} \left[\frac{1}{\lambda_G \sigma_u^2 d_t} \{\lambda_G k^2 (q_{1,t} - q_{2,t}) + (q_{1,t} - q_{3,t})\} \right. \\
& + \frac{1}{\lambda_l g_t d_t} \left[\lambda_G^2 k^4 \frac{\mathrm{E}[Hr^{(3,1)}_{t-1}] - r^{(1)}_{t-1}}{\mathrm{Var}[Hr^{(3,1)}_{t-1}]} \right. \\
& \left. - (1+\lambda_G k^2) \left\{ \frac{\mathrm{E}[Hr^{(2,1)}_{t-1}] - r^{(1)}_{t-1}}{\mathrm{Var}[Hr^{(2,1)}_{t-1}]} + \frac{\mathrm{E}[Hr^{(3,1)}_{t-2}] - r^{(1)}_{t-2}}{\mathrm{Var}[Hr^{(3,1)}_{t-2}]} \left(\frac{1}{g_{t-1}} \right) \right\} \right] \\
& \left. + \frac{1}{2\sigma_u^2} m(1-\lambda_G m)\{1+(m+k^2)\lambda_G\} \mathrm{Cov}_t \left[q_{3,t+1}, \frac{1}{g_{t+1}} \right] \right] \quad (2.25)
\end{aligned}$$

$$\begin{aligned}
w^*_{2,t} =& \frac{1}{1+\lambda_G k^2 + \lambda_G^2 k^4} \left[\frac{1}{\lambda_G^2 k^2 \sigma_u^2 d_t} \{(q_{2,t} - q_{3,t}) - \lambda_G^2 k^4 (q_{1,t} - q_{2,t})\} \right. \\
& + \frac{1}{\lambda_l g_t d_t} \left[-(1+\lambda_G k^4) \frac{\mathrm{E}[Hr^{(3,1)}_{t-1}] - r^{(1)}_{t-1}}{\mathrm{Var}[Hr^{(3,1)}_{t-1}]} \right. \\
& \left. + k^2 \left\{ \frac{\mathrm{E}[Hr^{(2,1)}_{t-1}] - r^{(1)}_{t-1}}{\mathrm{Var}[Hr^{(2,1)}_{t-1}]} + \frac{\mathrm{E}[Hr^{(3,1)}_{t-2}] - r^{(1)}_{t-2}}{\mathrm{Var}[Hr^{(3,1)}_{t-2}]} \left(\frac{1}{g_{t-1}} \right) \right\} \right] \\
& \left. + \frac{1}{2k^2 \sigma_u^2} m(1-\lambda_G m)(m - \lambda_G k^4) \mathrm{Cov}_t \left[q_{3,t+1}, \frac{1}{g_{t+1}} \right] \right] \quad (2.26)
\end{aligned}$$

$$w^*_{3,t} = 1 - w^*_{1,t} - w^*_{2,t} \quad (2.27)$$

最適供給の場合と同様の理由 ($\sigma_u^2 = 0$) から，導出した均衡経路に対してそ

第2章 最適満期構成の理論的考察

の定常均衡解を求めることはできない．その代わり，以下では金利の期間構造における純粋期待理論が常に成立する場合の均衡経路を擬似的な定常均衡解とみなして，それが存在するための条件およびその解を考えてみよう．

純粋期待理論が常に成立するとき，前節で導出した需要条件より，

$$r_t^{(1)} = \mathrm{E}[Hr_t^{(2,1)}] = \mathrm{E}[Hr_t^{(3,1)}] \quad \forall t \tag{2.28}$$

$$\beta_{1,t}^* = 1, \beta_{2,t}^* = \beta_{3,t}^* = 0 \quad \forall t \tag{2.29}$$

となる．したがって，政府が需要を考慮して均衡経路を維持しようとすれば常に短期債しか発行しないから，

$$q_{2,t} = q_{3,t} = 0 \quad \forall t \tag{2.30}$$

であり，しかもこの場合には2，3期先までの経済見通しも不要となるため

$$k = 0 \tag{2.31}$$

と置くことによって，(2.25)，(2.26)式から k を消去することができよう．

以上の条件を(2.25)，(2.26)式に適用すると，純粋期待理論が常に成立する場合の均衡経路は次の条件を満たさなければならない[10]．

$$1 = \frac{q_{1,t}}{\lambda_G \sigma_u^2 d_t} + \frac{1}{2\sigma_u^2}(1-\lambda_G m)(1+\lambda_G m)\mathrm{Cov}_t\left[q_{1,t+1}, \frac{1}{g_{t+1}}\right] \tag{2.32}$$

$$0 = \frac{1}{2\sigma_u^2}m^2(1-\lambda_G m)\mathrm{Cov}_t\left[q_{1,t+1}, \frac{1}{g_{t+1}}\right] \tag{2.33}$$

(2.33)式より

$$(1-\lambda_G m)\mathrm{Cov}_t\left[q_{1,t+1}, \frac{1}{g_{t+1}}\right] = 0 \tag{2.34}$$

だから，これを(2.32)式に代入して整理すると

$$\frac{1}{q_{1,t}} = 1 + r_{t+1}^{(1)} = \frac{1}{\lambda_G \sigma_u^2 d_t}$$

$$\therefore r_{t+1}^{(1)} = \frac{1}{\lambda_G \sigma_u^2 d_t} - 1 \tag{2.35}$$

---

[10] ここでは短期債を発行する場合のみ考えているため，仮定(2.10)により $\mathrm{Cov}_t[q_{3,t+1}, g_{t+1}^{-1}]$ を $\mathrm{Cov}_t[q_{1,t+1}, g_{t+1}^{-1}]$ に置き換えた．また，(2.26)式右辺の第1項と第3項には分母に $k^2(=0)$ があるが，そもそも均衡経路では $w_{2,t}^*=0$ だから(2.26)式の両辺に k^2 をかけて(2.33)式を導出している．

以上の分析より，純粋期待理論が成立する場合に均衡経路が存在するための条件は，すべての t で次の関係式が成立することである．

$$\lambda_G m = 1 \text{ または } \text{Cov}_t\left[q_{1,t+1}, \frac{1}{g_{t+1}}\right] = 0 \tag{2.36}{}^{11)}$$

かつ

$$0 < \lambda_G \sigma_u^2 d_t < 1 \tag{2.37}$$

ここで，条件(2.37)が満たされるように $d_t = \bar{d}$ （一定）と設定したとき，(2.35)式より均衡金利は

$$r^{(1)*} = \frac{1}{\lambda_G \sigma_u^2 \bar{d} - 1}$$

と決まる．このとき $q_{1,t}$ もすべての t で一定となるから，条件(2.36)の $\text{Cov}_t\left[q_{1,t+1}, \frac{1}{g_{t+1}}\right] = 0$ は自動的に満たされる．つまり，均衡経路の存在条件が満たされたときの均衡金利は上記 $r^{(1)*}$ である．

4-2 不均衡分析

前二節で示したように，政府と投資家の満期構成に関する選択はパラメータおよび外生変数によって変化する．したがって，満期構成が均衡経路を辿る可能性は極めて小さく，むしろ不均衡分析が重要である．特に日本の現状に照らせば，国債発行量の対実質GDP比 d_t は大きく，前述したように政府は短期的な負担増加に伴うリスクとコストを避けるために長期債の発行比率を上昇させようとする一方，投資家は中長期的な観点からの信用リスクを考慮して短期債を選好する．このような満期構成の需給不均衡が生じる場合，政府はいかなる政策を採るべきか．以下ではこの問題について考察する．

4-2-1 仮　　定

分析のために次のような仮定を置く．

---

11) この状態は，［命題S2］で $\lambda_G m \to 1$ の条件について述べたように，経済が定常状態にあることを示している．

第 2 章　最適満期構成の理論的考察　　　　　　　　　　　　　　　51

[仮定 1]

　$t-1$ 期まで満期構成の需給は均衡していたが，t 期に政府は所得税率を据え置くために国債の発行量，つまり d_t を引き上げざるを得なくなった．この d_t に対して政府は投資家の各国債に対する需要を

$$\beta_{i,t} = (2.22)\text{式から}(2.24)\text{式の各右辺} \tag{2.38}$$

と予想した上で，各国債の供給を需要に合わせるか，または

$$\alpha_{i,t} = (2.12)\text{式から}(2.14)\text{式の各右辺} \tag{2.39}$$

によって決定するかを選択する．仮に，政府が供給を需要に合わせて決定すれば満期構成は t 期も均衡経路上にあるから，(2.38)式左辺の $\beta_{i,t}$ は

$$\beta_{i,t}(=\alpha_{i,t}) = w^*_{i,t} \tag{2.40}$$

と同義である．

　ここで注意すべきは，前二節において最適供給と最適需要を導出するとき国債価格 $q_{i,t}$ ($i=1,2,3$) は所与と仮定しているから，(2.38), (2.39)式の右辺に現れる価格は各々の場合において想定される需給均衡価格だということである．そこで，それらの価格を各々，$q^*_{i,t}, q^0_{i,t}$ と区別する．なお，前者の価格 $q^*_{i,t}$ は(2.40)式が成立する（つまり需給が均衡している）場合にも該当することに注意されたい．

[仮定 2]

　[仮定 1] の(2.39)式に基づいて政府が各国債の発行比率を決定した場合，中期債については需給が一致するが，短期債は需要超過，長期債は供給超過になると仮定する．つまり，

$$\alpha_{1,t} < w^*_{1,t},\ \alpha_{2,t} = w^*_{2,t},\ \alpha_{3,t} > w^*_{3,t} \tag{2.41}$$

このとき価格は

$$q^0_{1,t} > q^*_{1,t},\ q^0_{2,t} = q^*_{2,t},\ q^0_{3,t} < q^*_{3,t} \tag{2.42}$$

となろう．

[仮定3]

t 期の税率は満期構成の需給が一致するか否かにかかわらず不変なので，国債発行による調達額も一定である．つまり

$$\sum_{i=1}^{3} q_{i,t}^0 a_{i,t} = \sum_{i=1}^{3} q_{i,t}^* w_{i,t}^*$$
$$\Rightarrow \sum_{i \neq 2} q_{i,t}^0 a_{i,t} = \sum_{i \neq 2} q_{i,t}^* w_{i,t}^* (\because (2.41), (2.42) 式)) \tag{2.43}$$

[仮定4]

満期構成の不均衡は t 期のみで，$t+1$ 期以降は均衡経路に戻ると政府は想定する．したがって

$$a_{i,t+j} = w_{i,t+j}^*, \quad q_{i,t+j}^0 = q_{i,t+j}^* \quad (i=1,2,3\ ;\ j \geq 1) \tag{2.44}$$

である．

4-2-2 政府の国債発行政策

[仮定1] により，政府は満期構成を需要に合わせて $a_{i,t} = w_{i,t}^*$ とするか，または(2.12)式から(2.14)式の各右辺にしたがって決定するかを選択するが，そのとき基準となるのが各発行政策を選択した場合の損失 L_t の大小である．前者の発行政策を選択したときの損失を $L_t(\boldsymbol{w}_t^*, \boldsymbol{q}_t^*)$，後者の発行政策を選択したときの損失を $L_t(\boldsymbol{a}_t, \boldsymbol{q}_t^0)$ とすると，$\varDelta L_t \equiv L_t(\boldsymbol{a}_t, \boldsymbol{q}_t^0) - L_t(\boldsymbol{w}_t^*, \boldsymbol{q}_t^*)$ は (2.4′) 式および上記諸仮定より次のように計算することができる．なお，損失関数の定義において太文字 $\boldsymbol{x}_t$ は $x_{i,t}$ を要素とするベクトルを表す．

$$\begin{aligned}
\varDelta L_t = & \frac{\lambda_G}{2}(a_{1,t} - w_{1,t}^*) d_t \Big[\sigma_u^2 \big\{ (a_{1,t} + w_{1,t}^*) d_t + 2 w_{2,t-1}^* \frac{d_{t-1}}{g_t} \\
& + 2 w_{3,t-2}^* \frac{d_{t-2}}{g_t g_{t-1}} \big\} - m d_t \mathrm{Cov}_t \Big[q_{3,t+1}, \frac{1}{g_{t+1}} \Big] \Big] \\
& + \frac{\lambda_G^3}{2} k^2 (a_{3,t} - w_{3,t}^*) d_t \Big[k^2 \sigma_u^2 (a_{3,t} + w_{3,t}^*) d_t \\
& - m^3 d_t \mathrm{Cov}_t \Big[q_{3,t+1}, \frac{1}{g_{t+1}} \Big] \Big]
\end{aligned}$$

第2章　最適満期構成の理論的考察

上式の導出過程で，［仮定1］より $t-1$ 期以前は満期構成が均衡経路上にあるから $w_{2,t-1}^*=a_{2,t-1}$ および $w_{3,t-2}^*=a_{3,t-2}$ となることを用いている．

定義式 $\sum_{i=1}^{3} a_{i,t} = \sum_{i=1}^{3} w_{i,t}^* = 1$ と［仮定2］の(2.41)式より

$$a_{1,t} - w_{1,t}^* = -a_{3,t} + w_{3,t}^*, \quad a_{1,t} + w_{1,t}^* = 2(1-w_{2,t}^*) - (a_{3,t} + w_{3,t}^*)$$

が導けるから，これらを上式に代入して整理すると

$$\Delta L_t = \frac{\lambda_G}{2}(a_{3,t} - w_{3,t}^*)d_t[(1+\lambda_G^2 k^4)\sigma_u^2(a_{3,t}+w_{3,t}^*)d_t$$

$$+ (1-\lambda_G^2 k^2 m^2)md_t\mathrm{Cov}\left[q_{3,t+1}, \frac{1}{g_{t+1}}\right]$$

$$- 2\sigma_u^2\left\{(1-w_{2,t}^*)d_t + w_{2,t-1}^*\frac{d_{t-1}}{g_t} + w_{3,t-2}^*\frac{d_{t-2}}{g_t g_{t-1}}\right\}] \quad (2.45)$$

(2.45)式において，仮定(2.41)より $a_{3,t} - w_{3,t}^* > 0$ だが，［ ］内の符号が不明なため ΔL_t の符合は決定できない．しかしながら，最適供給の定義より $\boldsymbol{a}_t$ は $\boldsymbol{q}_t^0$ を所与として損失関数 L_t を最小にする満期構成であるから $\Delta L_t < 0$ と考えられ，したがって(2.45)式右辺の［ ］内は負と仮定できよう．損失の大小から判断すれば，政府は(2.39)式に基づいて満期構成（最適供給）を決定すべきなのであろうが，ここで政府が現実に考えなければならない国債発行政策は，需要を考慮せず d_t の上昇に基づいて長期債の供給を増加させ，結果としてその価格に相当のリスク・プレミアムが付されることになっても最適供給に固執するべきかという問題である．そこで，満期構成の需給ギャップと価格差との関係を考え，それに影響を与えるパラメータまたは外生変数の変化に対する ΔL_t の変化を考えてみよう．

［仮定2］より中期債の構成比は t 期でも均衡経路上にあるから，(2.13)式および(2.26)式に，$w_{2,t-1}^* = a_{2,t-1}, w_{3,t-j}^* = a_{3,t-j}(j=1,2)$ を考慮することによって

$$a_{2,t} - w_{2,t}^* = \frac{1}{\lambda_G^2 k^2 \sigma_u^2(1+\lambda_G k^2 + \lambda_G^2 k^4)d_t}[\{(q_{2,t}^0 - q_{2,t}^*) - (q_{3,t}^0 - q_{3,t}^*)\}$$

$$-\lambda_G^2 k^4\{(q_{1,t}^0 - q_{1,t}^*) - (q_{2,t}^0 - q_{2,t}^*)\}]$$

$$= \frac{1}{\lambda_G^2 k^2 \sigma_u^2 (1+\lambda_G k^2 + \lambda_G^2 k^4) d_t} \{-(q_{3,t}^0 - q_{3,t}^*)$$
$$-\lambda_G^2 k^4 (q_{1,t}^0 - q_{1,t}^*)\} \, (\because 仮定(2.42))$$
$$= 0$$

が成立するはずである．したがって

$$q_{3,t}^* - q_{3,t}^0 = \lambda_G^2 k^4 (q_{1,t}^0 - q_{1,t}^*) \tag{2.46}$$

となる．この式より，長期債の需給が一致しなかった場合に長期債価格に係るリスク・プレミアムは $\lambda_G^2 k^4$ の大きさに反映される．つまり，ここでの問題意識に照らして言えば，政府が d_t を上昇させ，そのために長期債の需要減少が予想されるにもかかわらず最適供給の論理に基づいて長期債の供給を増加させたときに，その価格に生じるリスク・プレミアムは政府の損失関数におけるリスクの（コストに対する）ウエイト λ_G が大きいほど，または将来（2・3期先）の経済成長見通し（k^{-1}）が低いほど大きくなることを示している．したがって，前述した損失の差 ΔL_t を評価する場合に重要なポイントとなるパラメータは $\lambda_G^2 k^4$ であり，

$$C = \lambda_G k^2$$

とおく．

一方，[仮定3]の(2.43)式は恒等的に成立するから，この式を変形して(2.46)式を用いると，$\alpha_{3,t}$ は $w_{3,t}^*$ に対して次の関係が成立するはずである．

$$\begin{aligned}\alpha_{3,t} &= \{1-(1+\lambda_G^2 k^4)w_{3,t}^*\}Q_t + w_{3,t}^* \\ &= \{1-(1+C^2)w_{3,t}^*\}Q_t + w_{3,t}^* \end{aligned} \tag{2.47}$$

この式では，$Q_t \equiv \dfrac{q_{1,t}^0 - q_{1,t}^*}{q_{1,t}^0 - q_{3,t}^0}$ と定義している．ここで，(2.1)式に付随した実質発行価格の仮定 $q_{1,t} > q_{3,t}$ および仮定(2.42)の $q_{1,t}^0 > q_{1,t}^*$ より $Q_t > 0$ だから，$\alpha_{3,t} > w_{3,t}^*$ となるためには

$$1-(1+C^2)w_{3,t}^* > 0 \Rightarrow w_{3,t}^* < (1+C^2)^{-1} \tag{2.48}$$

でなければならない．ここで，$w_{3,t}^*$ を一定とした上で(2.47)式の両辺を C で偏微分すると，$\dfrac{\partial \alpha_{3,t}}{\partial C} = -2Cw_{3,t}^* Q_t < 0$ となることを確認しておこう．こ

第2章　最適満期構成の理論的考察

れは，長期債の発行に係るリスク・プレミアムが大きいほど（つまり，λ_G が大きいまたは k^{-1} が低いほど）政府が長期債を発行するインセンティブが低くなることを示している．

(2.47)式を(2.45)式に代入し，さらに C と Q_t を用いて書き換えると，

$$\Delta L_t = \frac{\lambda_G}{2}\{1-(1+C^2)w_{3,t}^*\}Q_t d_t\Big[(1+C^2)\sigma_u^2 d_t[\{1-(1+C^2)w_{3,t}^*\} \\ \times Q_t + 2w_{3,t}^*] \\ +(1-\lambda_G C m^2)md_t\mathrm{Cov}_t\Big[q_{3,t+1},\frac{1}{g_{t+1}}\Big] \\ -2\sigma_u^2\Big\{(1-w_{2,t}^*)d_t+w_{2,t-1}^*\frac{d_{t-1}}{g_t}+w_{3,t-2}^*\frac{d_{t-2}}{g_t g_{t-1}}\Big\}\Big] \quad (2.49)$$

ここで，$w_{i,j}^*(i=2,3, j=t-1, t)$ および λ_G を一定とした上で(2.49)式を C で偏微分すると，

$$\frac{\partial \Delta L_t}{\partial C} = -2\Big(\frac{Cw_{3,t}^*}{1-(1+C^2)w_{3,t}^*}\Big)\Delta L_t \\ +\frac{\lambda_G}{2}\{1-(1+C^2)w_{3,t}^*\}Q_t d_t^2 \\ \times \Big\{2C\sigma_u^2(2a_{3,t}-Q_t)-\lambda_G m^3\mathrm{Cov}_t\Big[q_{3,t+1},\frac{1}{g_{t+1}}\Big]\Big\} \quad (2.50)$$

定義より Q_t は短期債の均衡価格 $q_{1,t}^0$ と $q_{1,t}^*$ との乖離を反映したものであり，しかも，t 期に発行された短期債は $t+1$ 期の償還価格が1に固定されている上，ここでは需要超過を仮定していることから，その乖離は極めて小さいと考えられる．したがって，Q_t の値は $2a_{3,t}$ と比べてかなり小さいとみなしてもよいだろう．さらに，$\mathrm{Cov}_t\Big[q_{3,t+1},\frac{1}{g_{t+1}}\Big]$ も無視しえるほど小さければ，結果として(2.50)式の第2項最後の { } 内は正となる．一方，前述の議論から $\Delta L_t<0$ とすれば，(2.48)，(2.50)式より

$$\frac{\partial \Delta L_t}{\partial C} > 0 \quad (2.51)$$

が示される．

前述したように，$a_{i,t}(i=1,2,3)$ は政府の損失が最小となるように決定さ

れた最適満期（供給）構成だから $\Delta L_t < 0$ となるはずだが，(2.51)式は需給不均衡に伴う長期債価格に係るリスク・プレミアムが大きくなるほど，ΔL_t の絶対値が小さくなることを示している．つまり，財政政策により大量の国債を発行せざるを得なく，かつ長期債の発行増加によって長期債価格に係るリスク・プレミアムが極めて大きくなる場合，発行政策として最適供給を採っても需要に合わせても損失のレベルは大きく異ならない可能性が高くなる．その場合には，需要に合わせて発行構成比を決める，つまり長期債の発行を抑制して短期債の発行を増加させる方が（多少の損失を犠牲にしても）長期債価格に係る余計なリスク・プレミアムを抑えられるためコスト最小化の面では望ましいであろう[12]．

5 結　論

本章では，国債管理政策の主目的であるコスト最小化とリスク抑制を達成するための発行（満期）政策を理論的に考察した．分析から得られた重要な結論は，財政事情が悪化しているまたはそれが将来予想される場合でも，政府は需要を考慮して短・中・長期債の発行構成比を決定すべきということである．経済成長の鈍化や国債発行量の増大など現在または将来の財政事情に対する不確実性が増す場合，各国債の価格を所与として需給ギャップを考えなければ，政府は長期債の発行比率を上昇させることがリスクとコストの面から最適な政策である．一方，投資家は短期債への投資比率を上昇させることが最適な選択となる．しかし，この満期構成の需給ギャップにより長期債

---

[12] この結論は，Missale [1999]（pp. 185-192）が示した，OECD 諸国において政府債務残高の対名目 GDP 比と満期構成のデュレーションとが反比例するという事実と整合する．財政が悪化している状況下で短期債の発行構成比を上昇させることで，反インフレ政策への信認，さらには財政再建に対する信認を投資家に与えることができれば，中・長期債の価格に係るリスク・プレミアムも抑制されよう．短期債の発行増加と財政再建への信認との因果関係については本章の第2-3節を参照されたい．

価格（金利）に係るリスク・プレミアムが大きくなる場合には，政府は財政再建に対する信認を維持することによってそのリスク・プレミアムを抑え，さらには市場による長期債の消化不能（未達）を回避するためにも，政府は需要に合わせて短期債の発行比率を上昇させるまたは維持すべきである．

今後の課題としては次の2点が挙げられる．第1に，上述した結論を実証することである．Missale [1999] (pp. 185-192) は，OECD 17カ国を対象とした分析で政府債務残高の対名目GDP比が高い国ほど満期構成のデュレーションが短いという関係が有意に成立することを示した．しかしながら，この分析の対象期間は60-95年であり，特にヨーロッパではユーロの導入に伴いその後も各国の財政規律は強化されていることから，主要先進国においてこの関係が96年以降も見出せるかを実証することは重要である．

第2の課題は流通市場と国債発行との関係をより掘り下げることである．本章のモデルでは，価格は市場の需給で決まり政府と投資家にとっては所与であること，政府が満期構成を決定し国債を発行したらその償還まで買戻消却やリオープンなどの残高操作を行わないことを仮定した．しかし，現実には政府はこうした残高操作を行っている場合もあり，また中央銀行のオペレーションにより市場保有の残高も変化する．こうした市場に流通する残高の変化は国債価格の変化を通じて政府の発行政策に影響を与えよう[13]．したがって，発行政策に対する分析をさらに深めるためにも，市場残高の操作やオペレーションによる残高の変化が国債の流通価格に与える影響を考察することは重要な課題である．

---

[13] 第2節の最後に言及したように，本章のモデルでも残存期間1期，2期の国債残高は各々短期債，中期債の最適発行比率に影響を与えることが示唆されている．

付論　命題の証明

1　最適供給に関する命題

[命題 S1]

本論の (2.12) - (2.14) 式を各々 $q_{i,t}$ ($i=1,2,3$) で偏微分すると次のようになる．

$$\alpha_{1,t}^* : \frac{\partial \alpha_{1,t}^*}{\partial q_{1,t}} = \frac{1+\lambda_G k^2}{\lambda_G \sigma_u^2 (1+\lambda_G k^2 + \lambda_G^2 k^4) d_t} > 0$$

$$\frac{\partial \alpha_{1,t}^*}{\partial q_{2,t}} = -\frac{\lambda_G k^2}{\lambda_G \sigma_u^2 (1+\lambda_G k^2 + \lambda_G^2 k^4) d_t} < 0$$

$$\frac{\partial \alpha_{1,t}^*}{\partial q_{3,t}} = -\frac{1}{\lambda_G \sigma_u^2 (1+\lambda_G k^2 + \lambda_G^2 k^4) d_t} < 0$$

$$\alpha_{2,t}^* : \frac{\partial \alpha_{2,t}^*}{\partial q_{1,t}} = -\frac{\lambda_G^2 k^4}{\lambda_G^2 k^2 \sigma_u^2 (1+\lambda_G k^2 + \lambda_G^2 k^4) d_t} < 0$$

$$\frac{\partial \alpha_{2,t}^*}{\partial q_{2,t}} = \frac{1+\lambda_G^2 k^4}{\lambda_G^2 k^2 \sigma_u^2 (1+\lambda_G k^2 + \lambda_G^2 k^4) d_t} > 0$$

$$\frac{\partial \alpha_{2,t}^*}{\partial q_{3,t}} = -\frac{1}{\lambda_G^2 k^2 \sigma_u^2 (1+\lambda_G k^2 + \lambda_G^2 k^4) d_t} < 0$$

$$\alpha_{3,t}^* : \frac{\partial \alpha_{3,t}^*}{\partial q_{1,t}} = -\frac{\lambda_G k^4}{\lambda_G^2 k^2 \sigma_u^2 (1+\lambda_G k^2 + \lambda_G^2 k^4) d_t} < 0$$

$$\frac{\partial \alpha_{3,t}^*}{\partial q_{2,t}} = -\frac{1}{\lambda_G^2 k^2 \sigma_u^2 (1+\lambda_G k^2 + \lambda_G^2 k^4) d_t} < 0$$

$$\frac{\partial \alpha_{3,t}^*}{\partial q_{3,t}} = \frac{1+\lambda_G k^2}{\lambda_G^2 k^2 \sigma_u^2 (1+\lambda_G k^2 + \lambda_G^2 k^4) d_t} > 0$$

(Q.E.D)

[命題 S2]

本論の (2.12) - (2.14) 式を d_t で偏微分し，$\lambda_G m \to 1$ で評価すると次のようになる．

第 2 章　最適満期構成の理論的考察

$$\frac{\partial \alpha_{1,t}^*}{\partial d_t} \to -\frac{\alpha_{1,t}^*}{d_t} < 0$$

$$\frac{\partial \alpha_{2,t}^*}{\partial d_t} \to -\frac{\alpha_{2,t}^*}{d_t} < 0$$

$$\frac{\partial \alpha_{3,t}^*}{\partial d_t} \to \frac{\alpha_{1,t}^* + \alpha_{2,t}^*}{d_t} > 0$$

(Q.E.D)

[命題 S3]

本論の(2.12),(2.14)式を m で偏微分し，$\lambda_G m \to 1$ で評価すると次のようになる．

$$\frac{\partial \alpha_{1,t}^*}{\partial m} \to -\frac{2+\lambda_G k^2}{2\sigma_u^2(1+\lambda_G k^2+\lambda_G^2 k^4)}\mathrm{Cov}_t\left[q_{3,t+1},\frac{1}{g_{t+1}}\right] < 0$$

$$\frac{\partial \alpha_{3,t}^*}{\partial m} \to \frac{m+2k^2}{2k^2\sigma_u^2(1+\lambda_G k^2+\lambda_G^2 k^4)}\mathrm{Cov}_t\left[q_{3,t+1},\frac{1}{g_{t+1}}\right] > 0$$

また，(2.13)式を m で偏微分し，$\lambda_G m \to 1$ で評価すると

$$\frac{\partial \alpha_{2,t}^*}{\partial m} \to -\frac{m^2-k^4}{2mk^2\sigma_u^2(1+\lambda_G k^2+\lambda_G^2 k^4)}\mathrm{Cov}_t\left[q_{3,t+1},\frac{1}{g_{t+1}}\right]$$

したがって，

$$m > k^2 \text{ のとき } \frac{\partial \alpha_{2,t}^*}{\partial m} < 0$$

$$m < k^2 \text{ のとき } \frac{\partial \alpha_{2,t}^*}{\partial m} > 0$$

(Q.E.D)

[命題 S4]

本論の(2.12)-(2.14)式を g_t で偏微分すると次のようになる．

$$\frac{\partial \alpha_{1,t}^*}{\partial g_t} = -\frac{1}{(1+\lambda_G k^2+\lambda_G^2 k^4)d_t g_t^2}\Big\{\lambda_G^2 k^4 \alpha_{3,t-1}d_{t-1} - (1+\lambda_G k^2)$$

$$\times \Big(\alpha_{2,t-1}d_{t-1} + \alpha_{3,t-2}\frac{d_{t-2}}{g_{t-1}}\Big)\Big\}$$

(A2.1)

$$\frac{\partial \alpha_{2,t}^*}{\partial g_t} = -\frac{1}{(1+\lambda_G k^2 + \lambda_G^2 k^4)d_t g_t^2}\Big\{-(1+\lambda_G k^4)\alpha_{3,t-1}d_{t-1}$$
$$+ k^2\Big(\alpha_{2,t-1}d_{t-1} + \alpha_{3,t-2}\frac{d_{t-2}}{g_{t-1}}\Big)\Big\}$$

(A2.2)

$$\frac{\partial \alpha_{3,t}^*}{\partial g_t} = -\frac{1}{(1+\lambda_G k^2 + \lambda_G^2 k^4)d_t g_t^2}[\{1+\lambda_G(1-\lambda_G)k^4\}\alpha_{3,t-1}d_{t-1}$$
$$-\{(1-\lambda_G)k^2-1\}\Big(\alpha_{2,t-1}d_{t-1} + \alpha_{3,t-2}\frac{d_{t-2}}{g_{t-1}}\Big)\}$$

(A2.3)

ここで,

$$A \equiv \frac{\text{残存期間 1 期の既発国債残高（経済成長率で割引後）}}{\text{残存期間 2 期の既発国債残高（同）}}$$

$$= \frac{\frac{1}{g_t}\Big\{\alpha_{2,t-1}d_{t-1} + \alpha_{3,t-2}\Big(\frac{d_{t-2}}{g_{t-1}}\Big)\Big\}}{\alpha_{3,t-1}\Big(\frac{d_{t-1}}{g_t}\Big)}$$

$$= \frac{\alpha_{2,t-1}d_{t-1} + \alpha_{3,t-2}\Big(\frac{d_{t-2}}{g_{t-1}}\Big)}{\alpha_{3,t-1}d_{t-1}}$$

と定義すると，A が十分に大きく $A > \frac{1+\lambda_G k^4}{k^2}$ のとき，(A2.2)式より

$$\frac{\partial \alpha_{2,t}^*}{\partial g_t} < 0$$

となる.

また，$A > \frac{1+\lambda_G k^4}{k^2}$ のとき $A > \frac{\lambda_G^2 k^4}{1+\lambda_G k^2}$ が成立するから，(A2.1)式より

$$\frac{\partial \alpha_{1,t}^*}{\partial g_t} > 0$$

さらに，$1-\lambda_G < \frac{1}{k^2}$ の条件下では，本論の仮定(2.5)より

$$\lambda_G(1-\lambda_G)k^4 + 1 > 0 \text{ かつ } -\{(1-\lambda_G)k^2-1\} > 0$$

したがって，(A2.3)式より

$$\frac{\partial \alpha_{3,t}^*}{\partial g_t} < 0$$

が成立する．

(Q.E.D)

[命題 S5]

本論の (2.12)，(2.14) 式を σ_u^2 で偏微分し，$\lambda_G m \to 1$ で評価すると次のようになる．

$$\frac{\partial \alpha_{1,t}^*}{\partial \sigma_u^2} \to -\frac{1}{\lambda_G \sigma_u^4(1+\lambda_G k^2+\lambda_G^2 k^4)d_t}\{\lambda_G k^2(q_{1,t}-q_{2,t})+(q_{1,t}-q_{3,t})\} < 0$$

$$\frac{\partial \alpha_{3,t}^*}{\partial \sigma_u^2} \to \frac{1}{\lambda_G^2 k^2 \sigma_u^4(1+\lambda_G k^2+\lambda_G^2 k^4)d_t}\{\lambda_G k^2(q_{1,t}-q_{3,t})+(q_{2,t}-q_{3,t})\} > 0$$

また，(2.13) 式を σ_u^2 で偏微分し，$\lambda_G m \to 1$ で評価すると

$$\frac{\partial \alpha_{2,t}^*}{\partial \sigma_u^2} \to -\frac{1}{\lambda_G k^2 \sigma_u^4(1+\lambda_G k^2+\lambda_G^2 k^4)d_t}\{(q_{2,t}-q_{3,t})-\lambda_G^2 k^4(q_{1,t}-q_{2,t})\}$$

したがって，

$q_{2,t}-q_{3,t} > \lambda_G^2 k^4(q_{1,t}-q_{2,t})$ のとき $\frac{\partial \alpha_{2,t}^*}{\partial \sigma_u^2} < 0$

$q_{2,t}-q_{3,t} < \lambda_G^2 k^4(q_{1,t}-q_{2,t})$ のとき $\frac{\partial \sigma_{2,t}^*}{\partial \sigma_u^2} > 0$

(Q.E.D)

[命題 6]

仮定より $k > 0$ だから，以下では k^2 で考える．本論の (2.12)，(2.14) 式を k^2 で偏微分し，さらに $\lambda_G m \to 1, k^2=1$ で評価すると次のようになる．

$$\left.\frac{\partial \alpha_{1,t}^*}{\partial k^2}\right|_{k^2=1} \to \frac{1}{(1+\lambda_G+\lambda_G^2)^2 d_t}\left[-\frac{1}{\sigma_u^2}[(q_{2,t}-q_{3,t})+\lambda_G\{\lambda_G(q_{1,t}-q_{2,t})\right.$$
$$+2(q_{1,t}-q_{3,t})\}]$$
$$\left.+\frac{\lambda_G^2(2+\lambda_G)}{g_t}\left\{\alpha_{3,t-1}d_{t-1}+\left(\alpha_{2,t-1}d_{t-1}+\alpha_{3,t-2}\frac{d_{t-2}}{g_{t-1}}\right)\right\}\right]$$

(A2.4)

$$\left.\frac{\partial \alpha_{3,t}^*}{\partial k^2}\right|_{k^2=1} \to \frac{1}{(1+\lambda_G+\lambda_G^2)^2 d_t}\left[\frac{1}{\lambda_G^2 \sigma_u^2}\{(1+2\lambda_G+3\lambda_G^2)(q_{2,t}-q_{3,t})\right.$$
$$+\lambda_G^2(1+2\lambda_G)(q_{1,t}-q_{3,t})\}-\frac{1}{g_t}\Big\{\lambda_G(-1+3\lambda_G+\lambda_G^2)\alpha_{3,t-1}d_{t-1}$$
$$\left.+(1+\lambda_G^2+\lambda_G^3)\Big(\alpha_{2,t-1}d_{t-1}+\alpha_{3,t-2}\frac{d_{t-2}}{g_{t-1}}\Big)\Big\}\right] \quad (A2.5)$$

(A2.5)式において，$-1+3\lambda_G+\lambda_G^2>0$ となる条件は $\lambda_G>\dfrac{-3+\sqrt{13}}{2}\approx 0.303$ だから，$\lambda_G m\to 1$ の条件の下では $-1+3\lambda_G+\lambda_G^2>0$ を仮定してもよかろう．したがって，国債の価格差に対して $\alpha_{3,t-1}d_{t-1}$ および $\alpha_{2,t-1}d_{t-1}+\alpha_{3,t-2}\dfrac{d_{t-2}}{g_{t-1}}$ が十分に大きいとき，(A2.4)，(A2.5)式より

$$\left.\frac{\partial \alpha_{1,t}^*}{\partial k^2}\right|_{k^2=1}>0, \left.\frac{\partial \alpha_{3,t}^*}{\partial k^2}\right|_{k^2=1}<0$$

となる．

(Q.E.D)

2 最適需要に関する命題

［命題D1］-①

本論の(2.22)-(2.24)式を各々 $r_t^{(1)}$, $\mathrm{E}[Hr_t^{(2,1)}]$, $\mathrm{E}[Hr_t^{(3,1)}]$ で偏微分すると次のようになる．

$$\beta_{1,t}^*: \frac{\partial \beta_{1,t}^*}{\partial r_t^{(1)}}=\frac{1}{\lambda_I d_t}\Big(\frac{1}{\mathrm{Var}[Hr_t^{(2,1)}]}+\frac{1}{\mathrm{Var}[Hr_t^{(3,1)}]}\Big)>0$$

$$\frac{\partial \beta_{1,t}^*}{\partial \mathrm{E}[Hr_t^{(2,1)}]}=-\frac{1}{\lambda_I d_t}\frac{1}{\mathrm{Var}[Hr_t^{(2,1)}]}<0$$

$$\frac{\partial \beta_{1,t}^*}{\partial \mathrm{E}[Hr_t^{(3,1)}]}=-\frac{1}{\lambda_I d_t}\frac{1}{\mathrm{Var}[Hr_t^{(3,1)}]}<0$$

$$\beta_{2,t}^*: \frac{\partial \beta_{2,t}^*}{\partial r_t^{(1)}}=-\frac{1}{\lambda_I d_t}\frac{1}{\mathrm{Var}[Hr_t^{(2,1)}]}<0$$

$$\frac{\partial \beta_{2,t}^*}{\partial \mathrm{E}[Hr_t^{(2,1)}]}=\frac{1}{\lambda_I d_t}\frac{1}{\mathrm{Var}[Hr_t^{(2,1)}]}>0$$

第 2 章 最適満期構成の理論的考察

$$\frac{\partial \beta_{2,t}^*}{\partial \mathrm{E}[Hr_t^{(3,1)}]} = 0$$

$$\beta_{3,t}^* : \frac{\partial \beta_{3,t}^*}{\partial r_t^{(1)}} = -\frac{1}{\lambda_l d_t} \frac{1}{\mathrm{Var}[Hr_t^{(3,1)}]} < 0$$

$$\frac{\partial \beta_{3,t}^*}{\partial \mathrm{E}[Hr_t^{(2,1)}]} = 0$$

$$\frac{\partial \beta_{3,t}^*}{\partial \mathrm{E}[Hr_t^{(3,1)}]} = \frac{1}{\lambda_l d_t} \frac{1}{\mathrm{Var}[Hr_t^{(3,1)}]} > 0$$

(Q.E.D)

［命題 D1］−②

本論の (2.22)-(2.24) 式を各々 $\mathrm{Var}[Hr_t^{(2,1)}]$, $\mathrm{Var}[Hr_t^{(3,1)}]$ で偏微分すると次のようになる．

$$\beta_{1,t}^* : \frac{\partial \beta_{1,t}^*}{\partial \mathrm{Var}[Hr_t^{(2,1)}]} = \frac{1}{\lambda_l d_t} \frac{\mathrm{E}[Hr_t^{(2,1)}] - r_t^{(1)}}{(\mathrm{Var}[Hr_t^{(2,1)}])^2} > 0$$

$$\frac{\partial \beta_{1,t}^*}{\partial \mathrm{Var}[Hr_t^{(3,1)}]} = \frac{1}{\lambda_l d_t} \frac{\mathrm{E}[Hr_t^{(3,1)}] - r_t^{(1)}}{(\mathrm{Var}[Hr_t^{(3,1)}])^2} > 0$$

$$\beta_{2,t}^* : \frac{\partial \beta_{2,t}^*}{\partial \mathrm{Var}[Hr_t^{(2,1)}]} = -\frac{1}{\lambda_l d_t} \frac{\mathrm{E}[Hr_t^{(2,1)}] - r_t^{(1)}}{(\mathrm{Var}[Hr_t^{(2,1)}])^2} < 0$$

$$\frac{\partial \beta_{2,t}^*}{\partial \mathrm{Var}[Hr_t^{(3,1)}]} = 0$$

$$\beta_{3,t}^* : \frac{\partial \beta_{3,t}^*}{\partial \mathrm{Var}[Hr_t^{(2,1)}]} = 0$$

$$\frac{\partial \beta_{3,t}^*}{\partial \mathrm{Var}[Hr_t^{(3,1)}]} = -\frac{1}{\lambda_l d_t} \frac{\mathrm{E}[Hr_t^{(3,1)}] - r_t^{(1)}}{(\mathrm{Var}[Hr_t^{(3,1)}])^2} < 0$$

(Q.E.D)

［命題 D2］

本論の (2.22)-(2.24) 式を d_t で偏微分すると次のようになる．

$$\frac{\partial \beta_{1,t}^*}{\partial d_t} = \frac{1}{\lambda_l d_t}\left(\frac{\mathrm{E}[Hr_t^{(2,1)}] - r_t^{(1)}}{\mathrm{Var}[Hr_t^{(2,1)}]} + \frac{\mathrm{Var}[Hr_t^{(3,1)}] - r_t^{(1)}}{\mathrm{Var}[Hr_t^{(3,1)}]}\right) > 0$$

$$\frac{\partial \beta_{2,t}^*}{\partial d_t} = -\frac{1}{\lambda_I d_t^2} \frac{\mathrm{E}[Hr_t^{(2,1)}] - r_t^{(1)}}{\mathrm{Var}[Hr_t^{(2,1)}]} < 0$$

$$\frac{\partial \beta_{3,t}^*}{\partial d_t} = -\frac{1}{\lambda_I d_t^2} \frac{\mathrm{E}[Hr_t^{(3,1)}] - r_t^{(1)}}{\mathrm{Var}[Hr_t^{(3,1)}]} < 0$$

(Q.E.D)

第3章

国債発行政策の日米英比較

1 はじめに

　日本の2007年度国債発行計画によると，発行予定額は143兆8,380億円で前年度当初比21兆5,971億円の減少（増減率13.1％減）である．発行根拠法別内訳を見ると，新規財源債が25兆4,320億円，財政融資資金特別会計国債（財投債）が18兆6,000億円となっており，前年度当初比で各々4兆5,410億円（同15.2％減），8兆6,000億円（同31.6％減）減少している．また，借換債の発行額も99兆8,060億円と，前年度当初比で8兆4,561億円（同7.8％減）減少したが，第1章で述べたように，借換債の発行額は08年度以降も高水準が続く見通しである．このことは，借換債の発行に支えられた国債大量発行の長期化という深刻な問題を惹起している．
　この問題を狭義の財政政策（以下，混乱のない限り「財政政策」と記す）と国債管理政策の面から考えてみよう[1]．ここで，財政政策とは，政府が経済環境に応じて歳出総額を決定し，それを税収と国債発行によってどのようにファイナンスするかを決定する政策と定義する．一方，国債管理政策とは，財政政策によって決定された国債発行総額（調達必要額）を所与とした上で，その発行方法ならびに残高管理方法を決定する政策と定義する．これらの定義に基づくと，国債発行の問題は基本的にいかにして財政収支の均衡または

---

1) 第2章でも財政政策と国債管理政策の関係について言及したが，本書では狭義の財政政策と国債管理政策とを併せて広義の財政政策と定義する．

黒字を維持するかという財政政策にかかってくるわけだが，日本の現状では当面の目標として新規財源債の発行を抑制することで精一杯であろう．では，国債の大量発行を前提としたとき，国債管理政策の目的を達成するための発行政策はどうあるべきだろうか．

第1章で詳説したように，国債管理政策の主目的は「国債発行に係るリスクを抑制した上で，発行コストを最小化すること」に集約することができる．これを発行政策の観点から解釈すると，発行金利のリスク・プレミアムを抑えること（コスト最小化，借換え時の金利リスク抑制）によって将来の財政負担を軽減し（予算リスクの抑制），かつ現在から将来にわたる政府の調達必要額が確保できるよう（借換リスクの抑制），国債の発行方法を策定することと言えよう．

この目的を達成するためには，国債の発行が流通市場を攪乱しないことが必要である．逆に言えば，国債発行政策は流通市場を攪乱しないという信認が投資家から得られなければ借換リスクが増大し，そのリスクを補うために発行金利に大幅なリスク・プレミアムが付されることとなろう．

以上の考察を踏まえ，本章では，流通市場との関連を意識しつつ発行政策を国際比較の観点から分析することによって，日本の発行政策の問題点および採るべき政策を考えてみたい．比較対象は，日本，イギリス，アメリカである[2]．ここで，発行政策とは2種類の政策に分けることができる．1つは，どのような制度的枠組みで国債を発行するかという発行制度の整備である．この発行制度に係る政策は一度決定したら簡単には変更すべきではないという意味で固定的な政策である．もう1つは，調達必要額をどのような国債商

---

2) 特にイギリスでは，須藤 [2003] の第9章で詳説しているように，1995年に国債管理政策のあり方について抜本的な見直しを行った（HM Treasury and Bank of England [1995]）．それに伴い，国債管理政策の目的として「発行リスクを抑制した上での長期的なコストの最小化」を明確に打ち出し，発行政策の面でもこの目的に資する様々な改革を行ってきた．また，花尻ほか [2003] は近年のアメリカにおける国債管理政策の展開を整理・分析し，それに基づいて日本の政策に対するインプリケーションを導いている．

品（割引債，固定利付債，物価連動債など）の組合せ，および年限構成で調達するかという狭義の発行政策である．これは調達必要額の大きさに応じて変更することができるという意味で操作的な政策である．したがって，以下では発行政策を発行制度と狭義の発行政策とに分け，第2節で前者を，第3節で後者を考察する．第4節では，結論として，それまでの分析に基づいて日米英3カ国における狭義発行政策の型を整理・分類するとともに，日本が今後採るべき発行政策について述べる．

2 発行制度

　発行制度とは国債を発行する場合の制度的枠組みであり，これはさらに発行方式や入札資格者などを規定する「発行市場の枠組み」と，発行している国債の種類や年限といった「商品性」に分けることができる．以下では発行市場の枠組みと商品性について流通市場との関連に留意しつつ日米英比較を行うが，両者に関して最適な制度が理念的に存在するわけではないことに注意を要する．ここでは，あくまでも国際比較の観点から，特に日本の発行制度で改善すべき点があるか否かを中心に考察する．

2-1 発行市場の枠組み

　日本の発行市場にはどのような制度的課題があったのだろうか．財務省に設置されていた国債市場懇談会の第7回会合（01年3月）で提示された「国債市場の効率化に向けた今後の課題」では，この分野に関する課題として次の6つが挙げられていた——①シンジケート団（シ団）制度のあり方，②リオープン方式の拡充，③入札日前（WI）取引の導入，④入札方式の統一化，⑤入札結果発表時間の繰上げ，⑥入札日から発行日までの期間短縮[3]．

---

[3]　国債市場懇談会は04年10月から国債市場特別参加者（日本版プライマリー・ディーラー）のみで構成される国債市場特別参加者会合に改組された．また，通常，WI（When-Issued）取引は「発行日前取引」と訳されるが，日本では従

これらの課題は，いずれも発行市場の透明性を高め，流通市場との連動性を強化するためのものである．このうち，前四者については日本銀行も国債流通市場と発行市場のリンケージにかかわる制度として取り上げ，G5諸国の制度比較に基づいて詳細に分析している（副島ほか [2001]）．

こうした課題に対して，リオープン制度（01年3月）と定例リオープン（07年2月），WI取引（04年2月），プライマリー・ディーラー制度（04年10月）の導入，シ団制度の廃止（06年4月）などの改善が積み重ねられ，現在では発行市場の枠組みにおいて英米に遜色のないものとなっている（本章末の付表3-1を参照）．以下では，流通市場との関連が深く，かつ3カ国で制度上の特徴が異なっている発行方式，リオープン制度，入札方式と入札結果発表時間について詳しく説明していこう．

2-1-1 発行方式

国債の発行方式には入札方式，シ団引受方式，タップ方式などがあるが，流通市場の状況を最も反映し透明性の高い方式は入札方式である[4]．現在では3カ国とも入札方式が発行方式の中心である．しかし，その方式の採用に至る経緯は各国各様であり，アメリカは古くから基本的に入札方式により国債を発行していた．

イギリスでは，ビッグバンを契機に86年からプライマリー・ディーラー制度を導入して入札方式への移行を進めていたが，90年代前半まではタップ方式による発行も多かった．物価連動債は全額タップ方式で発行され，それ以外のギルト債（普通ギルト債）も発行額の56.5％（92年度），26.6％

来から入札日以降発行日までの取引は行われており，導入が検討されていたのは入札公表日から入札日までの「入札日前」取引であるため，本章ではWI取引を「入札日前取引」と記す．

4) タップ方式はイギリスで採用されており，債務管理庁（DMO）が流通市場の状況に応じて国債を市場に売り捌いていく発行方式である．97年以前は中央銀行であるイングランド銀行（BOE）が政府から一旦国債を引き受けることによってタップ発行を行っていた．

(93年度)，19.0%（94年度）がタップ方式で発行された．しかし，95年の国債管理政策に関する抜本的な見直しに伴い，96年4月から普通ギルト債の発行を原則入札方式に切り替え，さらに98年11月から物価連動債も入札方式を原則としている．ただし，タップ方式は完全に廃止されたわけではなく，特定銘柄または特定セクター（イールド・カーブの特定ゾーン）の一時的な需要過熱など例外的な状況において，市場管理手段としてそれが用いられる場合がある．なお，05年9月に50年物価連動債を初めて発行したときにシ団方式が採られた．しかし，その後シ団方式による発行はなく，超長期の物価連動債も通常の入札方式によって発行されている．

日本では，従来中核的な国債であった10年固定利付債の発行にシ団方式が採用されてきた．日本のシ団制度の特徴は，発行の保証機能が付された割当部分（固定シェア引受）のほかに，シ団メンバーによる入札部分があった点である[5]．全発行額に占める割当部分の割合は長い間100%であったが，87年11月に80%に引き下げられて以来漸次縮小され，05年度には10%にまで低下した．さらに，財務省は06年4月からシ団方式を廃止し，これにより現在ではすべての国債が全額公募入札により発行されている．

日本では04年10月からプライマリー・ディーラー制度が導入された．上述したようにシ団制度が廃止され，現在ではすべての国債発行はプライマリー・ディーラーを中核とする入札方式に移行している．そこで，次に3カ国のプライマリー・ディーラー制度の内容を比較してみよう（表3-1）．なお，プライマリー・ディーラー制は，公募制をベースとしているものの，一部の特定市場参加者をプライマリー・ディーラーとして選定し，国債市場に係る特別の責任と権利を与える点で純粋な公募制とは異なる．

表3-1をみると，総体的には各国の制度に大きな相違は見られないが，細部では異なっている．まず，制度の導入時期は各国で大きく異なるものの，07年3月時点でのディーラー数はいずれの国も20社前後である．制度の主目的は，日本とイギリスがともに国債の安定消化と市場流動性の確保にある．

---

5) 固定シェア部分は入札の平均落札価格で割り当てられていた．

表 3-1　日米英のプライマリー・ディーラー制度

	日　本	アメリカ	イギリス
名称	国債市場特別参加者（日本版プライマリー・ディーラー）	プライマリー・ディーラー (Primary Dealer: PD)	ギルト債マーケット・メーカー (Gilt-edged Market Maker: GEMM)
ディーラー数	25社	21社	17社
導入時期	・2004年（10月）	・1960年	・1986年
制度の主な目的	・国債の安定消化，国債市場の流動性等の維持・向上．	・金融政策の円滑な遂行，国債市場の動向に関する統計報告の確保．	・国債の安定消化，国債市場の流動性確保．
メンバー選定者	・財務省	・中央銀行（NY連銀）	・債務管理庁（DMO）
メンバーの責任等			
応札責任	・すべての入札に，競争的に，積極的に，相応の価格で，発行予定額の3％以上の相応額を応札すること．	・すべての入札に，有意に，競争的に，相応の価格で参加しなければならない．	・すべての入札に，積極的かつ競争的に，流通市場でのシェアに応じて参加しなければならない．
落札責任	・直近2四半期中の入札で，短期・中期・長期・超長期の各ゾーンにおいて，落札実績額および引受実績額が発行総額の一定割合以上（原則1％）を占めること．	・同上	・同上
マーケット・メイク	・十分な流動性の提供義務あり．	・NY連銀のオペに応じる義務はあるが，国債流通市場における義務はない． ―92年まではPD内での対顧客取引高シェアが1％以上でなければならなかった．	・残高が7.5億ポンド以上の全銘柄について，常時，有効な売買気配を提示し，売買に応じなければならない． ・国債流通市場において，相応のシェアで参加しなければならない．
自己ポジションの報告等	・ポジション，取引状況等を財務省に報告する義務．	・ポジション，取引状況等をNY連銀に報告する義務．	・ポジション，取引状況等をDMOに報告する義務．
当局のモニター等	・財務省が各特別参加者の活動状況を常時モニター・評価する．	・NY連銀が，PDの活動状況を常時モニターするほか，半年ごとに各PDの活動状況のパフォーマンスを評価す	・DMOが各GEMMの活動状況を常時モニターする．

第3章 国債発行政策の日米英比較

		・財務省は，原則として四半期ごとに各特別参加者と個別面談を行い，モニター結果を通知する．	る．	・DMOが，半年ごとに各GEMMに国債流通市場でのシェアを通知する．
メンバーの特権				
	非競争入札等への参加資格	・従来の非競争入札に平行して，第Ⅰ・Ⅱ非価格競争入札に独占的に参加する資格あり． ―財務省が国債市場の流動性の維持・向上等を目的に行う特定銘柄に対する「流動性供給入札」に独占的に参加する資格あり．	・特段の資格なし．	・競争入札にはGEMMのみが参加資格あり． ・競争入札と並行して非競争入札に参加する資格あり．
	買戻入札への参加資格	・独占的な取引相手．	・独占的な取引相手．	・独占的な取引相手．
	ストリップス債の分離・統合	・独占的な分離・統合資格を有する．	・特段の資格なし．	・独占的な分離・統合資格を有する．
	スワップ取引への参加資格	・優先的な取引対象先となることができる．	・スワップ取引は行われていない．	・スワップ取引は行われていない．
当局との定例会合		・毎四半期	・毎四半期	・毎四半期（DMO），年1回（英大蔵省）

注：1）07年3月末時点．
　　2）イギリスにおいて，物価連動債のマーケット・メーカーはインデックス債マーケット・メーカー（IL GEMM）と呼ばれ，07年3月末時点でGEMM17社すべてがその資格を有している．
出所：財務省資料，各国財政当局のHPから作成．

　それに対してアメリカの場合は，元来，ニューヨーク連銀（NY連銀）による公開市場操作の相手先を選定する制度としてプライマリー・ディーラー制を創設したため，国債市場への貢献よりむしろ金融政策の円滑な遂行に対する協力が主目的とされている．

　ディーラーの責任については3カ国ともほぼ同様の義務が課されている．そうした中で，入札に関して英米では積極的な参加が義務付けられているものの，応札と落札についての数値基準は課されていない．これに対して，日本では応札においては発行予定額の3％以上，落札に関しても発行予定額の

一定（原則1％）以上を義務付けている．また，日英のディーラーにはマーケット・メイク義務があるのに対して，アメリカのディーラーにはない．NY連銀のオペレーションに応じる義務のみである．これは，上述したアメリカでのプライマリー・ディーラー制度創設の経緯・目的によるものである．

ディーラーの特権については，日本，イギリスとアメリカとでやや相違がある．まず，入札参加に関して，日本では特定の入札（第Ⅰ・Ⅱ非価格競争入札，流動性供給入札），イギリスでは競争入札にディーラーは特権的に参加できるのに対して，アメリカのディーラーには入札に関する特権がない．逆に言えば，アメリカでは入札の参加資格に制限を設けていないが，実際には競争入札の参加者はプライマリー・ディーラーと機関投資家，非競争入札の参加者は個人等の一般投資家といった棲み分けがなされている．

また，日英のディーラーはストリップス債の分離・統合資格を特権的に有しているが，アメリカのディーラーにはその特権はない．これは，日本とイギリスではストリップス債取引の制度が政府によって各々03年1月と97年12月に創設されたのに対して，アメリカでは70年代から自然発生的にストリップス債取引が行われており，それを政府が追認する形で85年2月に制度化されたという歴史的経緯に由来していると考えられる[6]．つまり，ストリップス債制度の創始者として日本とイギリスの財政当局は分離・統合の資格者を決定することができたが，アメリカでは公式制度を創設する以前の市場慣行（practice）を追認せざるを得なかったのであろう[7]．

2-1-2　リオープン制度

発行する国債の年限政策に関しては2通りの考え方がある．1つは，年限を多様化して，各年限（銘柄）の発行額を小さくするという考え方である．もう1つは，年限を5年，10年など少数に限定し，各年限の発行額を大き

---

[6]　この経緯については須藤［1998a, b］を参照されたい．
[7]　ただし，アメリカでもストリップス債の分離・統合を実際にはプライマリー・ディーラーが行っている．

第3章 国債発行政策の日米英比較

くするという考え方である．両者ともメリット・デメリットがあり，どちらかが一方的に優れた政策とは言えないが，日米英3カ国をはじめ多くの国では後者の政策を採っている（満期政策の詳細は後述）．その理由として，第1に，各年限の市場流動性が向上するため流動性プレミアムが付きにくくなり，発行コストの抑制につながる．第2に，特に発行額が大きいベンチマーク銘柄を創出することによって，その市場金利を社債などの価格付けの指標とすることができるといったメリットもある[8]．

リオープン制度とは，既発債と名称・記号，償還期日，利払日，表面利率が同一の新発債を追加発行し，その発行日において銘柄統合を行う制度である．後出付表3-1を見ると，3カ国ともこの制度を採用しているが，その形態は異なっている．

まず形式面では，日英ではリオープンの対象年限を限定せず，またリオープンの時期も不定期である[9]．これに対して，アメリカでは10・30年固定利付債，5・10・20年物価連動債に対してのみリオープンを行い，しかもその時期を10年固定利付債については発行の翌月，30年固定利付債と5・20年物価連動債については半年後，10年物価連動債については3カ月後という形で定例化している．

このように形式面で日本はイギリスに近いものの，制度運用の実態から見るとイギリスと大きく異なっており，むしろアメリカに近い．日本では01年3月にリオープン制度を導入したもののあまり活用されておらず，新発債の発行が中心である．これは，毎年の国債発行額が大きいため，各新発債の発行ロットを大きくして流動性を確保できるためであろう．アメリカも上述したように特定の年限に対してリオープンが定例化されているものの，基本的にそれは1回のみであり，やはり新発債の発行が中心である．

---

8) 反面，発行年限が少なすぎるとポートフォリオの対象として国債の魅力が乏しくなり，投資家が国債への投資を敬遠するというデメリットも起こりうる．
9) 日本では，07年から30年固定利付債と物価連動債に定例リオープン（原則）が導入された．

一方，イギリスではギルト債の発行形態はリオープンが中心である．01年4月から06年12月までに合計97銘柄のギルト債入札（物価連動債を含む）が行われたが，そのうち新規銘柄の発行は20銘柄のみである．イギリスでは10年債として発行されたギルト債が5年後に残存5年物（擬似的な5年債）としてリオープンされるといったことが珍しくなく，リオープン制度が既発債の流動性を向上させる方法として積極的に活用されている．

こうしたリオープン制度の活用の差により，短期国債（TB）以外の市場性国債の現存銘柄数は3カ国で大きく異なり，日本319（06年9月末），アメリカ175（06年12月末）に対してイギリスは52（同）にすぎない．

なお，日本の財務省は06年度から流動性供給入札（プライマリー・ディーラーのみ参加）を通じて特定銘柄を追加発行する体制を整えた．これは，現象的にはイギリスと同様に，例えば3年前に発行した特定銘柄の10年固定利付債を7年債として追加発行することになる．しかし，イギリスがリオープン制度を活用する目的は既発債を随時追加発行することにより市場全体の流動性を向上させることにあるのに対して，日本の流動性供給入札制度は，前述したイギリスのタップ発行と同様に，市場で人気が高い特定銘柄を追加供給することによってイールド・カーブが歪むことを抑え，国債市場を安定させることを目的としている[10]．

2-1-3 入札方式と入札結果発表時間

入札方式と入札締切りから入札結果発表までの時間（以下，「入札結果発表時間」と略す）はいずれも入札参加者の落札リスクにかかわる問題である．

[10) 財務省が所管する「流動性供給入札制度」と類似した制度として，日本銀行が保有する特定銘柄の国債を売現先により市場参加者に対して一時的かつ補完的に供給する「国債の補完供給制度」がある．前者は売切りにより，後者は売現先により供給するといった形式上の相違はあるものの，ともに国債の流動性向上と円滑な市場機能の維持を目的としている．しかしその目的の意図するところは，財務省の場合「発行に係るコストとリスクの軽減」にあり，日本銀行においては「金融調節の円滑な実施とその効果の浸透」に重点が置かれている．

したがって，これらの制度の運用は落札価格，つまり落札時のリスク・プレミアムの大きさを通じて流通市場に影響を与えることになるが，興味深いことに3カ国でこれらの制度に無視できない相違がある．入札方式から見ていこう．

入札方式には3カ国ともコンベンショナル方式またはダッチ方式を採用している．価格入札の場合，いずれの方式も応札価格が高いものから応札額を累計し，総発行額を満たしたところまでを落札対象とするが，コンベンショナル方式では個々の落札価格が発行価格となる一方，ダッチ方式では個々の落札価格にかかわらず最低落札価格が発行価格となる．

コンベンショナル方式では高い価格を提示すれば落札の可能性は高くなるが，反面，入札債券の流動性が乏しく投資家の需要やフェアバリューの予想が困難な場合には，債券価値より高い価格で落札してしまうという，いわゆる「勝者の災い」に陥る可能性も高くなる．したがって，流動性が低い債券の入札にコンベンショナル方式を用いると，参加者が真の評価価値より低い応札額を提示してくるため，落札価格に下方バイアス（つまり金利へのリスク・プレミアム）がかかりやすくなる．しかし，ダッチ方式を用いた場合には，勝者の災いに陥る可能性が低いため，応札額および落札額に下方バイアスがかからない，またはかかっても小さくなる．

こうした考え方から，日本とイギリスでは入札方式としてコンベンショナル方式を基本としながらも，流動性が相対的に乏しい物価連動債の発行にはダッチ方式を採用している[11]．

一方アメリカでは，98年2月以降，すべての国債入札にダッチ方式が採用されている．それ以前はコンベンショナル方式で発行されていたが，91年のソロモン・ブラザーズ証券による買占め事件を契機に，入札方式に関する実験的措置（2年債と5年債の入札をダッチ方式に変更）や学術的研究が

---

11) 日本では，15年変動利付債と30年固定利付債の入札も利回り競争入札・ダッチ方式で行われていたが，前者は05年7月から，後者は07年4月から価格競争入札・コンベンショナル方式に変更された．

積み重ねられた[12]．それらの結果から，ダッチ方式のほうがコンベンショナル方式より真の需要（ないしその予想）を反映した入札結果となり，発行の効率性が高まると判断したのである[13]．

　入札結果発表時間の長短も入札参加者のリスクに影響する．入札結果が発表されるまで参加者は落札できたか否かがわからない．このため，WI取引でロング・ポジションを取っている参加者は落札した国債を売却する前に価格が下落するリスクにさらされる．逆に，ショート・ポジションを取っていた参加者は，落札できなかった場合，そのポジションをカバーするために当該国債を市場から購入しなければならないが，購入前に価格が上昇してしまうリスクにさらされる．したがって，入札参加者はこうしたリスクを補償するために価格を割り引いて（つまり金利にリスク・プレミアムを付して）入札する．この価格ディスカウント（リスク・プレミアム）の程度は入札結果発表時間が長いほど大きくなる可能性があるため，財政当局はその時間をできる限り短縮しようとする．

　この入札結果発表時間は3カ国間でかなりの差がある．アメリカが最も短く，入札締切後わずか2分で発表される（03年8月以降）．次いでイギリスが短く，TBで30分以内，TB以外のギルト債で40分以内を目標としている．実際の平均時間（05年度）はTBで11分，ギルト債で19分であるが，それでもアメリカに比べてかなり長い．イギリスでは，現在，プライマリー・ディーラーの入札を電話（その他の投資家は申込書の提出）で行っているが，これを電子入札（プライマリー・ディーラーのみ）に変更すべく債務管理庁（DMO）が諮問中である．電子入札に変更することにより，入札結果発表時間が5〜10分に短縮されることがプライマリー・ディーラーから期待されている．

---

12) アメリカにおけるダッチ方式採用の経緯およびコンベンショナル方式とダッチ方式に関する詳細な分析は副島ほか [2001] を参照されたい．
13) アメリカで入札方式がダッチ方式へ全面的に移行されたことに対してDMOも大きな関心を示しており，その状況を観察し将来の発行政策に活かすとしている．

一方，日本では，02年4月以降，入札結果発表時間がそれまでの1時間半から1時間に短縮され，さらに06年12月から45分に短縮された．しかし，アメリカはもちろん，イギリスと比べても長い．これは入札参加者による誤入力のチェックなど入札に係る諸手続きに万全を期すことによって，市場の混乱を回避しているためである．一方で，入札結果発表時間が発行効率の悪化につながらないよう，財務省および日本銀行は入札スケジュールの工夫（TBと政府短期証券（FB）以外の国債入札を12時締切り12時45分結果発表というように，金融機関の昼休みを挟んで取引が少ない時間帯に設定），プライマリー・ディーラー向けの第II非価格競争入札（TB，FBを除く国債の入札において，競争・非競争入札の結果発表後〔入札当日〕に追加的に行う入札）の導入などの施策を施している．さらに05年4月からこの第II非価格競争入札がオンライン化され（05年4月から導入された第I非価格競争入札は当初からオンライン化），これですべての入札がオンライン化された．こうした様々な施策と改善に加え，国債の発行金利が極めて低いという環境もあり，英米との入札結果発表時間の差が日本の発行効率を特に悪化させている様子はない．しかし，将来，金利水準が上昇したときに発行効率の阻害要因とならないよう，実務上可能な限り入札結果発表時間の短縮を図ることが望まれよう．

2-2 商品性

前項で説明したように，発行市場の枠組みにおいて日本は英米に比べて制度的にほとんど遜色がなくなった．発行制度におけるもう一方の重要な要素である商品性はどうであろうか．前述した国債市場懇談会で提言された課題の中で，商品性に関連したものとして次の4つが挙げられていた——①発行年限構成の工夫，②ストリップス債制度の導入，③個人向け国債の導入，④物価連動債の導入．このうち，後三者は英米において既に導入されている制度または商品である．

こうした課題に対して財務省は，ストリップス債制度（03年1月），個人

向け国債（03年3月），物価連動債（04年3月）を導入するなど，制度の改善と商品性の充実に努めてきた[14]．また，2000年6月から既に変動利付債が導入されていることから，商品性については米英両国にほとんど遜色がない[15]．

表3-2は，市場性国債の商品性を3カ国で比較したものである．各国に共通して発行されている種類は割引債，固定利付債，物価連動債である．アメリカには変動利付債の発行制度がない．日本とイギリスにはその発行制度があるものの，現在発行している国は日本だけである．そこで，以下では，割引債，固定利付債，物価連動債について3カ国を比較してみよう．

2-2-1 割引債

日本では，02年以前に3年物または5年物の割引債が発行されていたが，現在では年限1年以下のTBのみ発行されている[16]．この結果，発行されている割引債は3カ国ともTBのみである．しかし，その年限や発行頻度において英米と日本とではやや異なる．

アメリカとイギリスにおけるTBの発行枠組みは非常によく似ている．発行の中心は年限6カ月以下で，さらに1カ月物，3カ月物の発行頻度が毎週と高い（アメリカでは6カ月物も毎週発行されている）．また，TBの定

---

14) ストリップス債制度において，03年1月以降に発行された2・5・10・20・30年固定利付債は分離適格振替国債と定められた．また，個人向け国債は後述する意味での非市場性国債であり，07年3月時点で10年変動利付債と5年固定利付債が発行されている．

15) 商品性とは，市場性国債に関する商品性である．なお，本書では，財政上の資金調達のために政府が発行する国債（証券）で，市場での流通（売買）が予定されているものを「市場性国債」，それが予定されていないものを「非市場性国債」と定義する．

16) 日本ではTBに類似したものとして2カ月物と3カ月物の政府短期証券（FB）が発行されている．TBは借換債，FBは資金繰り債と位置付けられている．ただし，FBは制度上国債ではないため，財務省が策定する国債発行計画等の対象には含まれない．なお，07年1月から6カ月物FB（不定期発行）が導入された．

期発行以外に，国庫の資金フローを円滑にするための短期国債が適宜発行される．

日本の場合は 6 カ月物または 1 年物のみ発行されており，他の 2 カ国に比べて期間の長いものが中心である．また，発行頻度も月次ベースと低い．こうした英米と日本との違いは，TB の性格の相違によるものであろう．英米では TB が国庫の資金繰り債と位置付けられているのに対して，日本では借換債と位置付けられている．このため，日本には不定期に発行する TB の制度はない．日本では国庫の資金繰り債として政府短期証券（FB）が発行されているが，これは制度上国債ではない（ただし，実態的には国債と異ならない）．FB は 3 カ月物が毎週定期的に発行されるほか，2 カ月物と 6 カ月物が国庫の状況に応じて適宜発行され，これがイギリスの短期 TB またはアメリカの資金管理短期証券（CMB）に対応している．

2-2-2 固定利付債と物価連動債

固定利付債と物価連動債の商品性および発行制度は日本，アメリカとイギリスとで大きく異なる．第 1 に，イギリスの場合，発行年限（新発債として発行されたときから償還までの期間）が正確に 5 年，10 年となっているわけではなく，例えば表 3-2 の 5 年固定利付債には 6 年債，10 年固定利付債には 12 年債，13 年債などが含まれる．つまり，イギリスでは厳密に発行年限を固定するのではなく，償還までの（残存）期間が短期（1～7 年），中期（7～15 年），長期（15 年超）という概念で国債を発行しているようである．これは，イギリスではそもそも国債の満期が無期限（永久債）か有期限かの区別が主であったことのほかに，発行において新発債の発行より既発債のリオープンが中心であることによるものであろう[17]．

第 2 の大きな相違点は，年間および四半期ベースで入札予定は公表されるが，総入札回数および時期は財政状況の進展に応じて柔軟に変化することで

---

17) リオープンの場合も，短期，中期，長期のゾーンを目安に発行される．

表 3-2 市場性国債（自国通貨建

【イギリス】

種別	年限	ベンチマーク年限	発行頻度	銘柄数	発行残高 (100万ポンド)
割引債	・TB 1カ月 3カ月 6カ月 12カ月 短期TB	—	・1カ月物と3カ月物は毎週（最終営業日） ・6カ月物は適宜（02年5月以降はほぼ毎月発行） ・短期TBは適宜	—	合計 19,350
固定利付債	・有期限 3年 5年 10年 15～25年 30年 40～50年 ダブル年限債 ・無期限 永久債	5, 10, 30年	・中央政府純資金所要額（CGNCR）の状況に応じて適宜 — —	1 4 6 13 (内R3) 4 2 3 (内R3) 8 (内R8)	12,071 58,426 75,767 90,343 (内R982) 60,292 21,102 1,349 (内R1,349) 2,947 (内R2,947)
変動利付債	5年	—	—	0	0
物価連動債	5年 10年 20年 30年 40～50年	—	・中央政府純資金所要額（CGNCR）の状況に応じて適宜	0 1 2 7 1	0 6,001 12,374 93,134 4,133

注：1) 発行残高および銘柄数は06年12月末時点の数値。額面ベース（物価連動債はインフレ調整
 2) 短期TB（short maturity TB）は国庫の資金フローを円滑化するために，定期のTB発行以
 3) TB以外の年限は厳密なものではなく，例えば5年物には6年債，10年物には12年債，13年（1～7年），中期（7～15年），長期（15年超）の年限ゾーンを目安に発行している．
 4) 銘柄数および発行残高のカッコ内に記されている "R" は，発行残高が7.5億ポンド以下のランにマーケットメイクの義務がない．
出所：UK Debt Management Office (DMO) の資料から作成．

第3章　国債発行政策の日米英比較

ての内国債）の商品性比較

最低入札額および単位	備考
・50万ポンド以上5万ポンド単位	
	・12カ月物はほとんど発行されない ・短期TBは満期28日以内の短期国債
・競争入札（プライマリー・ディーラーのみ） —100万ポンド以上100万ポンド単位 ・非競争入札 —プライマリー・ディーラーは10万ポンド以上10万ポンド単位 —その他（承認された投資家グループのメンバー）は1,000ポンド以上1,000ポンド単位	・05年5月27日に50年物を初めて発行 ・ダブル年限債とは，有期限債だが，政府に償還時期のオプションがある国債．78年6月を最後に発行なし ・永久債は46年10月を最後に発行なし
・固定利付債に同じ	・96年6月を最後に発行なし
・プライマリー・ディーラーが物価連動債プライマリー・ディーラーに替わる以外は固定利付債と同じ	・5年物は92年9月を最後に発行なし ・05年9月23日に50年物を初めて発行

後）．
外でアドホックに発行されるTB．
債などを含む．つまり，イギリスでは厳密な年限ではなく，償還までの期間が短期

プ銘柄（rump gilts）を表す．この債券については，プライマリー・ディーラー

【アメリカ】

種別	年限	ベンチマーク年限	発行頻度	銘柄数	発行残高 (100万ドル)
割引債	・TB 4週 13週 26週 52週 CMB	—	・4週物は毎週（通常火曜日） ・13・26週物は毎週（通常月曜日） ・CMBは適宜（各四半期の最初と最後の月）	—	合計 944,224
固定利付債	・中期債 (Note) 2年 3年 4年 5年 7年 10年 ・長期債 (Bond) 20年 30年	2, (3), 5, 10, 30年	・2年物, 5年物は毎月 ・3年物, 10年物は年4回 (2, 5, 8, 11月) ―10年物はさらに年4回 (3, 6, 9, 12月) の定例リオープン ・30年物は年2回 (2, 8月) ―さらに年2回 (5, 11月) の定例リオープン	23 11 0 45 0 31 0 44	624,116 267,923 0 805,816 0 712,008 0 530,610
物価連動債	5年 10年 20年 30年	—	・5年物は4月, 20年物は1月の年1回発行 ―5年物は10月, 20年物は7月に定例リオープン. ・10年物は1月, 7月の年2回発行 ―4月と10月に定例リオープン.	2 14 2 3	50,351 259,940 50,321 50,581

注：1) 銘柄数および発行残高は06年12月末の数値．額面ベース（物価連動債はインフレ調整後）．
　　2) 資金管理短期証券（Cash Management Bill: CMB）は借入れの必要に応じて（国庫の資金管（2006年2月時点）．
　　3) 3年固定利付債は07年5月を最後に発行が停止されている．
出所：U.S. Department of the Treasury (US Treasury) のHP等から作成．

第3章　国債発行政策の日米英比較　　　　　　83

最低入札額および単位	備　　考
・1,000ドル以上1,000ドル単位	・52週物は01年2月を最後に発行なし ・CMBは資金管理短期証券
・割引債に同じ	・4年物は91年1月を最後に発行なし ・7年物は93年5月を最後に発行なし ・20年物は86年1月を最後に発行なし ・30年物の44銘柄中5銘柄は政府による25年償還のオプションあり ・8月に発行される30年債は、3カ月の経過利子が付された29年9カ月物として発行される
・割引債に同じ	・04年10月に5.5年物を発行し、05年4月と10月にリオープン ・04年7月に20.5年物を発行し、05年1月と7月にリオープン ・30年物は01年10月を最後に発行なし（ただし、01年10月の発行は30.5年物）。

理のために）適宜発行される短期証券．発行サイクルの見直しが進められている

【日 本】

種　別	年　限	ベンチマーク年限	発行頻度	銘柄数	発行残高(10億円)
割引債	・TB 　3カ月 　6カ月 　1年 ・中期国債 　3年 　5年 (・FB) 　2カ月 　3カ月 　6カ月	—	— ・毎月発行 ・毎月発行 — — ・適宜発行 ・毎週発行 ・適宜発行	— 0 0 (—) 	TB計 48,057 0 0 (FB計) (94,692)
固定利付債	・中期 　2年 　3年 　4年 　5年 ・長期 　6年 　10年 ・超長期 　20年 　30年	2, 5, 10, (20) 年	・毎月発行 — — ・毎月発行 — ・毎月発行 ・毎月発行 ・年2回（4，10月）発行 —さらに，7月と翌年1月に定例リオープン（原則）	24 0 0 45 2 93 89 23	55,794 0 0 145,260 1,020 282,767 66,120 9,492
変動利付債	15年	—	・年6回（奇数月）発行	35	37,644
物価連動債	10年	—	・年4回（4，6，10，12月）発行 —6月と12月に発行した銘柄については，各々8月と翌年2月に定例リオープン（原則）	8	3,979

注：1）　銘柄数および発行残高は06年9月末の数値．額面ベース．
　　2）　財投債を含む．
　　3）　国債投資家懇談会（第17回，06年12月1日）議事要旨および日本国債ニュースレター（07
　　　　を検討している．
出所）　日本証券業協会『公社債便覧』，日本銀行HP，財務省資料から作成．

最低入札額および単位	備　　考
—	・3 カ月物は 2000 年 3 月を最後に発行なし
—	・3 年物は 02 年 11 月を最後に発行なし ・5 年物は 2000 年 9 月を最後に発行なし
—	・2 カ月物 FB は 2000 年度から導入
—	・6 カ月物 FB は 07 年 1 月から導入
・2・5・10 年物についてのみあり —競争入札については 1 億円以上，1 億円単位． —非競争入札については 100 万円以上，100 万円単位．	・3 年物は 88 年 8 月を最後に発行なし ・4 年物は 01 年 2 月を最後に発行なし ・5 年物は 99 年度から導入 ・6 年物は 01 年 3 月を最後に発行なし ・30 年物は 99 年度から導入 ・定例リオープンは 07 年 4 月から導入
—	・2000 年度から導入
—	・03 年度から導入 ・定例リオープンは 07 年 2 月入札分から導入．ただし，以前は偶数月に発行されていたことから，発行頻度が上昇したわけではなく，2・8 月発行分が定例リオープン発行となっただけである

年 1 月）によれば，財務省は 07 年度下期に 40 年物の固定利付債を発行すること

ある．

　上述したように，イギリスの発行年限は日本やアメリカに比べかなり多様である．しかしながら，各銘柄の残高が少ないわけではなく，リオープン制度を積極的に活用することによって流動性を確保している．この発行方法の特徴（つまり発行年限が長いほどリオープンによって当該銘柄の残高（流動性）が増加していく）に加え，後述するように中心的投資家が保険会社，年金基金といった長期投資家であることから，既発債（固定利付債，物価連動債とも）の銘柄数や残高を見ると，発行年限が15年超の長期債の割合が高い．さらに，発行年限が50年の超長期固定利付債および物価連動債も各々05年5月，9月から発行され，さらに40年固定利付債も06年5月に発行されている．また，物価連動債の物価調整に関して，従来では8カ月のラグをおいた小売物価指数（RPI）を用いていたが，05年度から3カ月のラグをおいたRPIで調整する新型の物価連動債が発行されている．ただし，これによって8カ月ラグを採用している既発物価連動債のリオープンが妨げられるわけではない．

　現在アメリカで発行されている固定利付債の年限は2・3・5・10・30年と，中期債が中心である．以前は年限20年の長期債が発行されていたが，86年1月を最後に発行されていない．発行が停止されている期間から判断して，20年債は制度的に廃止された可能性が高い．また，30年債も国債の要発行額減少を理由に01年8月から発行が停止されていたが，02年度以降財政赤字が拡大したことを受けて06年2月から発行が再開された．さらに，07年から，発行頻度が従前の年2回（リオープンを含む）から4回（同）に引き上げられている．なお，07年5月を最後に3年債の発行が停止されている．

　物価連動債は97年1月に導入され，歴史は長くない[18]．年限としては5・10・20年が発行されているが，銘柄数および残高から判断すると10年債が中心である．30年債は固定利付債の場合と異なり01年10月を最後に

---

18) イギリスでは81年3月から物価連動債（インデックス債）が発行されており，最も歴史が長い国の1つである．

発行が停止されたままである（07年3月時点）．

　日本で現在発行されている固定利付債の年限は2・5・10・20・30年であり，そのうちのベンチマーク年限も含めて，アメリカとイギリスが採用している年限とほぼ同様である．90年代後半から2000年までは年限が非常に多様化していたが（2・3・4・6・10・20年固定利付債および3・5年割引債を発行），99年に5年物と30年物の固定利付債を導入してから徐々に年限を整理し，上記の年限に集約された．それでも，90年代前半まで長期間にわたり10年固定利付債の発行が中心だったため，現在でも10年債の残高が他の年限の残高よりかなり大きい．一方，物価連動債は04年3月に導入されたばかりであり，年限も10年しかない．

　なお，日本では長期債に対するニーズに応えるため15年変動利付債が定期的に発行されている．変動利付債は短期債の更新に類似する効果が得られることから，長期債へのニーズに応える一方で，政府債務のデュレーションを短期化したい場合には好適な商品である[19]．しかし，20年および30年固定利付債の発行残高は固定利付債残高の約13％を占めるにすぎず，米英におけるその構成比よりかなり低い[20]．変動利付債には，将来の金利変動に対するヘッジ手段を提供することで，投資家の要求する金利リスク・プレミアムを削減する効果があるものの，金利上昇期待が強くない局面においては，超長期固定利付債の流動性を厚くするためにもこれらの年限に振り替える余地もあるのではないか[21]．実際，05年度以降の発行計画（当初ベース）を

---

19)　日本の場合，半年ごとに10年固定利付債の発行金利を基準に金利（表面利率）が変更されるため，財務省は15年変動利付債のデュレーションを0.5年と計算している．

20)　イギリスでは発行年限が15年超の固定利付債（ダブル年限債と永久債を除く）残高の固定利付債全体（同）に占める割合は約54％もあり，アメリカでも，固定利付債ベースで30年債残高の割合は約18％である．

21)　厳密には，発行年限が長いほど金利リスクが大きく，変動利付債のヘッジ機能が発揮されやすいことを踏まえると，15年変動利付債の発行を超長期固定利付債の発行に振り替えたほうがよいかどうかは，超長期固定利付債について抑制される流動性プレミアムと15年変動利付債について失われる金利リスク・プレミアムを慎重に比較分析する必要があろう．

比較すると，前年度比で変動利付債の発行額は削減され，代わりに20年債または30年債の発行額が増加されている．また，財務省は，07年度下期にも40年固定利付債を発行することを検討している．

以上，発行市場の枠組みと商品性に分けて国債の発行制度を日米英3カ国で比較してきた．日本は，01年3月に第7回国債市場懇談会で国債市場の課題が提示された時点では，発行市場の枠組みにしても商品性にしても英米に劣っていたが，その後改革を積み重ねた結果，今日では両国にほとんど遜色のない発行制度を備えている．つまり，国債発行に関して英米と並ぶだけの枠組みは整えたのである．この枠組みを国債管理政策に活かすことができるか否かは，前述した操作的政策，つまり調達必要額をどのような国債商品の組合せおよび年限構成で調達するかという狭義の発行政策にかかっている．そこで，次に各国の発行構成ならびにそれと需要との関係を考察しよう．

3 狭義の発行政策と保有構造

3-1 狭義の発行政策

狭義の発行政策（以下，混乱のない限り「発行政策」と記す）とは，政府が資金調達する場合に発行する国債の種類およびその年限構成に関する政策と定義するが，ここでは国際比較のために次のような調整を施した．

第1に，対象とする国債種類を市場性国債のみとするが，TBは除外した．3カ国ともTBの発行比率は決して低くないものの，それを除外したのは以下の理由による．日本ではTBは借換債として発行され，国庫の資金繰り債としては別途FBが発行されているが，これは国債と定義されていない．一方，英米ではTBが国庫の資金繰り債として発行されているため，概念を統一して国際比較するためには日本のFBを国債とみなして含めるか，または3カ国ともTBを除外して比較する必要がある．ここで本研究の主題に立ち返ると，それは国債管理政策の目的（リスクの抑制とコスト最小化）に照らして発行政策を国際比較し考察することである．この観点から，短期

第3章　国債発行政策の日米英比較　　　　　　　　　　　　　　　89

的な資金繰り目的で発行されるTBまたはFBはここでの考察対象から除外した．したがって，本節以降で「発行政策」または「発行構成」という場合，TBを除いた国債に関するものとして定義する．

　第2に，短期債，中期債，長期債の定義をイギリスのそれに合わせて発行から償還までの期間が各々1～7年，7～15年，15年超に統一した．ここで，前述したイギリスのリオープンを活用した独特の発行方法を考慮して，「発行」には新規発行だけではなくリオープン発行も含める．ただし，国債の買戻しに伴うリオープン発行，つまり買い戻した国債からリオープンした国債への実質的な銘柄転換による発行は含めない．

3-1-1　イギリス

　イギリスでは現在でも国債管理政策の目的に合致した発行政策を模索中であるが，DMOが過去の発行政策を分析したところ，次のような方針が採られてきたとしている（DMO［2004a］pp.31-43）．

①普通ギルト債とそれ以外の市場性国債（TB，物価連動債）の債務（残高）構成が約3：1の比率を維持するよう国債発行の構成を考える．

②普通ギルト債の発行において短・中・長期債の発行構成比を均等とすることを基本とするが，各ゾーンの国債に対する需要の強弱も考慮する．

③（中長期的に）イールド・カーブの形状の変化は予想できないため，発行時のイールド・カーブの形状は短・中・長期債の発行構成を決定する際に考慮しない．

特に②について，DMOも投資家による特定期間選好があることは認めており，国債発行に際して各年限ゾーンに対する需要は考慮してきたとしている．ただし，国内の経済状況または金融市場環境に応じて，予定されていた国債の総発行額，各入札のタイミングや発行額，短・中・長期債の発行構成などを変化させることはある．

　90年代以降の発行構成を見る限り，上記方針の①と②は概ね当てはまるようである（図3-1）．さらに子細に見ると，国債発行額（前述の定義より

(億ポンド)

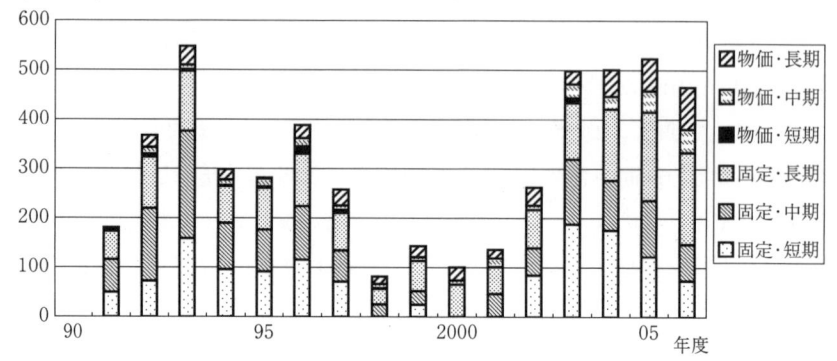

注：1) 自国通貨建ての市場性国債．収入金ベース．
    2) 短期：7年以下，中期：7年超15年以下，長期：15年超．
    3) 財政年度は当年4月から翌年3月まで．
    4) 90年度は本文で定義した意味での発行はなかった．また，91年度から97年度の内訳は推定．
    5) 06年度は4-12月までの数値．
出所：DMO資料，Office for National Statistics (ONS), *Financial Statistics* から作成．

図3-1 年限別発行構成（イギリス）

TBを除く，以下同）の多少によって発行構成に特徴が見出される．そこで，国債発行額を200億ポンド未満，200億ポンド以上400億ポンド未満，400億ポンド以上に分けて発行構成を分析してみた．なお，06年度は4-12月までの数値だが，発行額が既に400億ポンドを超えている．

発行額	年度	発行構成比（物価連動債含む）			物価連動債の構成比
		短期	中期	長期	
～200	91, 98-01	12.0	32.9	55.1	21.0
200～400	92, 94-97, 02	30.3	33.9	35.8	14.9
400～	93, 03-06	28.8	31.1	40.0	17.2
全体	91-06	27.2	32.4	40.4	16.3

注：1) 発行額と構成比の単位は各々億ポンド，％．
    2) 06年度は4-12月まで．

この表より，発行額が少ないほど物価連動債の構成比ならびに長期債の発行構成比が高いという傾向が見て取れる．表3-2に示したように，イギリス

で発行されている物価連動債はほとんどが長期債であることから,イギリスにおける発行政策の特徴は,長期債の発行をベースとし,国債の発行額が増加すると短期債と中期債,特に短期債の発行を積み上げる方針を特徴としていると言える.

3-1-2 アメリカ

アメリカにおける発行構成は図 3-2 のようになっている.これを見ると,いくつかの特徴が指摘できる.まず商品構成としては,物価連動債の導入が 97 年 1 月と歴史が比較的浅いためか,国債発行額に占める割合がイギリスに比べて低い.97-06 年度の平均で 6.0% しかなく,最も高いときでも 9.8%(06 年度)である.

第 2 の特徴は,固定利付債の中でも短期債の構成比が極めて高いことである.この傾向は国債発行額の多少と関係ないように見える.しかし,細かい変化はどうであろうか.そこで,発行額の多少と短・中・長期債の構成比の変化との関係を分析してみた.アメリカの場合,イギリスと異なり発行額の変化が滑らかであるため,絶対額ではなく,緩やかな上昇期(90-97 年度),下降期(98-01 年度),上昇期(02-06 年度)に分けた.なお,短・中・長期債の区分には物価連動債も含めている.分析結果は以下のとおりである.

発行額	年度	発行構成比(物価連動債含む)			物価連動債の構成比
		短期	中期	長期	
緩やかな上昇期	90-97	82.9	10.6	6.5	2.7 (97 年度)
下降期	98-01	75.1	16.2	8.7	5.8
上昇期	02-06	81.3	16.6	2.1	6.6
全体	90-06	81.0	13.8	5.2	6.0 (97-06 年度)

注:構成比の単位は%.

上述したように,国債発行額の多少に関係なく短期債の発行構成比が 80% 前後と高い.しかし,発行額が低下してくると長期債の構成比が上昇する傾向が見られる.ただし,02-06 年度の上昇期のうち 05 年度までは固

(10億ドル)

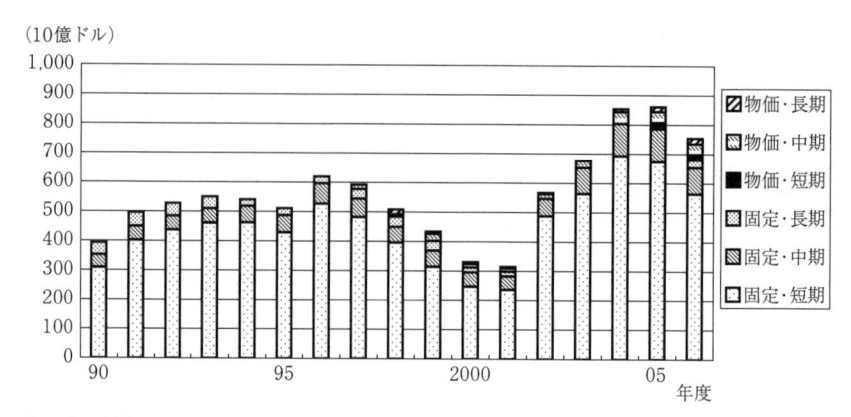

注：1) 自国通貨建ての市場性国債．収入金ベース．
　　2) 短期：7年以下，中期：7年超15年以下，長期：15年超．
　　3) 財政年度は前年10月から当年9月まで．
出所：US Treasury, *Treasury Bulletin* から作成．

図 3-2　年限別発行構成（アメリカ）

定利付債に関して年限が15年超の長期債はまったく発行されておらず，長期債の発行は20年物価連動債のみである．01年に30年物国債（固定利付債，物価連動債とも）の発行を停止したとき，米財務省は国債発行額が低下したためと説明しており，この説明自体がアメリカの発行政策における短期債志向を表している．02年度以降発行額が急増していることを受けて06年2月から30年固定利付債の発行が再開され，さらに07年からはその発行頻度が上がっている．しかし，30年物価連動債についてはいまだに発行停止が解除されていないことから，長期債の構成比は90年代の水準（約7%）ほど上昇しない可能性が高い．

　図3-2および上表の分析から，アメリカにおける発行政策は短期債をベースとしている点では変わらないものの，02年度を境に次のように変化したと推測される．つまり，01年度までは中期債と長期債に関して絶対的な発行額（流動性）を確保した上で，総発行額の増減を短期債の発行で調整していた．しかし，02年度以降は，総発行額に応じて主に短期債と中期債の発行で対応し，長期債の発行は抑制するようになっている．特に短期債に分類

される3年固定利付債は,財政状況の好転または悪化に応じた国債発行の調整役を担っているようである.つまり,3年債は98年5月まで発行されていたが,98年6月から03年4月まで発行停止,03年5月から07年5月まで発行,07年6月以降発行停止と,財政状況に応じて発行とその停止とを繰り返している.

3-1-3 日 本

日本における発行構成は図3-3のようになっている.図には物価連動債も含んでいるが,前述したように日本で物価連動債が導入されたのが04年3月であるため,以下では固定利付債,変動利付債,3・5年割引債を合計した発行構成のみ考察する[22].

図3-3を見ると,98年度までは中期債の発行構成比が高かったが,99年度から01年度にかけて短期債の構成比が急上昇し,その後は安定的に推移している.98年度前後で短・中・長期債の発行構成比を分けると,以下のとおりである.

年 度	発行構成比(物価連動債除く)		
	短 期	中 期	長 期
90-98	20.5	74.0	5.4
99-06	55.2	37.2	7.6
90-06	45.3	47.7	7.0

注:1) 構成比の単位は%.
　　2) 06年度は4-9月まで.

発行政策が中期債偏向から短期債と中期債のバランス発行に変更された主たる目的として,国債発行額の増加が98年度以降加速したことを踏まえ,中期債(10年固定利付国債)の金利上昇を抑制することが挙げられよう.さらに,他の理由として次のようなことも考えられる.日本では戦後,長期信用銀行(旧日本興業銀行・日本長期信用銀行・日本債券信用銀行)が長期

---
[22] 変動利付債の構成比および3・5年割引債(合計)の構成比は,90年度から06年度(4-9月)の平均で各々3.9%,0.5%である.

(兆円)

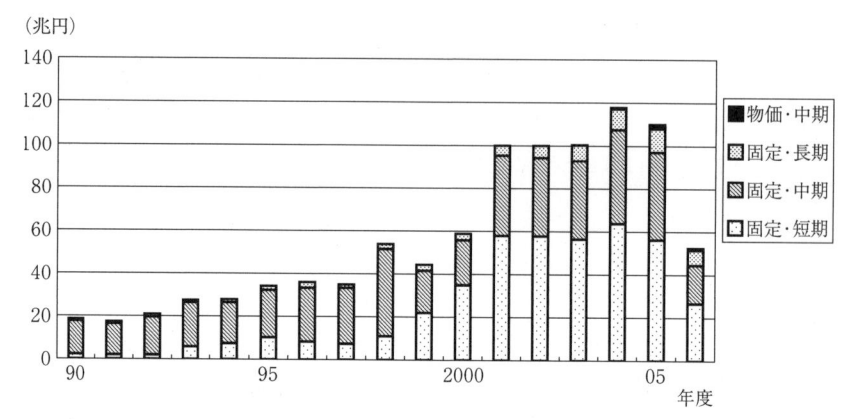

注：1) 自国通貨建ての市場性国債．額面ベース．
2) 短期：7年以下，中期：7年超15年以下，長期：15年超．
3) 財政年度は当年4月から翌年3月まで．
4) 「固定」には変動利付債，3・5年割引債を含む．
5) 06年度は4-9月までの数値．
出所：日本証券業協会『公社債便覧』，財務省資料から作成．

図 3-3　年限別発行構成（日本）

産業資金を供給する役割を担い，その資金調達手段として利付金融債および割引金融債を発行していた．その中心年限は1年（割引金融債）と5年（利付金融債）である．65年度に戦後初めて国債が発行されるまで，この金融債が日本の債券市場の中心にあったことから，競合を避けるため国債は当初7年固定利付債，後に10年固定利付債を中心に発行し，短期のゾーンでは5年割引債と2・3・4・6年固定利付債を少額発行するという政策を採っていた．しかし，経済構造の変化（資本蓄積の増大）に伴い，都市銀行を中心に普通銀行が長期産業資金の供給を賄えるようになると，長期信用銀行の存在意義，つまり金融債の意義も薄れてきた[23]．さらに，主要先進国のほとんどは2年および5年を国債のベンチマーク年限に定めている．こうした背景を踏まえ，日本の財務省はTB以外の割引債および4・6年固定利付債を整理

---

23) あおぞら銀行（旧日本債券信用銀行）の普通銀行転換により，06年4月以降，業態としての長期信用銀行は存在しなくなった．

する一方，99年度以降5年固定利付債の発行を開始し，2年固定利付債の発行を増加することによって短期ゾーン（日本の定義では中期）でのベンチマーク債の確立を図ったのであろう．

以上，狭義の発行政策を国別に考察してきた．総じてみると，3カ国に共通していることは，各国各様の理由にせよ，国債発行額が増加すると短期債の発行比率が上昇するということである．第2章の分析では，国債発行額が増加している時期には，政府は借換リスク抑制などの観点から長期債の発行比率を上昇させることが合理的である一方，国債の投資家は信用リスクなどの観点から短期債に投資することが合理的であることが示された．この分析結果に基づけば，3カ国の発行政策は需要要因に促されていることになる．しかしながら，短・中・長期債の発行構成比の水準は日本，アメリカとイギリスとで大きく異なっている．これは国債に対する中心的な投資家，別言すれば保有構造（需要構造）が各国で相違するためであろうか．次にこの保有構造について考察していこう．

3-2 保有構造

狭義の発行政策と保有構造との関係を考察するためには，投資家別の残存期間別保有状況，つまり期間選好を知る必要がある．残念ながら，日本とアメリカでは財務省も中央銀行もこのデータを公表していない．イギリスでも現在はこのデータが公表されていないが，2000年3月末まではイングランド銀行（BOE）が毎年 *Quarterly Bulletin* に国債を含む政府債務の投資家別・残存期間別保有状況を公表していた（ただし，政府保有も含めたデータは99年3月末までしか公表されておらず，2000年3月末は市場保有分のみ）．そこで，まずこのBOEのデータに基づいて投資家別期間選好の特徴を見てみよう．なお，保有構造に関してはデータの制約からTBを含めて論じる．

表3-3は90年代における投資家別の残存期間別保有状況を示したもので

表 3-3　イギリスの投資家別政府債務の保有構成比

(単位：％)

	1990年3月末	1995年3月末	1999年3月末	1990年3月末	1995年3月末	1999年3月末
	【銀行】			【住宅金融組合】		
TB	46.6	31.0	6.7	22.3	1.3	0.0
ギルト債（短期）	11.8	26.9	16.7	57.6	88.9	85.7
ギルト債（中期）	23.4	33.3	13.0	18.4	5.9	14.3
ギルト債（長期）	15.5	8.0	5.2	0.3	3.9	0.0
市場性債務計	97.3	99.2	41.3	98.6	100.0	100.0
非市場性債務	2.7	0.8	58.7	1.4	0.0	0.0
合　計	100.0	100.0	100.0	100.0	100.0	100.0
	【保険会社】			【年金基金】		
TB	0.0	0.0	0.6	0.0	0.7	0.8
ギルト債（短期）	6.7	11.8	24.9	4.9	8.0	25.8
ギルト債（中期）	52.2	48.8	42.6	46.6	51.4	49.1
ギルト債（長期）	41.1	39.4	31.8	48.2	39.9	24.5
市場性債務計	100.0	100.0	100.0	99.7	100.0	100.0
非市場性債務	0.0	0.0	0.0	0.3	0.0	0.0
合　計	100.0	100.0	100.0	100.0	100.0	100.0
	【投資信託】			【個人・信託】		
TB	0.0	0.0	0.0	0.0	0.0	0.0
ギルト債（短期）	23.4	18.3	34.9	15.6	7.6	9.9
ギルト債（中期）	65.9	47.8	39.5	11.1	9.3	14.9
ギルト債（長期）	10.7	33.7	25.6	4.1	3.2	4.9
市場性債務計	100.0	99.8	100.0	30.7	20.0	29.8
非市場性債務	0.0	0.2	0.0	69.3	80.0	70.2
合　計	100.0	100.0	100.0	100.0	100.0	100.0
	【その他居住者】			【非居住者】		
TB	6.6	0.0	2.9	12.3	1.1	2.3
ギルト債（短期）	54.8	53.5	61.0	28.6	50.9	39.9
ギルト債（中期）	10.5	20.7	20.0	37.0	29.1	30.5
ギルト債（長期）	5.1	6.9	13.3	4.6	5.3	18.3
市場性債務計	77.0	81.2	97.1	82.5	86.4	90.8
非市場性債務	23.0	18.8	2.9	17.5	13.6	9.2
合　計	100.0	100.0	100.0	100.0	100.0	100.0
	【公的部門】					
TB	7.6	2.5	11.9			
ギルト債（短期）	16.3	6.3	10.0			
ギルト債（中期）	20.8	10.8	11.9			
ギルト債（長期）	14.4	2.6	3.2			
市場性債務計	59.1	22.2	36.9			
非市場性債務	40.9	77.8	63.1			
合　計	100.0	100.0	100.0			

注：1) 自国通貨建て．額面ベース．
　　2) ギルト債の残存期間は，短期が5年以下，中期が5年超15年以下，長期が15年超である．
　　3) 中央銀行は98年3月末まで公的部門に含まれていたが，99年3月末から銀行部門に変更された．したがって，99年3月末の銀行部門は中央銀行を含む．
　　4) 年金基金には民間部門のほかに，地方公共団体等の公的部門が運営するものも含まれる．
　　5) 投資信託はインベストメント・トラストとユニット・トラストの合計である．
　　6) その他居住者には公的トラスト・非法人団体，非金融事業法人が含まれる．
　　7) 公的部門は中央政府，中央銀行（98年3月末まで），地方公共団体，公的企業の合計である．
出所：Bank of England (BOE), *Quarterly Bulletin* から作成．

ある．これを見ると，時期によって変化しているものの，投資家ごとに残存期間の短期（5年以下），中期（5年超15年以下），長期（15年超）で選好があることが見て取れる[24]．

　民間金融機関は，銀行，住宅金融組合と機関投資家（保険会社，年金基金，投資信託）とで明確に期間選好が分かれている．前者は短期志向であり，後者（特に保険会社と年金基金）は中長期志向である．これは，銀行の負債の中心が預金という短期性資金であるのに対して，保険会社や年金基金の主たる負債は長期性資金に依存しているためであろう．

　一方，個人・信託，その他居住者（非金融事業法人等），非居住者および公的部門（一般政府，公的企業，中央銀行〈98年3月末以前〉）は短中期志向である．個人・信託と公的部門はそもそも市場性国債より非市場性債務の保有が多い．さらに，個人の場合には長期性負債が少ないため，また非居住者の場合は金利変動リスクに加え，為替変動リスクも負うため短中期を選好するのであろう．

　上述した各投資家の期間選好の特徴は90年代のイギリスにおけるものであり，アメリカや日本の投資家にも完全に当てはまるとは言えない．しかし，銀行や保険会社，年金基金の負債構成および業務特性はイギリスと日米とで大きく異なるとは考えられないこと，また通貨の異なる非居住者による投資には基本的に為替リスクが伴うことなどから，米国債や日本国債に対する各投資家の期間選好が英国債に対するそれとまったく異なることはないであろう．そこで，以下ではこの英国債に対する投資家別期間選好を参考にしつつ，他の資料で補足しながら3カ国の保有構造を分析していこう．

3-2-1　イギリス

　表3-4は90年代から06年9月末までの市場性国債の保有構造を示している．まず大きな特徴として，保険会社と年金基金を中心とした機関投資家の

---

24)　ここでは概略だけ述べる．投資家ごとの詳しい分析は須藤［2003］（第7章）を参照されたい．

表 3-4 市場性国債の保有構造（イギリス）

(単位：億ポンド，%)

保有者	1990年3月末 保有額	構成比	1995年3月末 保有額	構成比	1999年3月末 保有額	構成比	2006年9月末 保有額	構成比
銀　行	81	5.9	223	9.2	112	3.7	79	1.6
住宅金融組合	48	3.5	53	2.2	7	0.2	8	0.2
機関投資家	579	42.4	1,328	55.0	1,830	60.8	2,725	55.0
保険会社	349	25.6	827	34.3	1,027	34.1	1,393	28.1
年金基金	224	16.4	467	19.3	760	25.2	1,029	20.8
地方公共団体	24	1.8	—	—	—	—	—	—
その他公的部門	47	3.5	—	—	—	—	—	—
民間部門	153	11.2	—	—	—	—	—	—
投資信託	5	0.4	33	1.4	43	1.4	304	6.1
インベストメント・トラスト	1	0.1	21	0.9	—	—	—	—
ユニット・トラスト	4	0.3	12	0.5	—	—	—	—
個人・信託	117	8.6	107	4.4	253	8.4	302	6.1
非金融事業法人	17	1.2	20	0.8	9	0.3	226	4.6
その他居住者	146	10.7	228	9.5	93	3.1		
公的トラスト・非法人団体	7	0.5	3	0.1	—	—	—	—
その他	139	10.2	225	9.3	93	3.1	—	—
公的部門	200	14.6	101	4.2	141	4.7	368	7.4
中央政府・中央銀行	196	14.3	92	3.8	109	3.6	356	7.2
地方公共団体	2	0.1	1	0.1	2	0.1	6	0.1
公的企業	3	0.2	7	0.3	30	1.0	6	0.1
非居住者	179	13.1	355	14.7	566	18.8	1,250	25.2
国際機関	8	0.6	10	0.4	5	0.2	—	—
中央銀行	81	5.9	130	5.4	163	5.4	—	—
その他非居住者	90	6.6	214	8.9	398	13.2	—	—
合　計	1,366	100.0	2,415	100.0	3,010	100.0	4,958	100.0

注：1）自国通貨建て．99年3月末までは額面ベース，06年9月末は時価ベース．
　　2）中央銀行は98年3月末まで公的部門に含まれていたが，99年3月末から銀行部門に変更された．したがって，99年3月末以降の銀行部門は中央銀行を含む．
　　3）06年9月末の数値はDMO，ONSの資料からの推計値．ノンバンク，証券ディーラーなどのその他金融機関は非金融事業法人とその他居住者（合計）の分類に含まれる．
　　4）四捨五入のため小計または合計の数値が合致しない場合がある．この点につき，以下同じ．
出所：BOE, *Quarterly Bulletin*, DMO, *Quarterly Review*, ONS, *Financial Statistics* から作成．

保有比率が圧倒的に大きく，90年代後半以降50%以上を占めている．前述したように，イギリスの機関投資家の期間選好は中長期が中心である．

一方，短期選好が強い銀行，住宅金融組合の保有比率は低下傾向にあるものの，同様の選好を持つ非居住者の比率は90年代後半から上昇テンポが上がり，06年9月末には25%を超えている．なお，地方公共団体と公的企業を含めた公的部門の比率は90年代後半から上昇基調にあるものの，その水準が後述するアメリカや日本に比べてきわめて低いことは特徴的である．

前項において，イギリスにおける発行政策の特徴として，長期債をベースにしていることを指摘したが，これは国債の中心的投資家がほぼ一貫して保険会社，年金基金といった中長期の期間選好を持つ投資家であることと正に整合している．つまり，イギリスの発行政策を決める主因は需要構造にあると言える．

3-2-2 アメリカ

表3-5は90年代から06年度末までの市場性国債の保有構造を示したものである．イギリスおよび後述する日本の保有構造に比べ，アメリカは投資家の保有比率が大きく変化していることに特徴がある．変化が最も顕著な投資家は非居住者であり，90年度末の20.2%から06年度末には49.9%まで上昇した．また，政府・中央銀行の保有比率も2000年代に入って上昇しているが，地方公共団体を含めた公的部門で見ると大きな変化はない[25]．

一方，民間金融機関の保有比率は低下している．預金機関（銀行等）は90年代半ばまで10%超の保有比率であったが，その後低下に転じ06年度

---

25) 地方公共団体が運営している年金基金は機関投資家に含まれ，また公的企業はその他に含まれるため，公的部門の範囲がイギリス，日本と異なる．前者については国債の保有目的があくまで運用であることから公的部門に再分類していないが，前者を公的部門に含めた場合，その保有額は06年度末で1兆500億ドル，構成比24.5%となる．また，後者については公的企業の保有比率を推計するためのデータがなく，しかもその額は大きくないと推測されるため，原統計どおり「その他」部門に含めたままとした．

表 3-5 市場性国債の保有構造（アメリカ） (単位：10億ドル，%)

保有者	1990年9月末		1995年9月末		2000年9月末		2006年9月末	
	保有額	構成比	保有額	構成比	保有額	構成比	保有額	構成比
預金機関	214.8	10.2	330.8	10.1	220.5	7.3	113.9	2.7
機関投資家	556.9	26.4	805.4	24.5	647.2	21.3	645.9	15.1
保険会社	136.4	6.5	245.2	7.5	113.7	3.7	165.2	3.9
年金基金	272.9	12.9	348.6	10.6	325.7	10.7	243.0	5.7
民間	126.5	6.0	142.3	4.3	147.9	4.9	191.2	4.5
地方公共団体	146.4	6.9	206.3	6.3	177.8	5.9	51.8	1.2
投資信託	147.6	7.0	211.6	6.4	207.8	6.8	237.7	5.5
その他	421.4	19.9	806.3	24.6	479.9	15.8	388.9	9.1
公的部門	492.0	23.3	559.7	17.1	658.1	21.7	998.2	23.3
政府・中央銀行	246.0	11.6	368.7	11.2	502.7	16.5	769.0	18.0
地方公共団体	246.1	11.6	190.9	5.8	155.4	5.1	229.2	5.3
非居住者	427.8	20.2	779.5	23.8	1,032.5	34.0	2,137.0	49.9
合計	2,112.8	100.0	3,281.6	100.0	3,038.2	100.0	4,283.9	100.0

注：1) 自国通貨建て．額面ベース．
　　2) 市場性国債の保有のみをデータから推計．
　　3) その他には家計，公的企業，ブローカー・ディーラー，事業会社（法人格の有無を問わない）などを含む．
出所：US Treasury, *Treasury Bulletin*, Federal Reserve Board (FRB), *Statistical Supplement to the Federal Reserve Bulletin* から推計．

末には 2.7% まで下落した．また，年金基金（地方公共団体が運営するものを含む），保険会社，投資信託を合わせた機関投資家の保有比率も同様の傾向を辿っており，90年代前半には 25% 前後を維持していたが，06年度末には 15.1% となった．

以上の分析に基づくと，アメリカにおける発行政策のポイントとなる投資家は非居住者である．しかしながら，非居住者による米国債の残存期間別保有残高のデータは公表されていない．そこで補助的なデータからそれを推測してみよう．

最も参考になる補助データは表 3-3 に示した英国債に対する非居住者の期間選好であり，前述したように非居住者は短中期を選好することが示されている．

第 2 の補助データとして，米国債の主要な保有国の 1 つである日本の金融

第3章 国債発行政策の日米英比較

表3-6 日本の金融機関が保有する外国債券（証券）の残存期間別保有構成比

(単位：%)

【公的金融機関（郵便貯金・簡易保険）】

年度末		1年以下	1～3年	3～5年	5～7年	7～10年	10年超
1997		6.9	18.4	18.0	18.6	28.7	9.4
	郵便貯金	3.4	15.4	14.2	21.0	41.2	4.8
	簡易保険	10.1	21.0	21.3	16.5	17.6	13.5
2000		9.8	18.1	11.2	19.5	35.8	5.6
	郵便貯金	9.0	15.1	14.9	20.9	38.1	2.0
	簡易保険	10.9	22.0	6.3	17.8	32.7	10.3
2005		14.4	21.8	27.0	17.9	15.5	3.4
	郵便貯金	14.9	27.3	26.7	21.2	9.9	0.0
	簡易保険	13.5	12.4	27.7	12.2	25.1	9.1

注：残存期間でX～Y年は，「X年超Y年以下」を表す（以下，この表記に関してはすべて同じ）．
出所：日本郵政公社，『郵便貯金』，『簡易保険』から作成．

【銀行（長期信用銀行・都市銀行・信託銀行）】

年度末	1年以下	1～5年	5～10年	10年超
1997	24.7	35.0	20.0	20.3
2000	9.3	49.1	25.7	16.0
2005	10.5	34.3	21.3	34.4

注：1) 97年度と2000年度は単独ベース，05年度は連結ベース．ただし，2000年度の日本興業銀行と中央三井信託銀行は連結ベース．
2) 対象証券は，97年度と2000年度が外国債券，05年度がその他有価証券．ただし，2000年度の日本興業銀行はその他有価証券の数値．また，05年度の三菱UFJフィナンシャルグループ，あおぞら銀行および住友信託銀行は外国債券の数値．
3) 集計の対象とした銀行は本章末の付表3-2を参照．
出所：各行の有価証券報告書，アニュアル・レポートから作成．

【保険会社（生命保険・損害保険）】

年度末		1年以下	1～5年	5～10年	10年超
1997		5.9	46.6	38.4	9.1
2000		7.4	44.0	34.3	14.3
	生命保険	6.0	41.2	36.7	16.1
	損害保険	13.7	55.6	23.8	6.9
2005		6.2	43.5	26.1	24.2
	生命保険	5.6	42.0	26.2	26.2
	損害保険	10.1	53.3	25.1	11.4

注：1) 生命保険は一般勘定ベース，損害保険は単独ベース（トーア再保険のみ連結ベース）．
2) 対象証券は，生命保険が外国証券（公社債のみ），損害保険が外国証券．
3) 97年度は生命保険のみ．
4) 集計の対象とした保険会社は付表3-2を参照．
出所：各社アニュアル・レポートから作成．

機関の外国債券(証券)に関する運用を調べてみよう.表3-6は,公的金融機関(郵便貯金・簡易保険),銀行(長期信用銀行・都市銀行・信託銀行)および保険会社(生命保険・損害保険)の外国債券(損保は外国証券)の残存期間別保有構成比の推移を示したものである.ここで,表の数値は外国債券(または証券)に関するものであり,米国債以外の債券(損保の場合は株式)も含むが,米国債が中心であろう.この数値から,各金融機関の残存期間別保有比率を10年以下と10年超に分けると次のようになる.

	10年以下	10年超
郵貯・簡保	90.6 (97)〜96.6 (05)	3.4〜9.4
銀　　行	65.6 (05)〜84.0 (2000)	16.0〜34.4
保 険 会 社	75.8 (05)〜90.9 (97)	9.1〜24.2

注:単位は%. ( )内の数値は当該保有比率の年度を表す.

この表から,少なくとも90年代後半以降で見る限り,日本の金融機関による外国債券(証券)の運用は短期および中期が中心であると言えよう.

以上,2つの補助データから,米国債の主要な投資家となっていった非居住者の投資スタンスは短中期が中心と推測され,このことはアメリカの発行政策が短・中期債,特に短期債の発行に重点を置いているということと矛盾しない.では,アメリカの発行政策はイギリスと同様に需要要因から形成されたのであろうか.

イギリスの場合,その保有構造は安定しているのに対して,アメリカのそれはかなり変動している.非居住者の保有比率も90年代前半には20%強で安定していたが,90年代後半から急上昇した.一方,機関投資家の保有比率は90年代前半の25%前後から,90年代後半以降低下しているが,米国生命保険会社の期間選好は表3-7に示すように決して短期ではなく,イギリスの場合と同様に中長期である.こうした保有構造の変化に対して,アメリカの発行政策は90年代から2000年代を通じてほぼ一貫して短期債が中心である.このことは,非居住者による米国債への投資が活発化したから短期債中心の発行政策を採ったというより,米財務省の発行政策が短期債志向であ

表 3-7　米国生命保険会社が保有する債券の残存期間別構成比

(単位：%)

年　末	1年以下	1～5年	5～10年	10～20年	20年超
【公共債】					
1993	5.5	19.6	21.4	21.5	32.0
1995	5.9	23.9	27.8	21.4	21.0
2000	8.8	23.6	22.6	23.0	22.0
2005	8.2	21.8	24.7	24.8	20.5
【民間債】					
1993	8.6	24.6	32.4	17.2	17.2
1995	9.0	28.1	34.0	15.4	13.5
2000	10.2	29.2	30.5	13.3	16.8
2005	9.0	27.4	35.9	11.0	16.7
【合　計】					
1993	7.6	23.0	28.7	18.6	22.1
1995	8.1	26.8	32.0	17.3	15.8
2000	9.9	27.9	28.9	15.4	17.9
2005	8.8	26.1	33.3	14.1	17.6

出所：倉脇［2005］の表3（83頁），American Council of Life Insurers, *Fact Book* から作成．

ったために機関投資家を中心に期間選好のミスマッチが生じる一方で，短中期を選好する非居住者の需要を促したことを示していよう．実際，表3-7で米国生保が保有する債券のうち残存期間20年超の構成比を公共債と民間債で比べると，公共債は93年末から05年末にかけて32.0%から20.5%へ低下しているのに対して，民間債は同期間に17.2%から16.7%と大きく変化していない．これは米生保の期間選好が変化したのではなく，長期国債の供給が少ないため，長期民間債等で補っていることを示している[26]．

---

26)　武田［2003］はアメリカの国債市場と民間債市場との関係について次のように分析している．90年代後半の国債発行減少は国債市場の流動性を低下させるとともに，特に90年代末から2000年代初めにかけては，国債市場の縮小（ないしは消滅）観測が強まる中で，米国債の代替資産としてモーゲージ担保証券（MBS）や社債等への投資シフト，さらにはそれによる各市場の拡大をもたらした．また，武田は，01年度以降に国債発行が増加したにもかかわらずBid-Askスプレッドでみた国債（特に利付国債）市場の流動性は一段と低下した可能性を指摘しているが，これは発行された国債の多くが非居住者によって保有（需要）

米財務省がこのような短期債に偏った発行政策を採る理由として，順イールド・カーブの下では短期債を発行する方が長期債を発行するより金利（利払い）コストを削減できることがある（Sill [1994]）．さらに，特に財政が悪化している時期には長期債の発行を抑えることによって長期金利の上昇を抑制する意図もあったと推測される[27]．

3-2-3　日　本

表3-8は90年代以降の日本における国債の保有構造を示したものである．06年9月末の数値は財投債を含んでいるが，非市場性の個人向け国債を含まない．

日本の特徴は次のように整理することができる．まず，英米両国に比べて顕著な特徴は公的部門の保有比率が極めて高いことであり，2000年代には50％以上を占めている[28]．なかでも，郵便貯金，簡易保険，財政融資資金（旧資金運用部）などの公的金融機関は35％前後を占め，最大の国債保有者である．また，「中央政府等」の部門も2000年代に入って保有比率を急速に高めている．同部門で最大の保有機関は中央銀行（日本銀行）であるが，2000年代に入ってから社会保障基金による保有の増加ペースが著しい．

こうした公的部門の趨勢とは逆に，民間金融部門の保有比率は伸び悩んでいる．保険会社，年金基金，（投資）信託を合わせた機関投資家の保有比率は15％前後で変動しているものの，民間で最大の国債投資家である銀行等の保有比率は，一般のイメージとは逆に90年代半ば以降20％前後で安定的に推移している．この結果，銀行等と機関投資家を合わせた保有比率の推移

　　　されたことも一因となっていよう．なお，MBSには政府支援機関（GSE）の発行・保証するものの存在が大きいため，本章では「民間債等」と表記する．
27)　武田[2003]は，市場による財政収支の悪化予想が長期金利を有意に上昇させることをアメリカのデータで示した．
28)　厳密には，市場性国債の保有構造から見た場合に，日本の公的部門の保有比率は英米のそれに対して極めて高いということになる．しかし，英米では社会保障関連基金などの政府部門向けに非市場性国債を発行するなど，政府債務に占める非市場性国債のウエイトが日本より高い．この点については第7章で詳述する．

表 3-8 市場性国債の保有構造（日本）

(単位：億円, %)

保有者	1990年3月末 保有額	構成比	1995年3月末 保有額	構成比	2000年3月末 保有額	構成比	2006年9月末 保有額	構成比
公的部門	688,816	42.2	922,747	44.1	1,906,786	51.3	3,684,038	56.3
中央政府等	80,847	5.0	176,185	8.4	529,090	14.2	1,409,093	21.5
中央政府	13,120	0.8	9,800	0.5	3,514	0.1	47,559	0.7
社会保障基金	—	—	—	—	104,758	2.8	591,234	9.0
中央銀行	67,727	4.2	166,385	7.9	420,818	11.3	770,300	11.8
地方公共団体・公的非金融法人	1,028	0.1	571	0.0	2,175	0.1	14,870	0.2
公的金融機関	606,941	37.2	745,991	35.6	1,375,521	37.0	2,260,075	34.5
郵便貯金	}45,720	}2.8	}174,798	}8.3	281,095	7.6	1,336,929	20.4
簡易保険					261,374	7.0	597,575	9.1
財政融資資金（旧資金運用部）	555,961	34.1	566,077	27.0	798,979	21.5	315,309	4.8
政府系金融機関	5,260	0.3	5,116	0.2	34,073	0.9	10,262	0.2
銀行等	504,356	30.9	456,226	21.8	680,985	18.3	1,219,320	18.6
機関投資家	205,420	12.6	445,846	21.3	587,273	15.8	921,265	14.1
保険会社	58,935	3.6	225,152	10.8	347,488	9.4	604,840	9.2
年金基金	—	—	—	—	144,866	3.9	241,255	3.7
投資信託以外の信託	101,975	6.3	181,070	8.6	—	—	—	—
投資信託	44,510	2.7	39,624	1.9	94,919	2.6	75,170	1.1
その他民間金融機関	11,803	0.7	71,545	3.4	132,656	3.6	159,090	2.4
家計・対家計民間非営利団体	122,888	7.5	42,330	2.0	188,432	5.1	207,197	3.2
民間非金融法人	}97,697	}6.0	}154,949	}7.4	2,347	0.1	8,812	0.1
非居住者					216,872	5.8	344,465	5.3
合計	1,630,980	100.0	2,093,643	100.0	3,715,351	100.0	6,544,187	100.0

注：1) 自国通貨建て．時価ベース．
　　2) 承継国債を含む．さらに，06年9月末の数値は財投債を含むが，個人向け国債は含まない．
　　3) その他民間金融機関の内訳は，合同運用信託，ノンバンク，ディーラー・ブローカー，単独運用信託，非仲介型金融機関である．
出所：日本銀行，『経済統計月報』および同行のHPに掲載されているデータ（資金循環表），日本証券業協会のHPに掲載されているデータから作成．

は43.5％（90年3月末）→43.1％（95年3月末）→34.1％（2000年3月末）→32.7％（06年9月末）となり，公的部門のそれが42.3％→44.0％→51.3％→56.3％と推移していることから，2000年代に入ってからの前者の保有比率低下を後者がカバーしている格好である．

　ここで補足データとして日本の公的金融機関（財融資金・郵貯・簡保），銀行（前出），保険会社（前出）による日本国債の残存期間別保有構造を見てみると，公的金融機関と民間金融機関とでは顕著な相違が見られる（表3-9）．まず公的金融機関は，97年度末から05年度末にかけて，残存期間が1〜5年のゾーンの保有比率が急上昇（26.7％→38.6％）した半面，5年超のゾーンが急速に低下（48.1％→30.6％）している．特に10年超のゾーンは元々保有比率が低かったが，さらに低下して2000年度末以降は2.5％を下回っている．

　一方，97年度末から05年度末にかけて，銀行は5年以下のゾーンで保有比率が上昇（46.0％→78.8％）しているが，10年超のゾーンも上昇（0.1％→10.3％）している．また，保険会社においては5年以下のゾーンは保有比率が大きく変わらない（37.0％→32.1％）反面，10年超のゾーンでの上昇（11.3％→34.9％）が顕著である．つまり，公的金融機関は90年代後半から期間選好を基調的に短期化しているが，民間金融機関は長期債への選好も強めているのである．

　これまでの説明から，日本における保有構造は次のようにまとめることができる．第1に，公的部門の保有比率は以前から高かったが2000年代に入り一段と高まり，反面，機関投資家を中心に民間金融機関のそれは低下した．第2に，90年代後半以降，公的金融機関の期間選好は基調として短期化しているが，民間金融機関は長期債への選好も強めている．

　こうした保有構造の変化は発行政策とどのように関係しているのだろうか．発行政策は99年度以降急速に短期化の傾向を強めた．その背景には，前述したように短期ゾーンでのベンチマーク債（2年，5年）の確立を意図したこともあろうが，他にも国債発行が急増したために民間部門で消化しきれず，

表 3-9 日本の金融機関が保有する日本国債の残存期間別保有構成比

(単位：%)

【公的金融機関（財政融資資金・郵便貯金・簡易保険）】

年度末		1 年以下	1～3 年	3～5 年	5～7 年	7～10 年	10 年超
1995		37.2	14.5	11.6	13.4	19.2	4.1
1997		25.2	12.9	13.8	13.8	31.5	2.8
	財融資金	31.3	12.7	14.4	12.9	27.5	1.3
	郵貯・簡保	4.4	13.7	12.1	17.0	45.0	8.0
2000		15.6	18.5	16.6	21.9	25.3	2.1
	財融資金	21.6	20.6	16.6	22.4	17.5	1.2
	郵貯・簡保	5.0	14.8	16.5	21.0	39.1	3.7
2005		30.8	26.8	11.8	9.9	18.4	2.4
	財融資金	54.4	36.5	0.9	0.0	6.9	1.3
	郵貯・簡保	20.9	22.8	16.4	14.0	23.1	2.8

注：1) 95 年度末は財政融資資金（旧資金運用部）のみの構成比．
　　2) 郵便貯金資金および簡易保険資金は日本国債のみが対象だが，財政融資資金は有価証券全体の残存期間別構成比．
出所：財務省，『財政投融資リポート』，日本郵政公社，『郵便貯金』，『簡易保険』から作成．

【銀行（長期信用銀行・都市銀行・信託銀行）】

年度末	1 年以下	1～5 年	5～10 年	10 年超
1997	18.2	27.8	53.9	0.1
2000	50.6	27.3	20.8	1.3
2005	45.7	33.1	10.9	10.3

注：1) 97 年度と 2000 年度は単独ベース，2005 年度は連結ベース．ただし，2000 年度の日本興業銀行と中央三井信託銀行は連結ベース．
　　2) 対象証券はすべての銀行で日本国債．
　　3) 集計の対象とした銀行は本章末の付表 3-2 を参照．
出所：各行の有価証券報告書，アニュアル・レポートから作成．

【保険会社（生命保険・損害保険）】

年度末		1 年以下	1～5 年	5～10 年	10 年超
1997		6.4	30.6	51.8	11.3
2000		18.8	31.1	38.3	11.7
	生命保険	19.1	30.6	39.3	10.9
	損害保険	13.8	39.8	21.8	24.6
2005		8.9	23.2	33.1	34.9
	生命保険	7.3	23.0	34.3	35.4
	損害保険	21.8	25.2	22.9	30.1

注：1) 生命保険は一般勘定ベース，損害保険は単独ベース（トーア再保険のみ連結ベース）．
　　2) 対象証券は，97・2000 年度末に関して，あいおい損害保険と安田ライフ損害保険が公社債（国内）だが，その他の保険会社および 05 年度末はすべて日本国債．
　　3) 97 年度は生命保険のみ．
　　4) 集計の対象とした保険会社は本章末の付表 3-2 を参照．
出所：各社アニュアル・レポートから作成．

発行の平均年限を短期化することによって公的金融機関に消化させ満期までの保有を促す目的や,アメリカと同様に長期債の発行を抑制して長期金利の上昇を抑える目的もあったと推測される[29].

以上,国債の保有構造を国別に考察してきたが,最後に保有構造と発行政策との関係を整理しておこう.まず,イギリスでは機関投資家,特に保険会社,年金基金といった長期運用を志向する投資家の保有比率が高い.また,アメリカと日本では各々非居住者,公的金融機関(および銀行等)といった,運用スタンスが短中期の投資家の保有比率が高い.一方,各国の発行政策は,イギリスが短・中・長期債のバランス発行を基本としながらも長期債の発行に重点を置いているのに対し,アメリカと日本では短期債の発行に重点が置かれているまたは重点が移されてきている.したがって,各国の発行政策は概して保有構造と整合的である.

しかしながら,保有構造と発行政策との因果関係は必ずしも3カ国で同じではない.イギリスでは保有構造が90年代以降で見る限り安定的であり,したがって発行政策は需要に主導されていると推測される.一方,アメリカと日本の場合,保有構造は90年代後半からまたは2000年代に入って変化してきている.これは,前述したように,アメリカでは利払いコスト抑制と長期金利の上昇抑制,日本では大量発行された国債の消化と長期金利の上昇抑制というように目的は異なるものの,各国の目的に応じた発行政策に促されて保有構造が変化したものと推測される.日米の発行政策が短期債に偏向した結果,両国とも民間金融機関による国債の保有比率は低下したが,アメリカではモーゲージ担保証券(MBS)や社債といった(長期)民間債等が長期国債の代替資産として機能している一方,日本にはまだそのような市場が

[29) 日本銀行による保有額の増加は金融政策の遂行に伴うものである.したがって,発行年限の短期化と日本銀行の保有額増加との因果関係は明確ではない.しかしながら,一般論として,中央銀行による金融政策は,国債流通市場を変化させることを通じて財政当局の発行政策を含む国債管理政策に影響を与えると考えられる.この金融政策と国債管理政策との関係は今後の重要な研究課題である.

育っていない．このような点も含めて，日本の発行政策の問題点は次節で整理する．

4 結 論

本章では，流通市場との関連を意識しながら，国債の発行政策を国際比較の観点から考察してきた．発行政策を発行制度と狭義の発行政策とに分けて分析した結果，次のような特徴が見出された．

① 01年当時，日本は発行市場の枠組み，商品性いずれの面からも英米に劣っていたが，その後改革を積み重ねた結果，今日では両国にほとんど遜色のない発行制度を備えている．

② 発行政策は，イギリスが短・中・長期債のバランス発行を基本としながらも長期債の発行に重点を置いているのに対して，アメリカと日本では短期債の発行に重点が置かれているまたは重点が移されてきている．ただし，3カ国とも国債発行額の増加時期には短期債の発行比率が上昇するという特徴が見られる．

③ 国債の主要な投資家は，イギリス，アメリカ，日本で各々機関投資家（特に保険会社と年金基金），非居住者，公的金融機関（および銀行等）となっており，各国ともその保有構造は発行政策と整合している．しかし，両者の因果関係は必ずしも同じではなく，イギリスの発行政策は需要に主導されているのに対して，日米では発行政策に促されて保有構造が変化したものと推測される．

上記の特徴③から派生する重要な問題は，イギリス型の需要主導による発行政策と，日米型の供給主導による発行政策のいずれが望ましいのかということである．もちろん，国や時代によって国債の発行環境が異なるため，一方的に優劣をつけることはできない．その発行政策が流通市場を攪乱しなければ，望ましい政策となろう．各国におけるこの論点の検証は次章に譲るとして，以下では需要主導または供給主導の発行政策を採る背景について考察

してみよう．

Goudswaard [1990] は，先行研究に基づき，国債管理政策の目的とその目的に応じた望ましい発行政策を以下のように分類・整理している．

①金利（利払い）コストの抑制

金利コストの抑制は国債管理政策の最も典型的な目的であり，いずれの国・時代でも通常は優先順位の高い目的として掲げられる．この目的に対応する発行政策は，静的状況では，イールド・カーブで金利が相対的に低い期間（年限）の国債を発行することである．つまり，順イールドでは発行の平均満期を短期化することが望ましい[30]．

しかし，現実にはイールド・カーブは変動しており，そのような動的状況では，相対的に高金利の時期（イールド・カーブ全体の水準が高く将来的に金利低下が予想される時期）には発行の平均満期を短期化し，相対的に低金利の時期（イールド・カーブ全体の水準が低く将来的に金利上昇が予想される時期）にはそれを長期化することが最適な発行政策となる．

②経済の安定化

国債管理政策が経済の安定化に寄与するか否かは第2次大戦後の国債管理政策に関する研究の主要テーマであり，Tobin [1963] がこの問題に関して精緻な理論的枠組みを提示した[31]．この目的は，年限や性質の異なる国債が完全に代替的ではないとき，発行政策は金利に重大な影響を与えることから，国債管理政策は金利変動を通じて総需要（水準およびその構成）に影響を与えることによって金融・財政政策をサポートするという考え方に基づいている．

理論的には，経済の安定化のために次のような発行政策が採られる．満期

---

30) 厳密には，イールド・カーブ全体にわたって限界的な資金調達コストが等しくなるように発行年限を構成する必要がある．

31) 国債管理政策または発行政策が経済の安定化に寄与するかについては，理論的にも実証的にも意見が分かれている．極端な対立理論としては，ある条件の下では国債の発行自体が経済（活動）に影響を与えないという公債の中立命題（Barro [1974]）がある．この命題については第1章を参照されたい．

構成の短期化は相対的に短期金利を上昇させる一方で長期金利を低下させることによって、貨幣需要の減少と同時に民間借入と実物投資の増加を促す。同様の論理から、満期構成の長期化は引締め効果を持つ。

③中立性（国債発行が金融市場に与える影響の最小化）

中立性の目的は、国債発行は金融市場を攪乱すべきではなく、また国債管理政策以外の経済政策、特に金融政策の効果を妨げるべきではないことを含意している[32]。したがって、この目的下での発行政策は市場の状況、つまり投資家の選好に適合しながら遂行することとなる。本章の冒頭で述べた、国債管理政策の目的を達成するためには国債発行が流通市場を攪乱しないことが必要であるという考え方は、中立性を目的とした発行政策と整合的である。

Goudswaardが分類・整理した国債管理政策の目的はいずれも実際の政策運営において配慮されているものであるが、どの目的を優先するかは各国の経済・財政事情や政策目標に応じて異なってこよう。そこで、各々の目的とそれに対応する発行政策を各国の発行政策と対比させると、アメリカは「経済の安定化」目的、イギリスは「中立性」目的を重視した発行政策を採っていることは明らかである。日本の場合、前述したように、国債の消化促進と長期金利の上昇抑制から短期債の発行比率を上昇させていると推測され、この点から判断すると「経済の安定化」目的を重視した発行政策を採っていることになる。しかし、今後国債の大量発行が長期化する可能性のある日本では、金利コストの抑制を国債管理政策の最優先目的とすべきであり、そのためには以下に説明する理由から、「中立性」を目的とした発行政策に転換して長期債発行の比率を現在より上昇させるべきである[33]。

機関投資家の代表として保険会社の残存期間別国債運用を3カ国で比較す

---

[32] 補完的な目標として、政府による債務構成の操作が資本市場に与える影響の最小化、秩序ある市場の維持、償還の平準化、市場の選好への適応、民間借入のクラウド・アウトの防止がある。

[33] Goudswaard [1990] (p. 38) は、「経済の安定化」目的に基づく発行政策は他の目的と相反するが、「中立性」目的に基づく発行政策は市場（投資家）の選好に適合して遂行されるとき「金利コストの抑制」目的を補完し得ると述べている。

ると（表3-3, 3-7, 3-9），日本の保険会社は英米のそれに比べて残存期間10年超のゾーンにおける保有比率がかなり低い（郵貯に比べて長期債志向と考えられる簡保による運用も長期の比率が低い）．これは，日本の発行政策が長い間10年固定利付債に偏っていたため，残存期間が10年を超えるゾーンでの運用比率を上げることができなかったためと推測される．しかし，前述したように，発行政策が短期化する一方で，日本の民間金融機関による長期債への選好は決して弱まってはいない．

このことは，アメリカのように長期民間債等の市場が確立されていない日本において，長期債の供給が過少であることを示している．さらに今後の人口高齢化の進展を考えると，生命保険や年金基金が長期債への選好を強めることも予想される[34]．こうした要因を考慮すると，日本も需要主導型の発行政策に転換して長期国債の発行比率を引き上げることによって，国債流通市場の効率性を向上させることができよう．

また，イールド・カーブの形状からも同様の発行政策が示唆される．日本の金利は99年以来歴史的な低水準で推移しており，イールド・カーブ全体の水準は低い．したがって，イールド・カーブの動的状況における最適発行政策からすると長期債の発行比率を引き上げることによって長期的な観点から金利コストの抑制を図ることができるであろう[35]．

これは，本章の冒頭で説明した国債管理政策の目的（コスト最小化とリスク抑制）を達成するためには，発行政策は流通市場を攪乱しないことが必要であるという考え方を含意している．

34) 実際，フランスとイギリスでは人口高齢化に伴って生命保険，年金基金による長期債への需要が高まったことから，50年固定利付債が各々05年2月，5月に発行されている．また，同様の理由から，日本でも40年固定利付債を07年度下期に導入することが検討されている．

35) 03年ごろまでアメリカのイールド・カーブも同じ状況であったが，アメリカでは長期民間債等の市場が確立し拡大していることから，必ずしも長期債全体の供給が不足しているとは言えない．その場合，長期国債の発行増加が長期債全体の供給超過，つまり長期金利の上昇につながる可能性もあり，また，現実にアメリカの財政当局もこれを懸念して長期国債の発行を抑制しているのであろう．

付表 3-1　各国発行市場の枠組み

	日　本	アメリカ	イギリス
【発行方法】			
発行方法	・入札のみ ―中期債（2・5年）および長期債（10年）については、価格競争入札のほかに非価格競争入札がある。 ―04年10月から段階的にプライマリー・ディーラー（国債市場特別参加者）制度を導入。プライマリー・ディーラー向けの第Ⅰ・Ⅱ非価格競争入札を実施。 ＊第Ⅰ非価格競争入札：毎回の入札で競争入札と並行して行われる非価格競争入札。ただし、30年債、10年物価連動債は対象外。また、2・5・10年債で従来から実施している非競争入札は別途継続する。 第Ⅱ非価格競争入札：毎回の入札で、競争入札および非価格競争入札の結果発表後（入札当日）に追加的に実施される入札。ただし、TB、FB は対象外。	・入札のみ ―60年よりプライマリー・ディーラー制度を導入。 ―プライマリー・ディーラー、機関投資家（個人等）向けの競争入札と一般投資家（個人等）向けの非競争入札を実施。基本的には、競争・非競争入札への参加資格は限定されていないが、両者に同時に参加することはできない。ただし、同時参加を検討中（06年8月2日時点）。	・ほとんど入札のみ ―86年よりプライマリー・ディーラー（ギルト債マーケット・メーカー）制度を導入。 ―プライマリー・ディーラーのみ参加する競争入札のほか、投資グループのメンバーとしてDMOの承認を受けた投資家（DMO's Approved Group of Investors）も参加できる非競争入札がある。 ―90年代前半まではタップ方式の発行比率が高かったが（普通ギルト債発行の56.5%〈92年度〉、26.6%〈93年度〉、19.0%〈94年度〉がタップ発行）、96年4月から普通ギルト債の発行は原則入札発行に切り替え。98年11月より入札方式に移行。 ―タップ方式による発行は、特定銘柄または特定セクター（残存期間ゾーン）の一時的な需要過熱など例外的な状況において、市場管理手段として利用する必要がある場合に限られている。 ―制度上、シンジケート団方式はあるも、05年9月に50年物価連動債

リオープン/追加発行	・01年3月に導入 ・30年債と10年物価連動債は定例リオープンを導入(07年以降)	・10・30年債、5・10・20年物価連動債は定例リオープンを実施 ・TBについては、26週物の残存期間が13週間以下になったときに銘柄統合することがある(アドホック判断)。 ―近年ではTBを、日時の経過とともに13週物、4週物、4週未満の超短期物として、順次銘柄統合しながら(追加)発行しているようである。	を初めて発行したときにこの方式によって発行した。しかし、その後同方式による発行はない。 ・アドホックにリオープンを実施 ・アドホックに銘柄統合を実施 ―統合条件をDMOが予め決めるコンバージョン方式と、それをオークションによって決める方式(スイッチ・オークション)がある。 ・TBについては入札が基本だが、6カ月物であれば残存期間が3カ月および1カ月になったとき、3カ月物の場合は残存1カ月になったときにタップ方式により追加発行(リオープン)している

【入札参加者】

入札参加者数	・プライマリー・ディーラー25社 ・公募入札については292社	・入札への参加資格に規則上の制限はないが、実際には以下のような様み分けがなされている ―競争入札:プライマリー・ディーラー21社、機関投資家等 ―非競争入札:一般投資家 ・なお、一般投資家も競争入札に参加することはできるが、ディーラー、ブローカーまたは銀行を通じて入札しなければならない。	・競争入札:プライマリー・ディーラー17社 ―07年3月時点で、すべてのプライマリー・ディーラーが物価連動債のプライマリー・ディーラーの資格を有している。しかし、すべてのプライマリー・ディーラーが普通ギルト債のプライマリー・ディーラーになっていたわけではない。 ・非競争入札:プライマリー・ディーラーおよび投資グループのメンバーとしてDMOの承認を受けた投資家 ―プライマリー・ディーラーは電話で入札できるが、承認された投資家は電話

第3章　国債発行政策の日米英比較　　115

	日本	米国	英国
入札参加義務等（プライマリー・ディーラー等）	・以下の応札、落札義務 ―発行予定額の3％以上の応札。 ―発行総額に対してTB・FB合計で0.5％、その他で1％以上の落札（直近2四半期）。	・積極的に入札に参加する必要	・グループの投資家は直接または英大蔵省が指定した登録機関を経由してDMOへ申込書を提出。 ―プライマリー・ディーラーについては電子入札方式に変更すべく、検討中。
プライマリー・ディーラーのマーケットメイク義務	・あり	・流通市場ではなし、NY連銀のオペに応じる義務あり	・規模に応じた応札実績が必要
【入札方式】			
コンベンショナル/ダッチ	・コンベンショナル方式 ―TB、中期債（2・5年）、長期債（10年）、超長期債（20・30年）、15年変動利付債。 ―10年物価連動債はダッチ方式。	・ダッチ方式 ―98年2月以降、すべての入札に採用。	・コンベンショナル方式 ―物価連動債はダッチ方式。
価格入札/利回り入札	・価格入札／利回り入札 ―価格入札が基本だが、物価連動債は利回り入札を実施	・利回り入札	・価格入札
【入札情報の公表】			
発行体と応札者との情報交換の方法、内容、頻度	・発行当局（日銀を含む）が原則四半期に1度、プライマリー・ディーラーで構成される国債市場特別参加者会合を開催し、発行計画その他国債市場の問題について意見交換を実施（04年8月以前は旧国債市場懇談会） ・発行当局が原則四半期に1度主要	・発行当局が四半期に1度プライマリー・ディーラー、投資家等で構成される借入諮問委員会を開催し、発行計画についてヒアリングを実施	・DMOが四半期に1度プライマリー・ディーラーおよび主要な投資家と会合を持ち、発行計画についてヒアリングを実施 ・英大蔵省の経済担当政務次官（Economic Secretary to the Treasury）が年に1度（1月または2月）プライマリー・ディー

入札情報の事前公表			
1) 年限・入札日	・四半期分	・四半期分	・年間分および四半期分
2) 発行額	・入札1週間程度 —WI取引開始（入札日前取引の制度は04年2月に導入）。	・入札1週間前程度 —定例リオープン対象債券は最長で3ヵ月前程度に発行条件が判明する場合がある。 —理論的には発行条件が判明した時点からWI取引が可能だが、実際には（クーポン以外の）発行条件が公表される入札1週間前程度から開始。	・入札が行われる前週の火曜日 —ロンドン証券取引所に上場、WI取引開始。
3) クーポン	・入札当日	・定例リオープン対象債券は発行額公表時、それ以外は入札当日	・発行額公表時
入札締切から公表までの時間	・約45分後	・2分後（±30秒の誤差あり）	・TBは30分以内、TB以外は40分以内が目標 —実際の平均時間はTBで11分前後、ギルト債で20分前後。 —電子入札方式への変更により、5〜10分に短縮することが入札参加者（プライマリー・ディーラー）から要望されている。
【その他】			
個別先の落札または応札の上限	・競争入札の応札上限 —競争入札の発行予定額（入札参加者債およびFB） —各人札の発行予定額（入札参加者に通知した競争入札、非競争入札）	・競争入札の落札上限 —発行総額の35%から、報告済みの入札債券のネット買越し残高（Net Long Position：NLP）を	・落札上限は、普通ギルト債については発行総額の25%、物価連動債については40% —プライマリー・ディーラーの場合

第3章　国債発行政策の日米英比較

・非価格競争入札の応札上限 およびⅠ非価格競争入札のオファー額）を上限とする。 ―各入札参加者につき10億円。 ―信金中央金庫、労働金庫連合会、全国信用協同組合連合会、農林中央金庫にはこの上限を適用しない。 ・落札上限 ―価格競争入札：発行予定額。 ―非価格競争入札：10億円。 ・プライマリー・ディーラーのみ参加する第Ⅰ、Ⅱ非価格競争入札においては、ディーラーごとに基準応札保険を設定（第Ⅰ非価格競争入札保険は発行当局が基準応札保険に基づいて発行当局が基準応札保険に基づいて、第Ⅱ非価格競争入札は応札実績により基準応札係数を決める） ―第Ⅱ非価格競争入札については、当該国債における当該ディーラーの価格競争入札および第Ⅰ非価格競争入札による落札額の合計額が、利回り競争入札による落札額の10％相当額を超えてはならない。	・差し引いた額。 ・競争入札受入れの終了30分前に計算がNLPの額と入札額との合計が報告基準額を超えた場合には、NLPの事前報告のアナウンスメント時に公表されるが、通常は発行総額の35％。 ・非競争入札上限 ―TBについては100万ドル、その他国債については500万ドル。	・には、WI取引によって累積したネット売越し残高が落札上限に考慮される。また、非競争入札分は顧客分の計算に合まれる。 ・非競争入札における割当上限 ―普通ギルト債については、プライマリー・ディーラーは額面総額の10％（個々のディーラーは額面総額の10％を均等に配分）、承認された投資グループのメンバーは50万ポンド（額面ベース）。 ―物価連動債については、プライマリー・ディーラーは額面総額の10％、個々のディーラーの実績に応じては前3回の落札実績グループの投資家は25万ポンド（額面ベース）。

注：1）07年3月末時点。なお、同年4月以降に変更が決定しているものも含む。
　　2）例えば「X年債」のように年限だけ記してあるものは固定利付債を表す。
出所：副島ほか［2003］、花尻ほか［2001］、各国資料から作成。

付表 3-2　表 3-6 および表 3-9 で集計の対象とした日本の民間金融機関

【銀行】	
すべての年度	新生銀行，あおぞら銀行，みずほフィナンシャルグループ（日本興業銀行，第一勧業銀行，富士銀行，安田〈みずほ〉信託銀行），三菱UFJフィナンシャルグループ（三菱東京フィナンシャルグループ〈東京三菱銀行，三菱信託銀行，日本信託銀行〉，UFJホールディングス〈三和銀行，東海銀行，東洋信託銀行〉），三井住友フィナンシャルグループ（住友銀行，さくら銀行），りそなホールディングス（大和銀行，あさひ銀行），三井トラストホールディングス（中央三井信託銀行〈三井信託銀行，中央信託銀行〉），住友信託銀行

【生命保険会社】	
1997年度	朝日生命，住友生命，第一生命，太陽生命，日本生命，明治安田生命（明治生命，安田生命）
2000・2005年度	上記に加え，ソニー生命，大同生命，東京海上日動あんしん生命，富国生命，三井生命，大和生命（やまと生命，あざみ生命）

【損害保険会社】	
2000年度	あいおい損害保険（大東京火災海上，千代田火災海上），スミセイ損害保険，セゾン自動車火災保険，ソニー損害保険，損害保険ジャパン（第一ライフ損害保険，日産火災海上，安田火災海上），東京海上火災保険，日動火災海上保険，日新火災海上保険，ニッセイ同和損害保険（同和火災海上，ニッセイ損害保険），日本興亜損害保険（興亜火災海上，日本火災海上），富士火災海上保険，三井住友海上火災保険（住友海上火災，三井海上火災），明治損害保険，安田ライフ損害保険
2005年度	上記に加え，朝日火災海上保険，共栄火災海上保険，大同火災海上保険，トーア再保険，三井ダイレクト

第4章

国債発行政策と金利の期間構造

1 はじめに

　日本は借換債発行に支えられた国債大量発行の長期化という深刻な問題に直面している．このような状況に対して国債発行政策はどうあるべきかという問題意識から，前章では国債の発行政策を発行制度の整備と狭義の発行政策に分け，日米英3カ国について比較分析した．ここで狭義の発行政策（以下，混乱のない限り「発行政策」と記す）とは，政府が発行する国債の種類およびその年限構成に関する政策と定義する．この国際比較から，各国の発行政策について次のような特徴が見出された．

　　　アメリカ，日本：短期債の発行が中心．発行政策は「経済の安定化」目
　　　　　　　　　　　的を重視し，供給主導型[1]．
　　　イギリス：長期債の発行が中心．発行政策は「中立性」目的を重視し，
　　　　　　　　需要主導型．

　これらの特徴は3カ国の発行政策および保有構造（需要構造）の分析から導かれた推論であり，発行政策と金利の期間構造（イールド・カーブの形状）との関係についての分析が欠けている．つまり，経済の安定化を重視し

---

　1) ここでは，短期債，中期債，長期債を，発行から償還日までの期間が各々1〜7年，7〜15年，15年超と定義している．また，国債管理政策の目的は，Goudswaard [1990] に従い，金利（利払い）コストの抑制，経済の安定化，中立性（国債発行が金融市場に与える影響の最小化）の3つに分類している．

た発行政策であれば，その目的を達成するよう発行政策が期間構造を変化させる，または期間構造に応じて発行政策が決定もしくは影響されるといった形で，発行政策と期間構造との間に何らかの因果関係が存在するはずである．一方，中立性を重視した発行政策であれば，中立性の定義（国債発行が金融市場に与える影響の最小化）から，発行政策と期間構造との間の因果関係はきわめて弱いまたは存在しないことになる[2]．

　本章の目的は，発行政策と期間構造との関係を分析することによって発行政策を再考し，上記推論が妥当であるか否かを検証することである．対象は1997年から2004年にかけてのイギリスとアメリカである．97年以降とした理由は2つある．第1に，イギリスにおいて国債管理政策の目的が明確に意識されたのが，国債管理の枠組みが変更された95年以降であること（HM Treasury and Bank of England [1995]）．第2に，後述するように，本章の分析ではゼロ・クーポン債の実質金利を用いるが，アメリカの当該データが利用できる期間が97年以降のためである．日本に関しては，ゼロ・クーポン債の実質金利の推計値が公表されていないため，分析対象から除いた．

　ここで留意すべきは，期間構造との因果関係が強い発行政策とそれが弱い発行政策のいずれが望ましいかは判断できないということである．政府の意図する経済政策目的が達成できるのであれば，発行政策が期間構造とどのような関係にあってもよいであろう．その意味で，前章で述べたように，国債管理政策の目的がリスクの抑制とコストの最小化であり，それを達成するためには発行政策が流通市場を攪乱すべきではないということであれば，発行政策は期間構造に対して中立的であることが望ましいと言える．

　財政政策と金利との関係を分析した先行研究は，財政赤字と金利（変動）との関係が中心であり，国債管理政策（国債満期構成の変化）と金利（期間

---

[2] イギリスの財政当局は，基本的に国債のイールド・カーブが公正かつ効率的に形成されていると考えている．したがって，翌年度の発行計画を決定する際に，短・中・長期の各ゾーンの需要構造は考慮するが，利回りが低くなっているゾーンで集中的に発行するような政策は採らないとしている（DMO [2004a] pp. 40-41）．

構造）との関係についての先行研究は必ずしも多くない．さらに，それらの結論も，前者における結論と同様にまちまちである．国債管理政策による金利への影響を肯定するものとして，Scott [1965]，Friedman [1977]，Roley [1982, 1983]，Goudswaard [1990]，Taylor [1992]，Chopin et al. [1997]，Park [1999] の研究がある．一方，Okun [1963]，Modigliani and Sutch [1967]，Vries [1979]，Wallace and Warner [1996] は，国債管理政策と金利との間に明確な関係はないとしてその影響を否定している[3]．

これらの先行研究のうち，国債管理政策と金利との関係を包括的に実証分析しているのは Park [1999] である．本研究では，基本的に Park と同様のモデルを用いるが，以下のような変更または改善を施している．なお，それらの点は Park を含め大部分の先行研究で採用されていないものである．

第1に，上述した先行研究は残高ベースでの国債満期構成を国債管理政策の指標としているが，ここでは次の理由から発行ベースでの満期構成を用いる．まず，本研究の主題が発行政策と期間構造との関係の実証分析にあることである．残高ベースの指標は，発行だけでなく，買戻消却などの影響を含んでしまう．第2に，理論的には，金利水準を被説明変数とするモデルであれば残高ベースの満期構成が適当である．しかし，本研究では，後述するように，ゼロ・クーポン債の金利水準の変化または超過保有収益率の変化を被説明変数とするモデルを考えるため，フロー統計である発行ベースの満期構成が適当であろう．第3に，市場金利は国債残高よりリオープンを含む新規発行に対してより敏感に反応すると考えられる．

第2の改善点として，名目金利ではなく実質金利の期間構造を考察対象とする．確かに，財政政策としての国債発行は（期待）インフレ率に影響を与えよう．しかし，繰返しになるが，ここでの主題は発行政策が期間構造をかく乱するのか（または，逆に期間構造の変化が発行政策に影響を与えるの

---

3) 先行研究のほとんどはアメリカを対象としており，アメリカ以外では Taylor [1992] がイギリスを，Vries [1979] と Goudswaard [1990] がオランダを対象としている．

か）であり，（期待）インフレ率と発行政策との関係は考察対象としていない．したがって，この点を明確にするため，分析は名目ベースではなく実質ベースの金利で行う．なお，後述するように，発行政策を表す指標には総発行額に対する短期債，中期債，長期債の各発行比率を用いるため，実質ベースの金利を用いても問題はない．

第3に，本研究では，発行政策→金利（期間構造）の因果関係のみならず，その逆の因果関係も検証する．前述した先行研究のうち，Goudswaard [1990] 以外は国債管理政策が金利にどのような影響を与えたかしか考察していない．しかし，財政赤字と金利との関係を分析した先行研究の中には，Canto and Rapp [1982], Darrat [1989], Miller and Russek [1991] のように，アメリカを対象に財政赤字→金利，金利→財政赤字の双方向の因果関係を分析した研究がある[4]．

本章の構成は以下のようになっている．まず，第2節では Campbell and Shiller [1991] のモデルに国債の発行（満期）構成を組み込むことによって，実質金利の期間構造と発行政策（満期構成）との長期的および短期的関係を表すモデルを導出する．ここで「長期的関係」，「短期的関係」とは誤差修正モデル（ECM）の意味で用いている．第3節では，分析に用いるデータを説明した後，そのデータ系列の単位根について検証する．続く第4節では，第2節で導出したモデルを推定し，その推定に基づいて期間構造と発行政策との長期的関係および短期的関係を検証する．データ系列の単位根検定の結果，長期的関係を表すモデルの説明変数に I(0) 系列と I(1) 系列とが混在するという問題が生じるが，この問題は Choi et al. [2005] が提示した方法によって処理した．最後に，第5節で本章の分析結果をまとめるとともに，

---

4) Goudswaard [1990] は発行政策が金利にどのような影響を与えるかを考察しているが，主たる問題意識は国債発行における望ましい満期構成を決定する要因の分析にある．また，財政赤字と金利との関係について，Canto and Rapp [1982] と Darrat [1989] は財政赤字→金利の因果関係は否定しているが，金利→財政赤字の因果関係があることを見出している．さらに，Miller and Russek [1991] は財政赤字と金利間の双方向の因果関係を見出している．

第4章　国債発行政策と金利の期間構造　　　　　　　　123

今後の課題にも言及する．

2　モデル

2-1　金利の期間構造理論と発行政策との関係

本研究では Campbell and Shiller ［1991］のモデルに基づいて，金利の期間構造と発行政策との関係を分析するが，モデルを説明する前に金利の期間構造理論と発行政策との関係について整理しておこう[5]．

金利の期間構造理論として最も基本的なものは金利の期待理論である．金利の期待理論とは，市場で観察される長期金利（債券利回り）が主として将来の短期金利に関する期待（予想）によって決定されるという考え方である[6]．特に，ターム・プレミアムを考慮しない純粋期待理論は，中・長期金利が将来の短期金利の期待によって完全に説明されると主張する．

この理論に従えば，中・長期金利は短期金利の将来期待のみで決まるため，債券の発行者と投資家の双方にとって短期債，中期債，長期債は完全に代替的となる．したがって発行政策が投資家の期待を変化させない限り，その期間構造への影響はない．

Hicks ［1939］による流動性プレミアム仮説は，短期債，中期債，長期債の完全な代替可能性を否定し，基本的にすべての投資家は短期債を選好すると仮定する．短期債の場合には，既に1期後における価格が償還額として保証されているため，支払い（信用）リスクを除けばその投資収益率が確定しているのに対して，中・長期債の場合は1期後の市場価格が不確定なため，その投資収益率も不確実である．したがって，投資家が危険回避的である限り，中・長期債と短期債とが投資家の選好にとって無差別であるためには，

---

 5) 本項の説明は Vries ［1979］と黒田［1982］による．
 6) ここで，短期とは投資期間の1単位（例えば1カ月）を意味し，短期債とは残存期間が1投資期間の債券，中・長期債とはそれが2投資期間以上の債券を意味する．

中・長期債の短期投資に係る期待保有収益率が短期債に投資した場合の確定的収益率を上回らなければならない．この確定的な収益率を上回る部分が流動性（またはリスク）プレミアムである．

この仮説に基づけば，財政当局は流動性プレミアムを変化させるような発行政策を採ることによって需要を変化させることができる．つまり，発行政策は期間構造に影響を与えることができるのである．

流動性プレミアム仮説をより一般化した理論がModigliani and Sutch [1966]の特定期間選好仮説である．前者ではすべての投資家が短期の投資期間を選好すると仮定されているが，現実には各投資家は投資期間について異なった選好を有しているというのが後者の基本的な主張である．つまり，投資家は各自資金の利用可能期間に適した特定の残存期間を有する債券へ投資するため（例えば，商業銀行は短期の投資家となる一方，保険会社や年金基金は長期投資を選好する），残存期間ごとの債券需給によって期間構造は決定される．

この特定期間選好仮説は，投資家が特定の投資期間を選好するという点では流動性プレミアム仮説と同じであるが，債券市場全体で見れば選好期間が分散されているため，流動性プレミアム仮説より投資家の金利に対する期待が期間構造に影響を与える余地があり，短期債，中期債，長期債間の裁定取引者（アービトラージャー）の存在も想定しうる[7]．つまり，それら債券間の代替可能性は期待理論より小さいが，流動性プレミアム仮説より大きい．したがって，この仮説によれば，流動性プレミアム仮説ほどではないにしろ，財政当局は発行政策によって期間構造に影響を与えうる可能性がある．

以上の理論（仮説）が代表的な金利の期間構造理論であり，ここではさらに各理論に基づいた場合に発行政策が期間構造に及ぼす影響を説明した．本

---

7) 例えば，長期債を選好する長期投資家でも，将来的に短期債の金利が上昇すると予想すれば，現時点で長期債に投資して長期投資収益率を確定せず，短期債を更新投資するであろう．逆に，短期債を選好する短期投資家は，短期的に長期債価格が大きく上昇すると予想すれば（現時点で短期金利に対する長期金利のターム・プレミアムが高ければ），長期債に投資するであろう．

章では,前述した問題意識により,特定期間選好仮説の観点から期間構造と発行政策との関係を考察する.具体的にはターム・プレミアムは発行政策によって影響を受けるのか,また,逆に発行政策はターム・プレミアムに影響されるのかを実証的に考察する.

2-2 金利の期間構造と発行政策との長期的関係を表すモデル

本項および次項では Campbell and Shiller [1991] の考え方に基づき,期間構造と発行政策との長期的関係および短期的関係を表すモデルを導出する.Campbell and Shiller のモデルでは次の3つが仮定されている.

・長期債と短期債の2種類の債券が存在し,ともにゼロ・クーポン債である.
・長期債と短期債の残存期間を各々 n, m とすると,それらはともに有限である.
・t 期における長期債と短期債の金利を各々 $rR_t^{(n)}, rR_t^{(m)}$ とすると,それらはともに次数1で和分されている.つまり $rR_t^{(n)} \sim d(1), rR_t^{(m)} \sim d(1)$ である.なお,前節で述べた理由から金利は実質金利とする.

これらの仮定の下に,Campbell and Shiller は将来にわたる金利変化の予測とイールド・スプレッド ($S_t^{(n,m)} \equiv rR_t^{(n)} - rR_t^{(m)}$) との関係を表すモデルを導出した.

まず,第1と第2の仮定より,金利の期待理論は次式で表すことができる.

$$\begin{aligned} rR_t^{(n)} &= \frac{m}{n}\sum_{i=0}^{k-1} E_t\left[rR_{t+im}^{(m)}\right] + \bar{\omega} \\ &= \frac{m}{n}\sum_{i=0}^{k-1} \left\{E_t\left[rR_{t+im}^{(m)}\right] + \bar{\omega}\right\} \end{aligned} \tag{4.1}$$

ここで,$0 < m \leq n, k \equiv n/m$ (整数),$E_t[\cdot]$:t 期において利用可能な情報に基づく条件付期待値演算子,$\bar{\omega}$:時間に対して一定なターム・プレミアムである.(4.1)式上段は,一定のターム・プレミアムを考慮したとき,長期債投資による確定利回り(期間平均,以下同じ)が短期債に $k(=n/m)$ 回投資したときの予想利回りと等しいことを示している.したがって,(4.1)式の

下段は，長期選好者にとって長期債投資と短期債投資が無差別であるとき，長期選好者の短期金利予想には市場の期待より平均して $\bar{\omega}$ だけターム（リスク）・プレミアムが上乗せされていることを示している．

(4.1)式の関係は $t+m$ 期においても成立するから，

$$rR_{t+m}^{(n-m)} = \frac{m}{n-m}\sum_{i=0}^{k-2} E_{t+m}\left[rR_{t+(i+1)m}^{(m)}\right] + \bar{\omega} \tag{4.2}$$

(4.1)式上段と(4.2)式の両辺に各々 $n/m, (n-m)/m$ を掛け，辺々の差をとると

$$\frac{n}{m}rR_t^{(n)} - \frac{n-m}{m}rR_{t+m}^{(n-m)} + v_{t+m} = rR_t^{(m)} + \bar{\omega} \tag{4.3}$$

ここで

$$v_{t+m} \equiv (rR_{t+m}^{(m)} - E_t[rR_{t+m}^{(m)}]) + (E_{t+m}[rR_{t+2m}^{(m)}] - E_t[rR_{t+2m}^{(m)}])$$
$$+ \cdots + (E_{t+m}[rR_{t+(k-1)m}^{(m)}] - E_t[rR_{t+(k-1)m}^{(m)}])$$

と定義する．v_{t+m} は，t 期から $t+m$ 期にかけて短期金利の期待を上方（下方）修正したことに伴う予期しない長期債投資（投資期間は m 期）のキャピタル・ロス（ゲイン）を表すことから，ホワイト・ノイズ・オーバーラッピング・エラーと解釈できる．なお，(4.3)式両辺の期待値をとり $E_t[v_{t+m}]=0$ を用いると，同式は次のように表すことができる．

$$rR_t^{(m)} = \frac{n}{m}rR_t^{(n)} - \frac{n-m}{m}E_t[rR_{t+m}^{(n-m)}] - \bar{\omega}$$
$$= \frac{n}{m}rR_t^{(n)} - \frac{n-m}{m}\left\{E_t[rR_{t+m}^{(n-m)}] + \frac{m}{n-m}\bar{\omega}\right\} \tag{4.4}$$

仮定より短期債と長期債はともにゼロ・クーポン債だから，(4.4)式上段は，一定のターム・プレミアムを考慮したとき，短期債に投資したときの確定利回りが長期債を m 期保有したときの予想利回りに等しいことを示している．したがって，(4.4)式の下段は，短期選好者の長期金利予想には市場の期待より平均して $\frac{m}{n-m}\bar{\omega}$ だけターム（リスク）・プレミアムが上乗せされていることを示している．

第4章 国債発行政策と金利の期間構造

ここで,変形イールド・スプレッド $s_t^{(n,m)}$ を

$$s_t^{(n,m)} \equiv \frac{m}{n-m} S_t^{(n,m)}$$

と定義し,これを用いて(4.3)式を変形すると

$$rR_{t+m}^{(n-m)} - rR_t^{(n)} = -\frac{m}{n-m}\bar{\omega} + s_t^{(n,m)} + \frac{m}{n-m}\upsilon_{t+m} \tag{4.3'}$$

この式に基づき,Campbell and Shiller [1991] は $\varepsilon_{t+m} \equiv \frac{m}{n-m}\upsilon_{t+m}$ と定義した上で方程式

$$rR_{t+m}^{(n-m)} - rR_t^{(n)} = a_0 + a_1 s_t^{(n,m)} + \varepsilon_{t+m} \tag{4.5}$$

を推定し,帰無仮説

$$H_0: a_1 = 1 \tag{4.6}$$

をテストすることによって期待理論の成否を検証した.この帰無仮説は,期待理論が成立するならば,ターム・プレミアムを調整した上で長期債と短期債の保有収益率が等しくなるように長期金利が将来変化することをイールド・カーブの傾きが予測していることを示している.

本研究では,Campbell and Shiller の基本モデルに発行構成比を組み込む形で基本モデル(4.5)を拡張する.基本モデルではターム・プレミアム $\bar{\omega}$ が一定と仮定したが,Modigliani and Sutch [1967] の考え方に従い,ターム・プレミアムは時間可変的であり,短期債と長期債の発行残高の関数と仮定する.このとき(4.3)式と(4.4)式の $\bar{\omega}$ は短期債と長期債の発行額に影響されることを以下に示す.

(4.1)式のターム・プレミアムについて,t 期における長期債利回りを短期債利回りで裁定する上でのターム・プレミアムという意味で $\omega_t^{(n,m)}$ と表記する.このとき,(4.2)式の $\bar{\omega}$ は $\omega_{t+m}^{(n-m,m)}$ となるから,(4.3)式と(4.4)式の $\bar{\omega}$ は

$$\bar{\omega}(\omega_t^{(n,m)}, \omega_{t+m}^{(n-m,m)}) = \frac{n}{m}\omega_t^{(n,m)} - \frac{n-m}{m}\omega_{t+m}^{(n-m,m)}$$

と表すことができる.

一方，ターム・プレミアム $\omega_t^{(n,m)}$ は t 期末における短期債残高 SS_t と長期債残高 SL_t の関数と仮定し，

$$\omega_t^{(n,m)} = \omega_0 + \beta_1 SS_t + \beta_2 SL_t$$

と表す．これを上式に代入して整理すると

$$\bar{\omega}(\omega_t^{(n,m)}, \omega_{t+m}^{(n-m,m)}) = \omega_0 - \frac{n-m}{m}\Big\{\beta_1\Big(SS_{t+m} - \frac{n}{n-m}SS_t\Big)$$

$$+ \beta_2\Big(SL_{t+m} - \frac{n}{n-m}SL_t\Big)\Big\}$$

ここで，n に対して m が非常に小さい場合は $\frac{n}{n-m} \to 1$ だから，$SS_{t+m} - \frac{n}{n-m}SS_t$ と $SL_{t+m} - \frac{n}{n-m}SL_t$ は各々 $t+1$ 期から $t+m$ 期まで m 期間にわたる短期債の発行額と長期債の発行額で近似することができる．

以上の考察から，単位期間 m を非常に短く取った場合，$\bar{\omega}(\omega_t^{(n,m)}, \omega_{t+m}^{(n-m,m)})$ は短期債と長期債の発行構成比の関数と考えることができよう．そこで，IRS_t と IRL_t を各々 t 期における短期債，長期債の発行構成比とすると，上式よりは $\bar{\omega}(\omega_t^{(n,m)}, \omega_{t+m}^{(n-m,m)})$ 次のように表すことができる．

$$\bar{\omega}(\omega_t^{(n,m)}, \omega_{t+m}^{(n-m,m)}) = \omega_0 - \frac{n-m}{m}(\gamma_1 IRS_{t+m} + \gamma_2 IRL_{t+m})$$

$$= \omega_0 - \frac{n-m}{m}\{\gamma_1(1 - IRL_{t+m}) + \gamma_2 IRL_{t+m}\}$$

$$(\because IRS_t + IRL_t = 1, \forall t)$$

$$= \omega_0 - \frac{n-m}{m}\gamma_1 - \frac{n-m}{m}(\gamma_2 - \gamma_1)IRL_{t+m} \quad (4.7)$$

これを(4.3′)式の $\bar{\omega}$ に代入して変形すると，上記(4.5)式に対応する方程式として次式を導出することができる．

$$rR_{t+m}^{(n-m)} - rR_t^{(n)} = \alpha_0 + \alpha_1 s_t^{(n,m)} + \alpha_2 IRL_{t+m} + \varepsilon_{t+m} \quad (4.8)$$

この式が，長期金利の変化と長期債の発行構成比との理論的な関係，つまり期間構造と発行政策の長期的関係を表す式である．さらにこの式は金利の期待理論と Modigliani and Sutch の特定期間選好仮説を同時に組み込んでい

ることから，帰無仮説(4.6)に加え帰無仮説

$$H_0: a_2 = 0 \tag{4.9}$$

をテストすることにより，各理論に対して次のように推論することができる．

$a_1=1$ かつ $a_2=0$ のとき	期待理論：成立，	特定期間選好仮説：不成立
$a_1=1$ かつ $a_2\neq0$ のとき	期待理論：成立，	特定期間選好仮説：成立
$a_1\neq1$ かつ $a_2=0$ のとき	期待理論：不成立，	特定期間選好仮説：不成立
$a_1\neq1$ かつ $a_2\neq0$ のとき	期待理論：不成立，	特定期間選好仮説：成立

2-3 金利の期間構造と発行政策との短期的関係を表すモデル

次に，Campbell and Shiller ［1991］のモデルに基づき，期間構造と発行政策との短期的関係を表すモデルを考える．長期債を m 期保有したときの短期債収益率に対する（事後的な）実質超過保有収益率（以下，特に混乱のない限り「超過収益率」と記す）を $\phi_t^{(n,m)}$ とすると，

$$\phi_t^{(n,m)} = \left(\frac{n}{m}rR_t^{(n)} - \frac{n-m}{m}rR_{t+m}^{(n-m)}\right) - rR_t^{(m)}$$

これを用いて(4.3)式を変形すると

$$\phi_t^{(n,m)} = \bar{\omega} - v_{t+m} \tag{4.10}$$

となる．

一方，Campbell ［1995］(p.142) は，長期金利の短期的な変動が期待理論と整合しない理由の1つとして，ターム・プレミアムが一定ではなく，イールド・スプレッドの上昇とともに大きくなる可能性があることを示唆した[8]．つまり，長期金利の上昇が予想されるとき長期債に投資するリスクが増加するため，イールド・スプレッドが上昇するほど投資家が要求する長期債投資の短期債投資に対する超過収益，すなわちターム・プレミアムも大きくなると考えたのである．この考え方を定式化すると(4.10)式の $\bar{\omega}$ は

---

8) Hardouvelis ［1988］はターム・プレミアムが時間可変的な場合には，変形イールド・スプレッドに係る係数 a_1 が1以外でも期待理論が成立することを理論的に示した．

$$\bar{\omega} \equiv \omega_t = f_1(S^{(n,m)})$$

と表すことができる．ここで，ω_t は t 期のみならず過去のイールド・スプレッドにも影響を受ける可能性を考慮して，時期を表す下付文字は省略している．さらに，前項の議論から，ω_t は $t+m$ 期以前の国債の発行構成比に影響されると仮定すると，

$$\omega_t = f_2(S^{(n,m)}, IRL) \tag{4.11}$$

と表せ，これを(4.10)式の $\bar{\omega}$ に代入すると

$$\phi_t^{(n,m)} = f_2(S^{(n,m)}, IRL) - v_{t+m} \tag{4.12}$$

となる．

ここで注意すべきは，(4.11)式に示されるターム・プレミアムとイールド・スプレッド，発行構成比との関係は理論的に導かれたものではなく，アドホックに定式化されたものだということである．したがって，(4.12)式の変数間に明確な理論的因果関係を想定できない以上，変数群（ベクトル）$\boldsymbol{x}_t = (\phi_t^{(n,m)}, S_t^{(n,m)}, IRL_{t+m})'$ に対してベクトル自己回帰（VAR）モデルを構築することが適当であろう[9]．さらに，ここでは，金利（期間構造）と発行構成比の短期的関係を定式化することが目的であるため，$\Delta \boldsymbol{x}_t (\equiv \boldsymbol{x}_t - \boldsymbol{x}_{t-1})$ に対してVARモデルを構築する．つまり，

$$\Delta \boldsymbol{x}_t = \sum_{i=1}^{h} A_i \Delta \boldsymbol{x}_{t-1} + \boldsymbol{\eta}_t, \quad \boldsymbol{\eta}_t \sim i.i.d(\boldsymbol{0}, \boldsymbol{\Sigma}) \tag{4.13}$$

を推定することによって，発行構成比→超過収益率の因果関係およびその逆

---

9) (4.10)式においてターム・プレミアム $\bar{\omega}$ を時間可変的な変数 ω_t としたとき，実質超過収益率 $\phi_t^{(n,m)}$ と ω_t に対して次のようなECMを想定し，$\phi_t^{(n,m)}$ と ω_t（またはこれに影響する変数としての発行構成比）との長期的関係および短期的関係を同時に考察することができる．
$$\Delta \phi_t^{(n,m)} = \alpha_0 + \sum_{i=1} \alpha_{1,i} \Delta \phi_{t-i}^{(n,m)} + \sum_{i=1} \alpha_{2,i} \Delta \omega_{t-i} + \alpha_3(\phi_{t-1}^{(n,m)} - \omega_{t-1}) + \varepsilon_t$$
しかし，(4.10)式を(4.12)式のように再定義したとき，(4.12)式の変数間に理論的な因果関係を想定できないためECMを構築することは意味がない．したがって，ここでは長期的関係と短期的関係を分けて分析し，さらに短期的関係の分析では(4.12)式において変数間の因果関係が不明であるためSimsの考え方に従いVARモデルを構築した（Charemza and Deadman [1997] pp. 156-157）．

の因果関係を検証する[10][11].

3 データの検証

3-1 データ

本章では，得られるデータの制約と方程式の推定に小標本バイアスが生じないサンプル数を考慮して，月次ベース（1期＝1カ月）のデータを用いる．期間は97年7月から04年12月までである[12]．前節で導出したモデルから，推計に必要なデータは実質金利，イールド・スプレッド，国債を1期保有した場合の（事後的な）超過収益率，国債の発行構成比である．以下にこれらデータの出所および計算方法を説明する．

3-1-1 国債の実質超過収益率

国債の実質超過収益率を計算するベースとなる金利データは次のとおりである．まず，イギリスについては，超過収益率を計算する際の確定資産利回

---

10) ここで因果関係とは，グレンジャーの意味での因果関係（因果性）を言う．
11) 金利（期間構造）と発行構成比との関係を調べるために，イールド・スプレッドと発行構成比との因果関係を検証することも考えられるが，イールド・スプレッドはあくまでターム・プレミアムに影響を与える変数として(4.12)式に組み込まれているため，ここでは超過収益率と発行構成比との関係を問題とする．なお，Wallace and Warner [1996] は，次の理由から，イールド・スプレッドより超過収益率のほうが因果関係の対象として適切であると述べている．第1に，投資家は利子だけではなくキャピタルゲインまたはロスを含む総収益に関心がある．第2に，長期金利の変化がわずかでも超過収益率の変化はイールド・スプレッドの変化より大きいため，金利に対する満期構成の影響（特に短期的な影響）を計りやすい．
12) 後述するアメリカの実質イールド・カーブ（金利）データは，97年1月から月次ベースで推計され，公表されている．しかし，97年1月から6月までデータの推計に利用可能な物価連動債が1銘柄しか発行されていなかったため，同期間における毎月の金利がイールド・カーブ全体にわたって同一値と推計されている．したがって，データの信頼性に欠けると判断し，使用するデータを97年7月以降とした．

り（確定収益率）として1カ月物の商業銀行負債レート（名目ベース）を用い，国債の実質保有収益率の計算には5・10・20年物のゼロ・クーポン（ギルト）債金利（実質ベース）を用いた[13]．これらのデータはすべてイングランド銀行（BOE）のホームページから得た[14]．なお，アメリカについても同年限のデータを用いており，以下では，1カ月物および5年，10年，20年物を各々基準金利，短期金利（国債），中期金利（国債），長期金利（国債）と呼ぶこともある[15]．

一方，アメリカについてはMcCullochが推計し，インターネットで公表している実質イールド・カーブのデータを用いた[16]．選んだ年限はイギリス

---

[13] 商業銀行負債レートとは，ロンドン・インターバンク・レート（LIBOR）の原資産であるインターバンク・ローンおよびLIBORに連動する短期金融商品（short sterling futures, forward-rate agreements, LIBOR-based interest rate swaps）の合成短期金融商品（synthetic bonds）に対して推計された金利である．その詳細についてはBrooke et al. [2000] を参照されたい．また，実質ベースのゼロ・クーポン（ギルト）債金利はイングランド銀行（BOE）がインデックス債のデータより独自の方法を用いて推計している．この詳細についてはAnderson and Sleath [1999, 2001] を参照されたい．なお，ゼロ・クーポン債の名目金利と実質金利との差は期待インフレ率を表す．

[14] データを得たアドレスはhttp://www.bankofengland.co.uk/statistics/yield-curve/index.htm である．

[15] イギリスにおいて，短期国債（TB）レートを基準金利として用いなかった理由は2つある．第1に，70年代初頭以来，BOEおよびイギリスの短期金融市場にとってTBはその残高の点から重要性が低下し，代わってLIBORが短期金融市場における重要な指標となっていることである（Mills [1991], Gowland [1991]）．第2に，Rossi [1996] は短期ゼロ・クーポン（ギルト）債金利に比べてインターバンク中間レート（LIMEAN）のほうが将来の短期金利の変化を予測するための有意な情報を含んでいることを示した．これらの点から，LIBORに基づいた商業銀行負債レートのほうがTBレートより国債の超過収益率を計算するための基準金利として適切と判断した．

[16] データを得たHPアドレスはhttp://econ.ohio-state.edu/jhm/ts/ts.html#archである．実質ベースのゼロ・クーポン債金利はアメリカで発行されている物価連動債の金利データから独自の方法で推計されている．その推計方法についてはMcCulloch and Kochin [2000] を参照されたい．なお，アメリカの場合，ゼロ・クーポン債の名目金利と実質金利との差は期待インフレ率にインフレ・リスク・プレミアムなどを加減した「平均インフレ・プレミアム」を表す．一方，

と同じく,1カ月,5年,10年,20年である.なお,金利データはいずれも年間利回り(単位:%)で表示された月末値である.

金利データから実質保有収益率(1カ月保有,年間利回りベース)への変換だが,まず,短・中・長期国債の場合には実質ベースのゼロ・クーポン債金利であるため,以下のように計算できる.

$$rH_t^{(n,1)} = \left\{\frac{(1+rR_t^{(n)}/1200)^n}{(1+rR_{t+1}^{(n-1)}/1200)^{n-1}}-1\right\}\times 1200 \quad (4.14)$$

ここで,$rH_t^{(n,1)}$:t期におけるn期債の事後的な実質保有収益率(%),$n=$60(5年),120(10年),240(20年)である.ただし,(4.14)式を計算する場合には$rR_{t+1}^{(n-1)} \approx rR_{t+1}^{(n)}$を仮定した.

次に1カ月物金利から確定収益率(%)への変換だが,アメリカの場合には実質金利データであるため

$$rH_t^{(1,1)} = rR_t^{(1)} \quad (4.15)$$

として求めることができる.一方,イギリスの1カ月物金利は名目ベースのため実質ベースに直す必要がある.データは年間利回り(%)で与えられていることから,やや正確性を欠くが,小売物価指数の前年同月比(%)を期待インフレ率π_{t+12}^eとみなし,1カ月物実質金利,つまり確定収益率を以下のように求めた.

$$rH_t^{(1,1)} = rR_t^{(1)} = \left(\frac{1+R_t^{(1)}/1200}{1+\pi_{t+12}^e/1200}-1\right)\times 1200 \quad (4.15')$$

ここで$R_t^{(1)}$は1カ月物名目金利である.

最終的に,n期債を1カ月保有した場合の実質超過収益率は(4.14),(4.15),(4.15')式から

$$\phi_t^{(n,1)} = rH_t^{(n,1)} - rH_t^{(1,1)}$$

と計算した.

注13で言及したイギリスの期待インフレ率にはインフレ・リスク・プレミアムが含まれると推測されるが,その点について厳密には検証されていない(Breedon and Chadha [1997]).

3-1-2 実質イールド・スプレッド

前節のモデルにおける短期金利はここでは基準金利（1カ月物金利）に該当するため，イールド・スプレッドも1カ月物金利に対する5・10・20年物金利のスプレッドとなる．つまり，前項で説明した実質金利 $rR_t^{(n)}$ ($n=1$, 60, 120, 240) に対して，実質イールド・スプレッドは次のように計算される．

$$S_t^{(n,1)} = rR_t^{(n)} - rR_t^{(1)}$$

3-1-3 国債の発行構成比

前節のモデルでは短期債と長期債の2種類を考えたが，実証分析ではこれらに中期債を加えた3種類の国債を考える．

発行構成比を計算するための発行額のデータは，イギリスは Office for National Statistics の *Financial Statistics* から，アメリカは U.S. Department of the Treasury の *Treasury Bulletin* からそれぞれ得た．ただし，イギリスのデータは収入金ベース・発行日ベースであるのに対して，アメリカのデータは収入金ベース・入札日ベースである．アメリカのデータを発行日ベースで収集しなかった理由は，入札日の都合で例えば同月に2年固定利付国債が2回（月初と月末）発行されることがあるためである．さらに，発行構成比を計算する上で前章の第3節第3-1項と同様の調整を施した．

3-2 単位根検定

データの定義と計算方法について説明したところで，次にモデル式(4.8)と(4.13)の推定に用いる変数（データ系列）の単位根（和分次数）について検証する．対象となるデータとその変数名は本章末の付表4-1に掲げたとおりである．

単位根検定を行う前に各変数の時系列データをグラフ化したところ，アメリカのイールド・スプレッド（02年2月から同年6月），超過収益率（02年5月から同年7月）に外れ値のような動きがあり，さらに両系列とも01年以降に構造（水準）変化が見られた．これは，アメリカの1カ月物金利の水

第4章　国債発行政策と金利の期間構造

準が01年以降変化し，さらに02年2月から同年6月にかけて異常な低下（−0.462%〜−6.378%，平均−2.899%）を示しているためである[17]。また，アメリカの短期債と長期債の発行構成比およびイギリスの短期債構成比にも外れ値および構造（水準）変化と考えられる動きが見られ，さらにアメリカの中期債構成比には構造（水準）変化があった。

これら外れ値のある系列は，まずダミー変数を用いて外れ値を修正した（修正した系列の変数名には m の頭文字を付している）。その上で，修正された系列およびアメリカの中期債構成比には構造変化があることから，これらの系列に対して Perron [1989] および Zivot and Andrews [1992] の方法による単位根検定を行った[18]。検定で用いたモデルには被説明変数のラグ項を加えているが，Perron テストではベイズの情報量基準（BIC）を基本とした上で，推定式の誤差項の系列相関が5%の有意水準で棄却されるよう（以下，「Q基準」と記す）ラグ次数を決定し，Zivot-Andrews テスト（以下，「Z-A テスト」と記す）では BIC のみによってそれを決めた。

一方，外れ値および構造変化が見られないその他の変数については，Dickey and Fuller [1979, 1981] による augmented Dickey-Fuller (ADF)

---

17) 02年2月から同年6月にかけて4週物 TB レートおよび消費者物価上昇率を調べたところ，いずれもその前後の時期に比べて異常な動きを示していないことから，推計誤差と考えられる。

18) 構造変化のタイプはいずれもトレンド変化を伴わない水準変化であるため，検定で用いたモデルは各論文に掲げるモデル A である。ここで，2つの単位根検定を行なったのは，Perron テストが構造変化を外生的に決定するのに対して，Zivot-Andrews (Z-A) テストがそれを内生的に決定するためである。なお，Kim et al. [2000] は，誤った構造変化の仮定に基づいた Perron テストは，単位根の帰無仮説を設定した有意水準より高い確率で棄却する可能性を理論およびシミュレーションによって示した。さらに，構造変化の時点を内生化した Z-A テストにも同様の可能性があると主張している。Kim et al. は，これらのテストの臨界値が帰無仮説（単位根）の下で構造変化がないことを仮定して計算されているためであり，構造変化がある場合の臨界値は，構造変化がない場合よりかなり小さく（大きな負値）なるであろうと指摘している。この指摘を考慮すれば，Perron テストおよび Z-A テストにおいて，その臨界値を小さく設定する，つまり有意水準を低く設定する必要がある。

テストを行った．ラグ次数は BIC を基本とし，さらに Q 基準を満たすように決定した．また，推定式に定数項，トレンド項を含めるか否かについては蓑谷 [2001]（50-51 頁）に示されているフローチャートに従って決定した．

単位根検定の結果を整理すると表 4-1 のようになった．まず，ADF テストにおいて，和分次数を 1% の有意水準で判断すると，イギリスとアメリカの実質金利，イギリスのイールド・スプレッドが I(1)，イギリスの超過収益率および中期債と長期債の発行構成比が I(0) となった．なお，イギリスの 20 年物金利は 5% 水準で判断すると I(0) だが，後述する Perron テスト，Z-A テストの有意水準に合わせて 1% 水準で判断した．

一方，構造変化のある系列（外れ値は修正済み）に関する結果はやや複雑である．まず，イギリスの短期債構成比，アメリカの超過収益率，中期債構成比，長期債構成比については Perron テスト，Z-A テストのいずれによっても有意水準 1% で単位根の帰無仮説が棄却された．アメリカのイールド・スプレッドについては，Perron テストではいずれも 1% 水準で単位根が棄却されるものの，Z-A テストでは棄却されなかった．つまり Z-A テストの結果，10 年物金利と 20 年物金利のイールド・スプレッドは 2.5% 水準で棄却され，5 年物金利のそれは 5% 水準でも棄却されなかったのである．また，アメリカの短期債構成比は Z-A テストでは 1% 水準で単位根が棄却されるものの，Perron テストでは 5% まで有意水準を高めないと棄却されなかった．したがって，注 18 で述べた Kim et al. [2000] の指摘を考慮すると，構造変化のある系列の和分次数は次のように判断されよう．

　①イギリスの短期債構成比，アメリカの超過収益率，中期債と長期債の発行構成比は明らかに I(0) と判断できる．

　②アメリカの 10 年物金利と 20 年物金利に係るイールド・スプレッド，短期債の発行構成比は I(1) の可能性があるものの I(0) と判断する．

　③アメリカの 5 年物金利に係るイールド・スプレッドは I(1) の可能性が高い．

第4章　国債発行政策と金利の期間構造

表 4-1　単位根検定の結果

変数名	ADF テスト ⟨レベル系列⟩				⟨階差系列⟩			
	検定統計量	ラグ	系列相関テストのp値	モデル	検定統計量	ラグ	系列相関テストのp値	モデル
【イギリス】								
ukrzy60	−1.713	0	[0.158]	モデル3	−10.593***	0	[0.528]	モデル2
ukrzy120	−2.890	0	[0.297]	モデル2	−9.900***	0	[0.391]	モデル2
ukrzy240	−3.052*	0	[0.209]	モデル2	−9.439***	0	[0.242]	モデル2
uks601	−1.781	0	[0.383]	モデル3	−11.953***	0	[0.695]	モデル2
uks1201	−1.425	0	[0.605]	モデル3	−11.822***	0	[0.924]	モデル2
uks2401	−1.368	0	[0.839]	モデル3	−11.663***	0	[0.977]	モデル2
ukeh601	−10.551***	0	[0.524]	モデル2				
ukeh1201	−9.919***	0	[0.402]	モデル2				
ukeh2401	−9.555***	0	[0.252]	モデル2				
ukirm	−8.730***	1	[0.349]	モデル2				
ukirl	−10.464***	0	[0.145]	モデル2				
【アメリカ】								
usrzy60	−1.253	0	[0.126]	モデル3	−8.546***	1	[0.398]	モデル2
usrzy120	−1.150	0	[0.077]	モデル3	−9.052***	1	[0.452]	モデル2
usrzy240	−1.515	2	[0.219]	モデル3	−10.421***	1	[0.249]	モデル1

変数名	Perron テスト				Z−A テスト	
	検定統計量	ラグ	系列相関テストのp値	構造変化の比率(λ)	検定統計量	ラグ
【イギリス】						
mukirs	−9.227***	0	[0.217]	0.4	−12.343***	0
【アメリカ】						
muss601	−4.448***	0	[0.050]	0.5	−4.352	0
muss1201	−5.044***	0	[0.133]	0.5	−5.034**	0
muss2401	−5.015***	0	[0.153]	0.5	−5.050**	0
museh601	−5.470***	1	[0.196]	0.5	−8.649***	0
museh1201	−8.331***	0	[0.074]	0.5	−8.434***	0
museh2401	−7.949***	0	[0.069]	0.5	−8.015***	0
musirs	−3.789*	5	[0.000]	0.2	−7.678***	3
usirm	−4.017***	5	[0.012]	0.2	−7.678***	2
musirl	−4.054***	5	[0.038]	0.4	−13.151***	0

注：1）方程式の推定期間は，97年7月-04年12月の範囲で可能な期間を取った．
　　2）*，**，***は，各々5%水準，2.5%水準，1%水準で単位根の帰無仮説が棄却されることを示す．
　　3）系列相関テストの検定統計量は$\chi^2(18)$である．
　　4）ADFテストにおけるモデルの決定は蓑谷［2001］(50-51頁)のフローチャートに従った．ここで，モデルの定義は次のとおりである―モデル1：トレンド項・定数項あり，モデル2：定数項のみあり，モデル3：トレンド項・定数項なし．
　　5）階差系列をテストしている変数のレベル系列で示したモデルは，階差系列をテストする必要があると判断されたときの最終モデル．
　　6）アメリカの発行構成比（*musirs, usirm, musirl*）のPerronテストではQ基準を満たすラグ次数が見つからなかったため，BICのみでラグ次数を決定した．

4 推定結果

4-1 推定上の問題点

方程式(4.8)と(4.13)の推定を行う前に,推定上の問題点とそれらへの対応を整理しておきたい.第1に,本研究では発行政策の指標として短・中・長期債の発行構成比を用いるが,構成比の合計が常に1となるという多重共線性の問題を回避するため,例えば,短期債構成比=1−(中期債・長期債構成比の合計)という形で,発行構成比の1つを説明変数から除く必要がある.そこで,外れ値の有無および推定期間中の発行頻度を考慮して,イギリスでは短期債構成比,アメリカでは長期債構成比を説明変数から除いた.

第2に,(4.8)式を導出する過程で,その誤差項 ε_{t+m} がホワイト・ノイズ・オーバーラッピング・エラーとなる可能性を指摘した.しかし本研究では単位期間(1カ月)と同じ1カ月物金利を基準金利(モデルにおける短期金利)として用いるため,この問題は生じない.

第3の,そして最も大きな問題は,変数にI(0)系列とI(1)系列とが混在していることである.短期的関係を表す(4.13)式は変数の階差系列を用いるためこの混在は問題とならない.しかし,長期的関係を表す(4.8)式の説明変数にI(0)系列とI(1)系列が混在することになる.

この問題は,非定常系列の変数を含む回帰(以下,「非定常変数回帰」と記す)方程式の推定・検定問題として,比較的古くから研究されてきた[19].先行研究のうち,非定常変数回帰における係数推定について最も包括的な解決策を提示しているものはChoi et al.[2005]であり,本研究ではその方法に従った.具体的な推定方法およびその根拠についてはChoi et al. を参照

---

[19] 具体的には,Durlauf and Phillips [1988], Phillips and Park [1988], West [1988], Park and Philllips [1988,1989], Phillips and Hansen [1990], Saikkonen [1991], Phillips [1995,1998], Ogaki and Choi [2001], Choi et al. [2005] 等によって非定常変数回帰における推定量および検定統計量の漸近特性が明らかにされ,また問題を解決するための推定方法が提示されている.

されたいが，ここでは結論だけ述べる．Choi et al. によると，非定常変数回帰における誤差項が$I(0)$系列のとき（以下，「共和分回帰」と記す）は動学的通常最小2乗（Dynamic Ordinary Least Squares：DOLS）推定（変数のレベルで推定），$I(1)$系列（以下，「見せかけの回帰」と記す）のときは動学的一般化最小2乗（Dynamic Generalized Least Squares：DGLS）推定（変数の前期差で推定）が一致かつ漸近的に有効な推定量を与える[20]．さらに，誤差項の系列が$I(0)$，$I(1)$にかかわらず（つまり$I(0)$，$I(1)$が不明確な場合）動学的実行可能な一般化最小2乗（Dynamic Feasible Generalized Least Squares：DFGLS）推定（コクラン・オーカット方式）が一致かつ漸近的に有効な推定量を与えることを示した．したがって，誤差項に対する共和分検定の結果，共和分回帰であればDOLSおよびDFGLS推定，見せかけの回帰であればDGLSおよびDFGLS推定を行う．

なお，Choi et al. [2005]はさらに，共和分検定についてもHousmanタイプのテスト（以下，「Hテスト」と記す）を提示している[21]．通常用いられるEngle-GrangerタイプのADFテスト（以下，「E-Gテスト」と記す）が誤差項～$I(1)$を帰無仮説とするのに対し，Hテストは誤差項～$I(0)$を帰無仮説として検定する．本研究では，これら両タイプのテストに基づいて，推定された式が共和分回帰か見せかけの回帰かを判断する．

4-2 長期的関係

期間構造と発行政策との長期的関係を表す基本モデルは第2節に掲げた(4.8)式（$m=1$）だが，前4-1項で説明した問題点を考慮し，さらに(4.8)式左辺で$rR_{t+1}^{(n-1)} \approx rR_{t+1}^{(n)}$を仮定すると，推定すべき基本方程式は次のようになる．

---

20) 共和分回帰においてDOLS推定が一致かつ漸近的に有効な推定量を与えることは，Saikkonen [1991] が示した．
21) Hテストの具体的な方法についてはChoi et al. [2005] を参照されたい．

$$\Delta r R_{t+1}^{(n)} = \alpha_0 + \boldsymbol{\alpha} \boldsymbol{z}_{j,t} + \sum_{i=0}^{h_1} \boldsymbol{\varphi}_{j,i} \Delta \boldsymbol{z}_{j,t-1} + \sum_{i=1}^{h_1} \boldsymbol{\zeta}_{j,i} \Delta \boldsymbol{z}_{j,t+i} + \beta s_{l,t-1}^{(n,1)} + \varepsilon_{j,t+1}$$

(4.16)

ここで, j=uk または us, $\boldsymbol{z}_{uk,t}=(s_{uk,t}^{(n,1)}, IRM_{uk,t+1}, IRL_{uk,t+1})'$, $\boldsymbol{z}_{us,t}=(s_{us,t}^{(n,1)}, IRS_{us,t+1}, IRM_{us,t+1})'$, l=us (j=uk のとき) または uk (j=us のとき) であり, $\varepsilon_{j,t+1}$ は(4.3)式および(4.5)式で定義される誤差項である. また, 説明変数の $s^{(n,1)}$ は第2節で定義した変形イールド・スプレッド, IRS, IRM, IRL は各々短期債, 中期債, 長期債の発行構成比を表すが, 実際に方程式を推定するときには前節で指摘した外れ値を修正した系列を用いる. 前述した DOLS 推定とは(4.16)式を OLS 推定することであり, DGLS 推定および DFGLS 推定とは, (4.16)式のすべての説明・被説明変数 x_t に対して各々 $\Delta x_t, x_t - \rho x_{t-1}$ の変換を施した上で OLS 推定することである. ここで, ρ は(4.16)式の推定誤差系列 $\{e_{j,t+1}\}$ の1次自己相関係数を表す.

(4.16)式において説明変数（前期差）のラグ項およびリード項を加えているのは, 誤差項 $\varepsilon_{j,t+1}$ に対する説明変数の厳密な外生性を確保するためである[22]. このラグ項とリード項の次数 h_1 は, 赤池の情報量基準（AIC）と BIC から決定する.

また, Vries [1979] と Goudwaard [1990] に倣い, 海外の金利変動を表す変数 ($s_{l,t+1}^{(n,1)}$) を外生変数として加えている. なお, 名目金利の場合には金利パリティの問題から生じる為替レートの影響を考慮すべきだが, 本研究の分析対象は実質金利であるため, 為替レートは説明変数に加えなかった.

次に, ここで検証する仮説は, 第2節で説明したように, 金利変化に対する発行構成比の影響の有無だが, さらに期待理論の成否についても検証する.

---

22) Choi et al. [2005] は, 誤差項に対する説明変数の厳密な外生性を確保する他の方法として操作変数(IV)法も挙げているが, 適切な操作変数を見出すことは必ずしも容易ではないと述べ, ラグ項とリード項を付加する方法を推奨している. なお, West [1988] は I(1) 系列を説明変数に持つ共和分回帰において, IV 法による係数の推定量が漸近的に正規分布に従うことを示した. また, Phillips and Hansen [1990] と Saikkonen [1991] も, 同様の共和分回帰において IV 法による推定量が一致かつ漸近的に有効な性質を持つことを示している.

第4章　国債発行政策と金利の期間構造　　　　　　　141

具体的には，変数 $z_{j,t}(j=\text{uk, us})$ に係る係数ベクトルを $\boldsymbol{\alpha}=(\alpha_1, \alpha_2, \alpha_3)$ とすると，前者は

　　　$\text{H}_0^1 : \alpha_2 = \alpha_3 = 0$

または，部分的な影響を検証する仮説として

　　　$\text{H}_0^2 : \alpha_2 = 0$

　　　$\text{H}_0^3 : \alpha_3 = 0$

と表せ[23]，後者は

　　　$\text{H}_0^4 : \alpha_1 = 1$

と表せる．

　以上の点を踏まえて実際に長期的関係の推定と仮説の検定を行う．

4-2-1　イギリス

(1) ラグ項とリード項の次数 h_1 の決定と共和分検定

　まず，(4.16)式の推定式が共和分回帰か見せかけの回帰かを判断しなければならない．Choi et al. [2005] が提唱した H テストを行うためには，DGLS 推定による α 推定値とその共分散推定値，さらに DOLS 推定による α 推定値が必要である[24]．

　DGLS 推定と DOLS 推定における (4.16) 式の h_1 を決定するために $h_1=1$，…, 8 の範囲で AIC と BIC を計算したところ，各々を最小にする h_1 はすべての n（$=60, 120, 240$ カ月）において，DGLS 推定では AIC で 6，BIC で 1，DOLS 推定では順に 4, 1 となった．そこで，AIC の組 [DGLS:6, DOLS:

---

23) 厳密に言えば，帰無仮説 H_0^1，H_0^2，H_0^3 は発行構成比に係る係数が等しいことを意味している．例えば，$IRS=1-IRM-IRL$ という形で発行構成比の1つ（イギリスでは短期債，アメリカでは長期債）を説明変数から除いたとき，除かれた構成比の金利への影響は (4.16) 式の定数項（α_0）に反映される．しかし，α_0 はターム（リスク）・プレミアムの純粋に時間不変的な部分も反映しているため，$\alpha_0=0$ の帰無仮説は必ずしも除かれた構成比の影響がないことを意味しない．したがって，ここでは仮説 $\alpha_0=0$ を検定しない．

24) 共分散の推定量は誤差項の不均一分散および系列相関に対して一致性を持つ（HAC）必要がある．ここでは，Newey-West [1987] の方法により修正した．

4]とBICの組［DGLS, DOLSともに1］に対して，各々Hテストを行ったところ，すべてのnに対していずれの組合せも5%水準で共和分回帰の帰無仮説が棄却されなかった．さらに，(4.16)式からラグ項とリード項を除いて通常のE-Gテストを行ったところ，見せかけの回帰の帰無仮説はすべてのnに対して5%水準で棄却された．なお，E-Gテストにおけるラグ次数はBICを基本とし，さらにQ基準が満たされるよう決定した．

以上より，イギリスにおいてすべてのnで(4.16)式が共和分回帰であると判断し，DOLSとDFGLSにより推定する．ただし，h_1を1とするか4とするかは判断できないため，両ケースを推定し，推定の質を判断するために誤差項$\varepsilon_{j,t+1}$の正規性と系列相関を調べた．なお，推定期間は97年7月から04年12月までの間でデータの制約上可能な期間とする．

(2) 方程式の推定と仮説検定

(4.16)式に対するDOLSとDFGLSの推定結果，およびそれらに基づく仮説検定の結果は表4-2から表4-4のようになった．なお，これらの表には示していないが，すべての推定においてアメリカの変形イールド・スプレッド（$s_{us,t-1}^{(n,1)}$）の係数は有意にゼロと異ならなかった．

まず，$n=60$と120のとき，いずれの推定でも誤差項に関する正規性の帰無仮説と系列相関がないという帰無仮説は5%水準で棄却されなかった．また，DFGLS推定における$\rho=0$の帰無仮説も5%水準で棄却されず，共和分検定の結果と整合する．一方，$n=240$のときは，$h_1=1$としたいずれの推定も誤差項の正規性と系列相関，$\rho=0$に係る帰無仮説は5%水準で棄却されなかったが，$h_1=4$とした推定では系列相関がないという帰無仮説が棄却された．しかし正規性は棄却されないことから，このまま分析を進める．なお，$h_1=4$のケースについてNewey-West［1987］の方法で修正した標準誤差を用いて同じ仮説を検定したが，以下に述べる結果は変わらなかった．

次に，仮説に対する検定結果を期待理論の成否から見ていこう．

【期待理論】

第4章 国債発行政策と金利の期間構造

表4-2 イギリスにおける期間構造と発行構成比との長期的関係（5年物金利）

$Dukrzy60$	$h_1=1$		$h_1=4$	
	DOLS	DFGLS AR(1)	DOLS	DFGLS AR(1)
推計期間	97:9−04:10	97:10−04:10	97:12−04:7	98:1−04:7
（サンプル数）	(86)	(85)	(80)	(79)
定数項（a_0）	−0.080	−0.078	−0.168	−0.163
（標準誤差）	(0.049)	(0.048)	(0.089)	(0.090)
t 値	−1.641	−1.626	−1.886	−1.824
[p 値]	[0.105]	[0.108]	[0.065]	[0.074]
$ukss$（a_1）	−0.342	−0.197	0.792	0.976
（標準誤差）	(1.467)	(1.429)	(1.781)	(1.803)
t 値	−0.233	−0.138	0.445	0.541
[p 値]	[0.817]	[0.891]	[0.658]	[0.591]
$ukirm$（a_2）	0.094	0.109	0.260	0.254
（標準誤差）	(0.083)	(0.082)	(0.181)	(0.182)
t 値	1.130	1.328	1.439	1.392
[p 値]	[0.262]	[0.188]	[0.156]	[0.170]
$ukirl$（a_3）	0.066	0.068	0.265	0.276
（標準誤差）	(0.073)	(0.072)	(0.157)	(0.159)
t 値	0.899	0.948	1.685	1.736
[p 値]	[0.372]	[0.346]	[0.098]	[0.089]
ρ		−0.026		−0.004
（標準誤差）		(0.118)		(0.153)
t 値		−0.217		−0.027
[p 値]		[0.829]		[0.978]
誤差項の正規性と系列相関				
【正規性】				
平　均	0.000	0.000	0.000	0.000
[p 値]	[1.000]	[1.000]	[1.000]	[1.000]
歪　度（Sk=0）	0.044	0.018	0.103	0.109
[p 値]	[0.870]	[0.948]	[0.711]	[0.696]
尖　度（Ku=3）	0.559	0.763	0.608	0.702
[p 値]	[0.307]	[0.166]	[0.285]	[0.220]
Jarque-Bera 検定	1.160	2.090	1.389	1.800
[p 値]	[0.560]	[0.352]	[0.499]	[0.407]
【系列相関】				
Q 値	25.438	24.788	24.474	25.781
[p 値]	[0.113]	[0.131]	[0.140]	[0.079]
共和分検定				
H テスト	1.213		6.697	
[p 値]	[0.750]		[0.082]	
E−G（ADF）テスト				
t 値 [p 値]	lag=0, 定数項なし −9.683 [<0.01]			
仮説検定				
①$a_1=1$				
t 値	−0.914	−0.837	−0.117	−0.014
[p 値]	[0.363]	[0.405]	[0.908]	[0.989]
②$a_2=a_3=0$				
F 値	0.722	0.947	1.78	1.819
[p 値]	[0.489]	[0.393]	[0.178]	[0.173]

注：1) $ukss$ は変形イールド・スプレッドを表す．
　　2) H テストの統計量は $\chi^2(3)$ に従う．

表 4-3　イギリスにおける期間構造と発行構成比との長期的関係（10 年物金利）

$Dukrzy120$	$h_1=1$		$h_1=4$	
	DOLS	DFGLS AR(1)	DOLS	DFGLS AR(1)
推計期間	97:9－04:10	97:10－04:10	97:12－04:7	98:1－04:7
（サンプル数）	(86)	(85)	(80)	(79)
定数項 (α_0)	－0.085	－0.080	－0.187	－0.183
（標準誤差）	(0.043)	(0.043)	(0.065)	(0.067)
t 値	－1.962	－1.864	－2.858	－2.757
[p 値]	[0.053]	[0.066]	[0.006]	[0.008]
$ukss$ (α_1)	－1.271	－0.892	0.355	0.701
（標準誤差）	(2.212)	(2.211)	(2.399)	(2.465)
t 値	－0.575	－0.403	0.148	0.284
[p 値]	[0.567]	[0.688]	[0.883]	[0.777]
$ukirm$ (α_2)	0.119	0.134	0.348	0.343
（標準誤差）	(0.069)	(0.069)	(0.130)	(0.132)
t 値	1.722	1.958	2.681	2.605
[p 値]	[0.089]	[0.054]	[0.010]	[0.012]
$ukirl$ (α_3)	0.044	0.045	0.250	0.259
（標準誤差）	(0.061)	(0.060)	(0.115)	(0.117)
t 値	0.720	0.756	2.173	2.215
[p 値]	[0.474]	[0.452]	[0.034]	[0.031]
ρ		0.011		0.002
（標準誤差）		(0.115)		(0.147)
t 値		0.092		0.012
[p 値]		[0.927]		[0.990]
誤差項の正規性と系列相関				
【正規性】				
平　均	0.000	0.000	0.000	0.000
[p 値]	[1.000]	[1.000]	[1.000]	[1.000]
歪　度（Sk＝0）	0.093	0.133	0.474	0.502
[p 値]	[0.726]	[0.621]	[0.088]	[0.072]
尖　度（Ku＝3）	0.192	0.315	0.552	0.622
[p 値]	[0.725]	[0.568]	[0.332]	[0.277]
Jarque-Bera 検定	0.261	0.609	4.054	4.647
[p 値]	[0.878]	[0.738]	[0.132]	[0.098]
【系列相関】				
Q 値	21.506	21.749	26.635	25.971
[p 値]	[0.255]	[0.243]	[0.086]	[0.075]
共和分検定				
H テスト		1.926		2.280
[p 値]		[0.588]		[0.516]
E－G（ADF）テスト	lag＝0，定数項なし			
t 値 [p 値]	－9.484 [＜0.01]			
仮説検定				
①$\alpha_1=1$				
t 値	－1.027	－0.856	－0.269	－0.121
[p 値]	[0.308]	[0.395]	[0.789]	[0.904]
②$\alpha_2=\alpha_3=0$				
F 値	1.493	1.943	4.380	4.292
[p 値]	[0.231]	[0.150]	[0.017]	[0.019]

注：表 4-2 に同じ．

第4章 国債発行政策と金利の期間構造

表4-4 イギリスにおける期間構造と発行構成比との長期的関係（20年物金利）

$Dukrzy240$	$h_1=1$		$h_1=4$	
	DOLS	DFGLS AR(1)	DOLS	DFGLS AR(1)
推計期間	97:9－04:10	97:10－04:10	97:12－04:7	98:1－04:7
（サンプル数）	(86)	(85)	(80)	(79)
定数項（a_0）	－0.073	－0.068	－0.143	－0.141
（標準誤差）	(0.038)	(0.038)	(0.052)	(0.052)
t値	－1.912	－1.760	－2.784	－2.731
[p値]	[0.060]	[0.083]	[0.007]	[0.009]
$ukss$（a_1）	－1.577	－0.681	0.875	1.287
（標準誤差）	(3.716)	(3.819)	(3.727)	(3.798)
t値	－0.424	－0.178	0.235	0.339
[p値]	[0.672]	[0.859]	[0.815]	[0.736]
$ukirm$（a_2）	0.107	0.122	0.313	0.311
（標準誤差）	(0.059)	(0.060)	(0.102)	(0.102)
t値	1.804	2.047	3.076	3.042
[p値]	[0.075]	[0.044]	[0.003]	[0.004]
$ukirl$（a_3）	0.023	0.027	0.154	0.160
（標準誤差）	(0.052)	(0.052)	(0.091)	(0.092)
t値	0.444	0.516	1.690	1.741
[p値]	[0.658]	[0.607]	[0.097]	[0.088]
ρ		0.041		－0.016
（標準誤差）		(0.117)		(0.146)
t値		0.351		－0.111
[p値]		[0.726]		[0.912]
誤差項の正規性と系列相関				
【正規性】				
平均	0.000	0.000	0.000	0.000
[p値]	[1.000]	[1.000]	[1.000]	[1.000]
歪度（Sk=0）	0.133	0.157	－0.046	－0.048
[p値]	[0.619]	[0.560]	[0.869]	[0.864]
尖度（Ku=3）	－0.377	－0.478	－0.737	－0.705
[p値]	[0.491]	[0.386]	[0.195]	[0.218]
Jarque-Bera検定	0.771	1.170	1.860	1.688
[p値]	[0.680]	[0.557]	[0.395]	[0.430]
【系列相関】				
Q値	24.702	25.307	39.725	34.570
[p値]	[0.133]	[0.117]	[0.002]	[0.007]
共和分検定				
Hテスト		3.969		2.949
[p値]		[0.265]		[0.400]
E-G（ADF）テスト	lag-0，定数項なし			
t値 [p値]	－8.496 [<0.01]			
仮説検定				
①$a_1=1$				
t値	－0.694	－0.440	－0.034	0.076
[p値]	[0.490]	[0.661]	[0.973]	[0.940]
②$a_2=a_3=0$				
F値	1.757	2.258	4.895	4.848
[p値]	[0.179]	[0.112]	[0.011]	[0.012]

注：表4-2に同じ．

前述したように期待理論の成立を示す帰無仮説は

$H_0^4: \alpha_1 = 1$

である．

　まず，α_1 推定値 ($\hat{\alpha}_1$) の符号だが，いずれの n においても $h_1=1$ としたときは負となり，$h_1=4$ としたときは正となった．しかし，$h_1=1$ と $h_1=4$ のいずれのケースも標準誤差 ($\hat{\sigma}(\hat{\alpha}_1)$) が大きいため，5%水準で帰無仮説 H_0^4 は棄却できないが，$\alpha_1=0$ の帰無仮説も棄却できなかった．ただし，ほとんどすべての推定において誤差項に系列相関がなく，かつ正規性の条件も満たされていることは，データに対して理論式(4.8)が誤りではない，つまりその前提となる期待理論が妥当することを弱いながらも示すものと考えられる[25]．

　α_1 の推定に関して現れたこの傾向は，須藤［2003］（第3章）が 80 年代から 90 年代のイギリスにおける名目イールド・カーブ全体を対象に，本章の(4.5)式に基づいて期待理論（仮説(4.6)）を検証したときの現象とほぼ同じである．須藤は BOE が推計したゼロ・クーポン（ギルト）債金利に計測誤差が含まれている可能性を考え，(4.5)式を OLS と操作変数（IV）法により推定した．その結果，IV 法でも推定値の標準誤差は改善されなかったものの，OLS による の符号は負と推計されたのに対して IV 法の場合は正となり，金利に含まれる計測誤差に伴う推定値に対する下方バイアスが修正された．つまり，(4.16)式においてラグ項およびリード項の次数を大きくとることにより，金利データに含まれる計測誤差に対して IV 法と同様の効果が得られたと考えられる．したがって，$h_1=1$ より $h_1=4$ とした方が推定の信頼性が高いと判断される．

【発行構成比と金利変化】

　前述したように，発行構成比が金利に影響を与えないとする帰無仮説は

$H_0^1: \alpha_2 = \alpha_3 = 0$

---

25) 注8を参照されたい．

であり，いずれかの発行構成比に対する帰無仮説は

$H_0^2 : a_2 = 0$ または $H_0^3 : a_3 = 0$

である．ここで留意すべきことは，(4.16)式は金利の期待理論に国債の発行構成比を組み込んだ方程式であり，国債の需要関数または供給関数のいずれかを表すものではないということである[26]．したがって，発行構成比に係る係数の符号は理論的には決定できない．

上記の［期待理論］で述べた推定の信頼性に対する理由から，ここでは $h_1=4$ の場合のみ説明する．結論から述べれば，発行構成比と金利変化の関係は国債の残存期間によって異なり，やや複雑である．まず，$n=60$ のとき，DOLS 推定にしても DFGLS 推定にしても帰無仮説 H_0^1, H_0^2, H_0^3 はいずれも 5% 水準で棄却されなかった．

一方，$n=120$ と 240 のときは，DOLS 推定，DFGLS 推定とも H_0^1 は 5% で棄却された．また，個々の発行構成比に関しても，$n=120$ では H_0^2, H_0^3 とも 5% で棄却され，中期債構成比と長期債構成比がともに 10 年物金利に影響を与えている．しかし，$n=240$ のときは，中期債構成比は金利に強く影響している（H_0^2 は 1% で棄却）反面，長期債構成比は 20 年物金利に影響していない（H_0^3 は 5% で棄却されない）．

以上の分析から，イギリスにおける期間構造と発行政策との長期的関係は次のようにまとめることができる．

① 発行構成比の変化はイールド・カーブの短期の部分に影響を与えないが，中期と長期の部分には影響する．
② 中期債構成比はイールド・カーブの中期と長期の両部分に影響を与えるが，長期債構成比は中期部分にのみ影響する．
③ 期待理論の成立は否定されないが，係数に係る標準誤差が大きいため検

---

26) 確かに，発行構成比は財政当局が決定するため(4.16)式は供給関数とも考えられる．しかし，事後的に見れば発行したすべての国債は投資家によって消化されており，そもそもこの発行構成比自体が市場の需要を考慮している可能性もあることから，(4.16)式は必ずしも供給を表す式とは言えず，また需要関数を表すとも言えない．

定結果の信頼性に欠ける．ただし，ほとんどの推定式において誤差項の正規性および系列相関についての条件が支持されることから，期待理論が成立している可能性は高い．

4-2-2 アメリカ

アメリカの場合も分析のプロセスはイギリスと同じであるため，以下では結論だけ簡潔に説明する．

(1) ラグ項とリード項の次数 h_1 の決定と共和分検定

DGLS 推定と DOLS 推定における (4.16) 式の h_1 を決定するために $h_1=1, \cdots, 8$ の範囲で AIC と BIC を計算したところ，各々を最小にする h_1 はすべての n ($=60, 120, 240$ カ月) に対してともに 1 となった．しかし，イギリスにおける期待理論の検証の項で説明したように，ラグ項とリード項の次数を小さくすると金利データに含まれている可能性のある計測誤差（アメリカの実質金利データも McCulloch による推計値である）の係数推定への影響を除去できないため，イギリスの場合と同様，[DGLS, DOLS ともに 1] の組合せ以外に [DGLS: 6, DOLS: 4] の組合せも考察する．

これらの h_1 の組合せに対して各々 H テストを行ったところ，すべての n に対していずれの組合せも 5% 水準で共和分回帰の帰無仮説は棄却されなかった．さらに，E-G テストを行ったところ，見せかけの回帰の帰無仮説はすべての n に対して 5% 水準で棄却された．したがって，アメリカにおいてもすべての n で (4.16) 式が共和分回帰であると判断し，分析を進める．なお，推定期間は 97 年 7 月から 04 年 12 月までの間でデータの制約上可能な期間とする．

(2) 方程式の推定と仮説検定

(4.16) 式に対する DOLS と DFGLS による推定結果と仮説の検定結果は表 4-5 から表 4-7 のようになった．なお，この表には示していないが，すべ

第4章 国債発行政策と金利の期間構造

表4-5 アメリカにおける期間構造と発行構成比との長期的関係（5年物金利）

$Dusrzy60$	$h_1=1$		$h_1=4$		
	DOLS	DFGLS AR(1)	DOLS	DFGLS AR(1)	DOLS (頑健推定)
推計期間	97:9−04:10	97:10−04:10	97:12−04:7	98:1−04:7	97:12−04:7
（サンプル数）	(86)	(85)	(80)	(79)	(80)
定数項 (a_0)	−0.674	−0.652	1.611	1.637	1.611
（標準誤差）	(0.586)	(0.597)	(1.482)	(1.527)	(0.510)
t 値	−1.151	−1.092	1.087	1.072	3.158
[p 値]	[0.253]	[0.279]	[0.282]	[0.289]	[0.002]
$musss$ (a_1)	−0.761	−0.621	3.041	3.728	3.041
（標準誤差）	(3.150)	(3.230)	(5.343)	(5.551)	(3.177)
t 値	−0.242	−0.192	0.569	0.672	0.957
[p 値]	[0.810]	[0.848]	[0.572]	[0.505]	[0.338]
$musirs$ (a_2)	0.734	0.704	−1.787	−1.842	−1.787
（標準誤差）	(0.642)	(0.659)	(1.640)	(1.690)	(0.643)
t 値	1.144	1.068	−1.089	−1.090	−2.777
[p 値]	[0.256]	[0.289]	[0.281]	[0.281]	[0.005]
$usirm$ (a_3)	0.343	0.334	−1.585	−1.668	−1.585
（標準誤差）	(0.686)	(0.694)	(1.858)	(1.914)	(0.670)
t 値	0.500	0.481	−0.853	−0.871	−2.367
[p 値]	[0.619]	[0.632]	[0.398]	[0.388]	[0.018]
ρ		−0.010		0.024	
（標準誤差）		(0.123)		(0.150)	
t 値		−0.081		0.162	
[p 値]		[0.936]		[0.872]	
誤差項の正規性と系列相関					
【正規性】					
平　均	0.000	0.000	0.000	0.000	
[p 値]	[1.000]	[1.000]	[1.000]	[1.000]	
歪　度（Sk=0）	0.808	0.804	0.545	0.531	
[p 値]	[0.003]	[0.003]	[0.049]	[0.057]	
尖　度（Ku=3）	2.446	2.374	1.344	1.349	
[p 値]	[0.000]	[0.000]	[0.018]	[0.018]	
Jarque-Bera 検定	31.155	29.474	10.107	9.822	
[p 値]	[0.000]	[0.000]	[0.006]	[0.007]	
【系列相関】					
Q 値	26.501	26.911	29.571	30.201	
[p 値]	[0.089]	[0.081]	[0.042]	[0.025]	
共和分検定					
H テスト	0.876		3.095		
[p 値]	[0.831]		[0.377]		
E−G(ADF)テスト	lag=0, 定数項なし				
t 値 [p 値]	−8.792 [<0.01]				
仮説検定					
①$a_1=1$					
t 値	−0.559	−0.502	0.382	0.491	$\chi^2(1)=0.413$
[p 値]	[0.578]	[0.617]	[0.704]	[0.625]	[0.520]
②$a_2=a_3=0$					
F 値	0.762	0.653	0.596	0.598	6.765
[p 値]	[0.470]	[0.524]	[0.555]	[0.554]	[0.001]

注：1) $musss$ は変形イールド・スプレッドを表す．
　　2) H テストの統計量は $\chi^2(3)$ に従う．

表 4-6　アメリカにおける期間構造と発行構成比との長期的関係（10 年物金利）

$Dusrzy120$	$h_1=1$			$h_1=4$		
	DOLS	DFGLS AR(1)	DOLS (頑健推定)	DOLS	DFGLS AR(1)	DOLS (頑健推定)
推計期間	97:9−04:10	97:10−04:10	97:9−04:10	97:12−04:7	98:1−04:7	97:12−04:7
（サンプル数）	(86)	(85)	(86)	(80)	(79)	(80)
定数項（a_0）	−0.129	−0.138	−0.129	1.380	1.416	1.380
（標準誤差）	(0.454)	(0.461)	(0.315)	(1.178)	(1.197)	(0.389)
t 値	−0.284	−0.299	−0.410	1.172	1.183	3.544
[p 値]	[0.777]	[0.766]	[0.682]	[0.247]	[0.243]	[0.000]
$musss$（a_1）	−0.724	−0.832	−0.724	2.490	3.394	2.490
（標準誤差）	(4.039)	(4.116)	(1.467)	(7.171)	(7.375)	(3.658)
t 値	−0.179	−0.202	−0.493	0.347	0.460	0.681
[p 値]	[0.858]	[0.840]	[0.622]	[0.730]	[0.647]	[0.496]
$musirs$（a_2）	0.133	0.146	0.133	−1.480	−1.543	−1.480
（標準誤差）	(0.498)	(0.510)	(0.358)	(1.313)	(1.336)	(0.484)
t 値	0.268	0.287	0.372	−1.128	−1.154	−3.059
[p 値]	[0.790]	[0.775]	[0.710]	[0.265]	[0.254]	[0.002]
$usirm$（a_3）	0.064	0.069	0.064	−1.453	−1.530	−1.453
（標準誤差）	(0.536)	(0.540)	(0.274)	(1.458)	(1.484)	(0.491)
t 値	0.120	0.128	0.235	−0.997	−1.031	−2.957
[p 値]	[0.905]	[0.899]	[0.814]	[0.324]	[0.308]	[0.003]
ρ		−0.023			0.003	
（標準誤差）		(0.124)			(0.154)	
t 値		−0.187			0.018	
[p 値]		[0.852]			[0.986]	
誤差項の正規性と系列相関						
【正規性】						
平　均	0.000	0.000		0.000	0.000	
[p 値]	[1.000]	[1.000]		[1.000]	[1.000]	
歪　度(Sk=0)	0.845	0.835		0.824	0.847	
[p 値]	[0.002]	[0.002]		[0.003]	[0.002]	
尖　度(Ku=3)	2.350	2.309		1.554	1.549	
[p 値]	[0.000]	[0.000]		[0.006]	[0.007]	
Jarque-Bera 検定	30.353	29.097		17.319	17.572	
[p 値]	[0.000]	[0.000]		[0.000]	[0.000]	
【系列相関】						
Q 値	30.416	30.355		35.592	34.952	
[p 値]	[0.034]	[0.034]		[0.008]	[0.006]	
共和分検定						
H テスト		3.291			3.861	
[p 値]		[0.349]			[0.277]	
E-G(ADF)テスト			lag=1，定数項なし			
t 値 [p 値]			−9.219 [<0.01]			
仮説検定						
①$a_1=1$						
t 値	−0.427	−0.445	$\chi^2(1)$ =1.381	0.208	0.325	$\chi^2(1)$ =0.166
[p 値]	[0.671]	[0.657]	[0.240]	[0.836]	[0.747]	[0.684]
②$a_2=a_3=0$						
F 値	0.041	0.048	0.069	0.659	0.694	8.114
[p 値]	[0.959]	[0.954]	[0.933]	[0.522]	[0.505]	[0.000]

注：表 4-5 に同じ．

第4章 国債発行政策と金利の期間構造

表 4-7 アメリカにおける期間構造と発行構成比との長期的関係（20年物金利）

$Dusrzy240$	$h_1=1$			$h_1=4$		
	DOLS	DFGLS AR(1)	DOLS (頑健推定)	DOLS	DFGLS AR(1)	DOLS (頑健推定)
推計期間	97:9−04:10	97:10−04:10	97:9−04:10	97:12−04:7	98:1−04:7	97:12−04:7
（サンプル数）	(86)	(85)	(86)	(80)	(79)	(80)
定数項 (a_0)	0.073	0.072	0.073	1.264	1.332	1.264
（標準誤差）	(0.391)	(0.379)	(0.268)	(1.025)	(0.939)	(0.404)
t 値	0.187	0.190	0.273	1.233	1.420	3.128
[p 値]	[0.852]	[0.849]	[0.785]	[0.223]	[0.162]	[0.002]
$musss$ (a_1)	−0.893	−1.022	−0.893	1.938	2.885	1.938
（標準誤差）	(3.199)	(2.964)	(1.045)	(5.642)	(5.198)	(2.197)
t 値	−0.279	−0.345	−0.854	0.343	0.555	0.882
[p 値]	[0.781]	[0.731]	[0.393]	[0.733]	[0.581]	[0.378]
$musirs$ (a_2)	−0.111	−0.101	−0.111	−1.373	−1.462	−1.373
（標準誤差）	(0.430)	(0.419)	(0.304)	(1.147)	(1.052)	(0.472)
t 値	−0.257	−0.241	−0.365	−1.196	−1.390	−2.907
[p 値]	[0.798]	[0.810]	[0.715]	[0.237]	[0.171]	[0.004]
$usirm$ (a_3)	0.031	0.018	0.031	−1.266	−1.311	−1.266
（標準誤差）	(0.462)	(0.445)	(0.227)	(1.263)	(1.161)	(0.540)
t 値	0.067	0.040	0.137	−1.002	−1.129	−2.343
[p 値]	[0.946]	[0.968]	[0.891]	[0.321]	[0.264]	[0.019]
ρ		−0.136			−0.138	
（標準誤差）		(0.120)			(0.154)	
t 値		−1.134			−0.902	
[p 値]		[0.261]			[0.372]	
誤差項の正規性と系列相関						
【正規性】						
平　均	0.000	0.000		0.000	0.000	
[p 値]	[1.000]	[1.000]		[1.000]	[1.000]	
歪　度(Sk=0)	0.940	0.912		0.918	0.801	
[p 値]	[0.000]	[0.001]		[0.001]	[0.004]	
尖　度(Ku=3)	3.223	3.227		2.560	2.375	
[p 値]	[0.000]	[0.000]		[0.000]	[0.000]	
Jarque-Bera 検定	50.480	49.242		33.485	27.350	
[p 値]	[0.000]	[0.000]		[0.000]	[0.000]	
【系列相関】						
Q 値	35.978	35.159		38.889	38.659	
[p 値]	[0.007]	[0.009]		[0.003]	[0.002]	
共和分検定						
H テスト		1.991			1.660	
[p 値]		[0.574]			[0.646]	
E-G(ADF)テスト			lag=1, 定数項なし			
t 値[p 値]			−9.887 [<0.01]			
仮説検定						
①$a_1=1$						
t 値	−0.592	−0.682	$\chi^2(1)$ =3.279	0.166	0.363	$\chi^2(1)$ =0.182
[p 値]	[0.556]	[0.497]	[0.070]	[0.869]	[0.718]	[0.670]
②$a_2=a_3=0$						
F 値	0.100	0.076	0.160	0.726	0.974	5.194
[p 値]	[0.905]	[0.926]	[0.852]	[0.489]	[0.385]	[0.006]

注：表 4-5 に同じ。

ての推定においてイギリスの変形イールド・スプレッド($s_{uk,t-1}^{(n,1)}$)の係数は有意にゼロと異ならなかった．また，前述した短期債構成比とイールド・スプレッドの構造（水準）変化を捉えるためにダミー変数を加えて推定したが，それらの係数も有意にゼロと異ならなかった．

まず，推定式の誤差項の正規性と系列相関をチェックすると，$n=60$ のとき $h_1=1$ とした DOLS, DFGLS 推定でかろうじて系列相関に係る帰無仮説が 5% 水準で棄却されなかったものの，$h_1=4$ の場合にはいずれの推定方法もその帰無仮説が棄却され，さらに正規性の帰無仮説は $h_1=1, 4$ のいずれの推定でも棄却された．また，$n=120$ と 240 の場合には，すべての推定で正規性および系列相関に関する帰無仮説は棄却された．これでは正確な仮説検定を行うことができないため，DOLS（$n=60$ で $h_1=1$ の場合を除く）に関して Newey-West [1987] の方法で係数推定量の標準誤差を修正する頑健推定を行なった．したがって，ここでの仮説検定はすべてこの DOLS（頑健推定）に基づいて分析する．なお，DFGLS 推定の誤差項は上述したように正規性と系列相関に関する条件を満たしていないため，結果の信頼性は劣るが，いずれの n でも $\rho=0$ の帰無仮説が 5% 水準で棄却されず，共和分検定の結果と整合的であることを付記しておく．

【期待理論】

期待理論に関する検証結果はイギリスの場合とまったく同じである．つまり，すべての n において変数 $s_{us,t}^{(n,1)}$ に係る係数 $\hat{\alpha}_1$ の符号は $h_1=1$ のとき負，$h_1=4$ のとき正となった．したがって，アメリカの場合も金利の計測誤差が係数の推定に影響していると考えられる．しかし，いずれの場合も $\hat{\sigma}(\alpha_1)$ が大きいため，5% 水準で $\alpha_1=1$ の帰無仮説も $\alpha_1=0$ の帰無仮説も棄却できなかった．ただし，イギリスの場合と異なり，いずれの推定でも誤差項に系列相関がありかつ正規性の条件も満たされないため，定式化が誤っている，つまり理論式(4.8)の前提となる期待理論が成立しない可能性が高い．

【発行構成比と金利変化】

イギリスの場合と同様の理由から，DOLS（頑健推定）における $h_1=4$ の

場合のみ説明する．まず，帰無仮説 $H_0^1(\alpha_2=\alpha_3=0)$ はすべての n で強く棄却された（1％水準）．一方，短期債構成比（α_2）と中期債構成比（α_3）の影響だが，短期債構成比に関する帰無仮説 $H_0^2(\alpha_2=0)$ はすべての n で強く棄却される（1％水準）．また，中期債構成比に関する帰無仮説 $H_0^3(\alpha_3=0)$ も $n=120$ のとき1％水準，$n=60, 240$ のとき5％水準で棄却されている．

以上の分析から，アメリカにおける期間構造と発行政策との長期的関係は次のように整理することができる．

① 発行構成比の変化はイールド・カーブ全体にわたって強く影響を与える．
② 個別の発行構成比で見ても，いずれもイールド・カーブ全体にわたって影響を与えるが，特に短期債構成比の影響が大きい．これは，分析期間において短期債の構成比が約8割を占めるためであろう．
③ 期待理論の成立は否定されないが，係数に係る標準誤差が大きいため検定結果の信頼性に欠ける．さらに，いずれの推定式においても誤差項の正規性および系列相関に係る帰無仮説が棄却されることから，期待理論が成立しない可能性が高い．

4-3　短期的関係

期間構造と発行政策との短期的関係を表す基本モデルは第2節に掲げた (4.13) 式 ($m=1$) だが，これに定数項と外生変数として海外の超過収益率を加え，以下の式を推定する．

$$\Delta \boldsymbol{x}_{j,t} = \theta_0 + \sum_{i=1}^{h_2} \boldsymbol{A}_{j,i} \Delta \boldsymbol{x}_{j,t-i} + \begin{bmatrix} \mu_{11} \Delta \phi_{l,t-1}^{(n,1)} \\ \mu_{21} \Delta \phi_{l,t-1}^{(n,1)} \\ 0 \\ 0 \end{bmatrix} + \boldsymbol{\eta}_t, \quad \boldsymbol{\eta}_t \sim i.i.d(\boldsymbol{0}, \boldsymbol{\Sigma}) \tag{4.17}$$

ここで，$j=$uk または us，$\boldsymbol{x}_{uk,t}=(\phi_{uk,t}^{(n,1)}, S_{uk,t}^{(n,1)}, IRM_{uk,t+1}, IRL_{uk,t+1})'$，$\boldsymbol{x}_{us,t}=(\phi_{us,t}^{(n,1)}, S_{us,t}^{(n,1)}, IRS_{us,t+1}, IRM_{us,t+1})'$，$l=$us（$j=$uk のとき）または uk（$j=$us のとき）である．また，説明変数で $\phi^{(n,1)}$ は超過収益率，$S^{(n,1)}$ はイール

ド・スプレッドを表す．なお，長期的関係の推定の場合と同様，実際に推計するときには外れ値を修正した系列を用いる．

　長期的関係の推定では海外の金利変化（イールド・スプレッド）は国内の金利変化に有意な影響を及ぼさなかったが，短期的に国内の超過収益率とイールド・スプレッドが海外の影響を受ける可能性を考え，ここでは $\Delta\phi^{(n,1)}$ と $\Delta S^{(n,1)}$ の方程式に前期差をとった海外の超過収益率（$\Delta\phi^{(n,1)}_{*,t-1}$）を説明変数として加えた．したがって，(4.17)式の各方程式において説明変数が異なるため，見かけ上無相関な回帰（Seemingly Unrelated Regression：SUR）モデルにより推定する．

　ラグ次数 h_2 は，AIC と BIC を基本としながらも Q 基準を満たすよう決定する．ただし，h_2 の決定には外生変数（海外の超過収益率）を除く純粋な VAR モデルを用いる．

　次に，ここで検証する仮説だが，冒頭で述べたように，発行構成比→超過収益率の因果関係だけではなく，その逆方向の因果関係も検証する．具体的には，

$$A_{j,i} = \begin{bmatrix} \theta_{11,i} & \cdots & \theta_{14,i} \\ \vdots & \ddots & \vdots \\ \theta_{41,i} & \cdots & \theta_{44,i} \end{bmatrix}$$

（ここで $\theta_{11,j,i}\cdots,\theta_{44,j,i}$ に付くべき下付文字 j は省略している）
とすると，発行構成比→超過収益率に係る帰無仮説は

$$\mathrm{H}_0^5: \theta_{13,1} = \theta_{13,2} = \cdots = \theta_{13,h_2} = \theta_{14,1} = \theta_{14,2} = \cdots = \theta_{14,h_2} = 0,$$

超過収益率→発行構成比に係る帰無仮説は

$$\mathrm{H}_0^6: \theta_{31,1} = \theta_{31,2} = \cdots = \theta_{31,h_2} = 0$$

$$\mathrm{H}_0^7: \theta_{41,1} = \theta_{41,2} = \cdots = \theta_{41,h_2} = 0$$

と表せる[27]．

---

27) 厳密に言えば，長期的関係の場合と同様，これらの帰無仮説は発行構成比に係る係数が等しいことを意味している．

第4章　国債発行政策と金利の期間構造　　　155

以上の点を踏まえて短期的関係の推定と仮説の検定を行う．

4-3-1　イギリス

(1)　ラグ次数 h_2 の決定

(4.17)式から外生変数を除いた純粋な VAR モデルにおいて，$h_2 = 1, \cdots, 8$ の範囲で AIC と BIC を計算すると，各々を最小にする h_2 は次のようになった．まず AIC では，$n = 60, 120, 240$ に対して各々 4, 3, 4 となった．また，BIC ではいずれの n でも 1 となった．

次に，BIC に基づく $h_2 = 1$ から順次 h_2 を大きくしていき，各方程式の誤差項の系列相関を調べていくと，Q 基準を満たす h_2 はすべての n で 4 となった．したがって，すべての n において $h_2 = 4$ として(4.17)式を推定する．なお，推定期間は 97 年 7 月から 04 年 12 月までの間でデータの制約上可能な期間である．

(2)　モデルの推定と仮説検定

SUR による(4.17)式の推定結果と仮説の検定結果は表 4-8 から表 4-10 のようになった．なお，この表には示していないが，すべての推定においてアメリカの超過収益率 ($\Delta \phi_{us,t-1}^{(n,1)}$) はイギリスの超過収益率に有意な影響を与えていない（ただし，$n = 60$ と 120 の場合，イギリスのイールド・スプレッドには有意に影響している）．

仮説の検定結果を説明する前に，各推定式の誤差項の正規性と系列相関をチェックしておこう．まず，系列相関に関する帰無仮説は，そもそもラグ次数が Q 基準を満たすよう選んでいるため，5% 水準で棄却されないはずである．実際に，$n = 60$ の ΔIRM 方程式を除き，この帰無仮説は 5% 水準で支持されている．$n = 60$ の ΔIRM 方程式においては 5% で棄却されるが，これはラグ次数を決定する純粋 VAR に外生変数を含んでいなかった影響が現れたためと考えられる[28]．しかし，ΔIRM 方程式における系列相関テスト

---

28)　外生変数を含まない推定では 5% で棄却された（p 値は 0.067）．

表4-8 イギリスにおける期間構造と発行構成比との短期的関係（5年物金利）
VAR(4)システム－SUR

方程式	Dukeh601	Duks601	Dukirm	Dukirl
推計期間		97:12－04:11		
（サンプル数）		(84)		
誤差項の正規性と系列相関				
【正規性】				
平　均	0.000	0.000	0.000	0.000
[p値]	[1.000]	[1.000]	[1.000]	[1.000]
歪　度（Sk=0）	0.091	0.363	0.966	0.419
[p値]	[0.735]	[0.177]	[0.000]	[0.119]
尖　度（Ku=3）	－0.213	0.174	0.355	－0.676
[p値]	[0.699]	[0.752]	[0.519]	[0.220]
Jarque-Bera検定	0.281	1.998	13.817	4.152
[p値]	[0.869]	[0.368]	[0.001]	[0.125]
【系列相関】				
Q値	21.554	17.413	29.225	16.095
[p値]	[0.252]	[0.495]	[0.046]	[0.586]
仮説	$(D)ukirm, (D)ukirl$ $\not\to (D)ukeh601$		$(D)ukeh601$ $\not\to (D)ukirm$	$(D)ukeh601$ $\not\to (D)ukirl$
無制約残差平方和	9527.556		11.929	16.732
制約付き残差平方和	10429.438		12.409	17.859
自由度	67		68	68
制約数	8		4	4
F値	0.793		0.684	1.145
[p値]	[0.611]		[0.605]	[0.343]

個別方程式－OLS

方程式	Dukeh601	Dukirm	Dukirl
推計期間		97:12－04:11	
（サンプル数）		(84)	
誤差項の正規性と系列相関			
【正規性】			
平　均	0.000	0.000	0.000
[p値]	[1.000]	[1.000]	[1.000]
歪　度（Sk=0）	0.090	0.966	0.419
[p値]	[0.737]	[0.000]	[0.119]
尖　度（Ku=3）	－0.212	0.355	－0.676
[p値]	[0.700]	[0.519]	[0.220]
Jarque-Bera検定	0.278	13.817	4.152
[p値]	[0.870]	[0.001]	[0.125]
【系列相関】			
Q値	21.549	29.225	16.095
[p値]	[0.253]	[0.046]	[0.586]
仮説	$(D)ukirm, (D)ukirl$ $\not\to (D)ukeh601$	$(D)ukeh601$ $\not\to (D)ukirm$	$(D)ukeh601$ $\not\to (D)ukirl$
F値	0.768	0.645	1.144
[p値]	[0.631]	[0.632]	[0.343]
仮説	$(D)uks601$ $\not\to (D)ukeh601$		
F値	1.146		
[p値]	[0.343]		

第4章　国債発行政策と金利の期間構造

表 4-9　イギリスにおける期間構造と発行構成比との短期的関係（10年物金利）
　　　　　VAR(4)システム－SUR

方程式	Dukeh1201	Duks1201	Dukirm	Dukirl
推計期間		97:12－04:11		
(サンプル数)		(84)		
誤差項の正規性と系列相関				
【正規性】				
平　均	0.000	0.000	0.000	0.000
[p値]	[1.000]	[1.000]	[1.000]	[1.000]
歪　度 (Sk=0)	－0.078	0.180	0.859	0.409
[p値]	[0.773]	[0.502]	[0.001]	[0.128]
尖　度 (Ku=3)	－0.672	－0.076	0.082	－0.668
[p値]	[0.222]	[0.890]	[0.881]	[0.225]
Jarque-Bera 検定	1.706	0.487	10.600	4.004
[p値]	[0.426]	[0.784]	[0.005]	[0.135]
【系列相関】				
Q値	21.757	12.734	24.812	14.661
[p値]	[0.243]	[0.807]	[0.130]	[0.685]
仮説	$(D)ukirm, (D)ukirl$ $\not\to (D)ukeh1201$		$(D)ukeh1201$ $\not\to (D)ukirm$	$(D)ukeh1201$ $\not\to (D)ukirl$
無制約残差平方和	25324.693		11.013	16.936
制約付き残差平方和	28719.834		12.401	18.105
自由度	67		68	68
制約数	8		4	4
F値	1.123		2.144	1.174
[p値]	[0.360]		[0.085]	[0.330]

　　　　　個別方程式－OLS

方程式	Dukeh1201	Dukirm	Dukirl
推計期間		97:12－04:11	
(サンプル数)		(84)	
誤差項の正規性と系列相関			
【正規性】			
平　均	0.000	0.000	0.000
[p値]	[1.000]	[1.000]	[1.000]
歪　度 (Sk=0)	－0.097	0.859	0.409
[p値]	[0.719]	[0.001]	[0.128]
尖　度 (Ku=3)	－0.674	0.082	－0.668
[p値]	[0.221]	[0.881]	[0.225]
Jarque-Bera 検定	1.763	10.600	4.004
[p値]	[0.414]	[0.005]	[0.135]
【系列相関】			
Q値	21.717	24.812	14.661
[p値]	[0.245]	[0.130]	[0.685]
仮説	$(D)ukirm, (D)ukirl$ $\not\to (D)ukeh1201$	$(D)ukeh1201$ $\not\to (D)ukirm$	$(D)ukeh1201$ $\not\to (D)ukirl$
F値	1.100	2.086	1.176
[p値]	[0.374]	[0.092]	[0.329]
仮説	$(D)uks1201$ $\not\to (D)ukeh1201$		
F値	0.886		
[p値]	[0.477]		

表 4-10 イギリスにおける期間構造と発行構成比との短期的関係（20年物金利）
VAR(4)システム－SUR

方程式	Dukeh2401	Duks2401	Dukirm	Dukirl
推計期間		97:12－04:11		
（サンプル数）		(84)		
誤差項の正規性と系列相関				
【正規性】				
平　均	0.000	0.000	0.000	0.000
[p値]	[1.000]	[1.000]	[1.000]	[1.000]
歪　度 (Sk=0)	0.136	0.228	0.754	0.417
[p値]	[0.612]	[0.397]	[0.005]	[0.121]
尖　度 (Ku=3)	－0.716	0.137	－0.095	－0.590
[p値]	[0.194]	[0.804]	[0.863]	[0.284]
Jarque-Bera 検定	2.102	0.811	8.177	3.738
[p値]	[0.350]	[0.667]	[0.017]	[0.154]
【系列相関】				
Q 値	24.845	10.535	25.212	18.282
[p値]	[0.129]	[0.913]	[0.119]	[0.437]
仮説	$(D)ukirm, (D)ukirl$ $\not\to (D)ukeh2401$		$(D)ukeh2401$ $\not\to (D)ukirm$	$(D)ukeh2401$ $\not\to (D)ukirl$
無制約残差平方和	67511.194		9.955	16.803
制約付き残差平方和	79713.719		12.402	18.331
自由度	67		68	68
制約数	8		4	4
F 値	1.514		4.178	1.546
[p値]	[0.169]		[0.004]	[0.199]

個別方程式－OLS

方程式	Dukeh2401	Dukirm	Dukirl
推計期間		97:12－04:11	
（サンプル数）		(84)	
誤差項の正規性と系列相関			
【正規性】			
平　均	0.000	0.000	0.000
[p値]	[1.000]	[1.000]	[1.000]
歪　度 (Sk=0)	0.118	0.754	0.417
[p値]	[0.660]	[0.005]	[0.121]
尖　度 (Ku=3)	－0.694	－0.095	－0.590
[p値]	[0.207]	[0.863]	[0.284]
Jarque-Bera 検定	1.927	8.177	3.738
[p値]	[0.382]	[0.017]	[0.154]
【系列相関】			
Q 値	25.074	25.212	18.282
[p値]	[0.123]	[0.119]	[0.437]
仮説	$(D)ukirm, (D)ukirl$ $\not\to (D)ukeh2401$	$(D)ukeh2401$ $\not\to (D)ukirm$	$(D)ukeh2401$ $\not\to (D)ukirl$
F 値	1.480	4.109	1.551
[p値]	[0.181]	[0.005]	[0.197]
	$(D)uks2401$ $\not\to (D)ukeh2401$		
F 値	1.076		
[p値]	[0.375]		

第4章 国債発行政策と金利の期間構造　159

のp値は5%に近い（1%では棄却）こと，$h_2=5$とすると自由度がモデル全体で16も失われることから，$n=60$の場合も$h_2=4$として分析を進める．

一方，誤差項の正規性に関しては，すべてのnにおいて，ΔIRM方程式だけが満たさない．したがって，ΔIRM方程式に基づく検定にはこの点に留意する必要があろう．

【発行構成比→超過収益率】

前述したように，発行構成比から超過収益率への因果関係を検証するための帰無仮説は

$$H_0^5: \theta_{13,1} = \cdots = \theta_{13,4} = \theta_{14,1} = \cdots = \theta_{14,4} = 0$$

である．(4.17)式にこの制約を課した上で再推定し，$\Delta\phi^{(n,1)}$方程式の無制約残差平方和（RSS）と制約付きRSSによりFテストを行った．その結果，すべてのnで帰無仮説H_0^5は5%水準で棄却されなかった．

この結果を確認するために，$\Delta\phi^{(n,1)}$方程式のみをOLS推定し，同様の制約を課すことによってH_0^5を検定したが，結果はすべてのnでほぼ同じF値を得た．なお，第2節で説明した「イールド・スプレッドがターム・プレミアム（超過収益率）に影響する」というCampbell [1995]の推測を検証するために，$\Delta\phi^{(n,1)}$方程式のOLS推定に基づいてイールド・スプレッド→超過収益率の因果関係を検定した結果，因果関係がないという帰無仮説はすべてのnにおいて5%水準で棄却されなかった．

【超過収益率→発行構成比】

中期債構成比から超過収益率への因果関係を検証するための帰無仮説は

$$H_0^6: \theta_{31,1} = \cdots = \theta_{31,4} = 0,$$

長期債構成比に関する帰無仮説は

$$H_0^7: \theta_{41,1} = \cdots = \theta_{41,4} = 0$$

である．発行構成比→超過収益率の場合と同様に，(4.17)式にこれらの制約を課して再推定し，ΔIRMとΔIRL式に関して同様のFテストを行なった．

その結果，長期債構成比に関してはすべてのnで5%水準でH_0^7が棄却されなかった．また，中期債構成比については$n=60$と120の場合にH_0^6

は棄却されなかったが,$n=240$ のケースでは強く棄却された(1%水準).

これらの結果を確認するために,ΔIRM 方程式と ΔIRL 方程式とを各々 OLS 推定し,前者には H_0^6,後者には H_0^7 の制約を課すことによってこれらの仮説を検証したが,結果はすべての n で全く同じであった.

以上の分析から,イギリスにおける期間構造と発行政策との短期的関係は次のように整理することができる.

①発行構成比はイールド・カーブの全体にわたって影響を与えない.
②長期債構成比は期間構造の変化(短・中・長期債のいずれの金利変化)から影響を受けないが,中期債構成比は長期金利の変化によって影響される.
③イールド・スプレッドは超過収益率に影響を与えず,イギリスに関しては Campbell [1995] の推測は妥当しない[29].

4-3-2 アメリカ

アメリカの場合も分析のプロセスはイギリスと同じであるため,以下では結論だけ簡潔に説明する.なお,長期的関係を検証したときには,変数系列の構造(水準)変化を捉えるためにダミー変数を推定式に加えたが,(4.17)式では系列の前期差を変数に用いているため,ダミー変数は加えなかった.

(1) ラグ次数 h_2 の決定

(4.17)式から外生変数を除いた純粋な VAR モデルにおいて,$h_2=1, \cdots, 8$ の範囲で AIC と BIC を計算すると,各々を最小にする h_2 は次のようになった.まず,AIC ではいずれの n に対しても 8 となった.また,BIC では $n=60, 120, 240$ に対して順に 3, 2, 2 となった.

次に,BIC によって得た h_2 の値から順次 h_2 を大きくしていき,各方程式の誤差項の系列相関を調べていくと,Q 基準を満たす h_2 はすべての n で 6

---

29) Campbell [1995] によるこの推測は,そもそもアメリカのデータがここでの仮説(4.6)を支持せず,期待理論が成立しない理由として述べられたものである.

となった．したがって，すべての n において $h_2=6$ として(4.17)式を推定する．なお，推定期間は97年7月から04年12月までの間でデータの制約上可能な期間である．

(2) モデルの推定と仮説検定

SURによる(4.17)式の推定結果と仮説の検定結果は表4-11から表4-13のようになった．なお，この表には示していないが，すべての推定においてイギリスの超過収益率（$\Delta\phi_{uk,t-1}^{(n,1)}$）はアメリカの超過収益率，イールド・スプレッドのいずれにも有意な影響を与えていない．

各推定式の誤差項の正規性と系列相関をチェックすると，まず，系列相関がないという帰無仮説は，すべての n とすべての方程式で5%水準で支持された．しかし，正規性に関しては結果がまちまちとなった．まず，すべての n で $\Delta\phi^{(n,1)}$ 方程式は正規性の条件が満たされるが，ΔIRS 方程式と ΔIRM 方程式はそれが満たされない．この点は仮説の検定結果を解釈する際に留意する必要がある（つまり，ΔIRS 方程式と ΔIRM 方程式の推定に基づく検定は，その信頼性が必ずしも高くない）．また，$\Delta S^{(n,1)}$ 方程式については，$n=240$ のとき正規性は満たされるが，$n=60, 120$ では満たされていない．

【発行構成比→超過収益率】

イギリスの場合と同様の方法により帰無仮説 H_0^5 をFテストしたところ，すべての n で H_0^5 は5%水準で棄却されなかった．また，$\Delta\phi^{(n,1)}$ 方程式のみをOLS推定し，その推定式に基づいて H_0^5 をFテストしたところ，やはりすべての n で(4.17)式による場合とほぼ同じ F 値を得た．

一方，$\Delta\phi^{(n,1)}$ 方程式のOLS推定に基づいてイールド・スプレッド→超過収益率の因果関係を検証したところ，因果関係がないという帰無仮説はすべての n について5%水準で棄却され，Campbell [1995] の推測を裏付けた．この結果は，イールド・スプレッドを介した間接的な影響が発行構成比と超過収益率との間に存在する可能性を示唆している．この点に関する検証は後述する．

表 4-11　アメリカにおける期間構造と発行構成比との短期的関係（5 年物金利）

VAR(6)システム－SUR

方程式	Dmuseh601	Dmuss601	Dmusirs	Dusirm
推計期間		98:2－04:11		
（サンプル数）		(82)		
誤差項の正規性と系列相関				
【正規性】				
平　均	0.000	0.000	0.000	0.000
[p 値]	[1.000]	[1.000]	[1.000]	[1.000]
歪　度 (Sk=0)	－0.347	0.324	－0.263	0.027
[p 値]	[0.204]	[0.236]	[0.337]	[0.920]
尖　度 (Ku=3)	0.638	2.930	3.226	2.618
[p 値]	[0.256]	[0.000]	[0.000]	[0.000]
Jarque-Bera 検定	3.078	31.140	36.958	23.718
[p 値]	[0.215]	[0.000]	[0.000]	[0.000]
【系列相関】				
Q 値	11.000	20.801	15.058	12.063
[p 値]	[0.894]	[0.290]	[0.658]	[0.844]
仮説	$(D)\,musirs,\ (D)\,usirm$ $\not\to (D)\,museh601$		$(D)\,museh601$ $\not\to (D)\,musirs$	$(D)\,museh601$ $\not\to (D)\,usirm$
無制約残差平方和	19.373		0.283	0.321
制約付き残差平方和	21.858		0.352	0.361
自由度	57		58	58
制約数	12		6	6
F 値	0.609		2.370	1.194
[p 値]	[0.826]		[0.041]	[0.323]

個別方程式－OLS

方程式	Dmuseh601	Dmusirs	Dusirm
推計期間		98:2－04:11	
（サンプル数）		(82)	
誤差項の正規性と系列相関			
【正規性】			
平　均	0.000	0.000	0.000
[p 値]	[1.000]	[1.000]	[1.000]
歪　度 (Sk=0)	－0.338	－0.263	0.027
[p 値]	[0.217]	[0.337]	[0.920]
尖　度 (Ku=3)	0.619	3.226	2.618
[p 値]	[0.270]	[0.000]	[0.000]
Jarque-Bera 検定	2.909	36.958	23.718
[p 値]	[0.234]	[0.000]	[0.000]
【系列相関】			
Q 値	11.143	15.058	12.063
[p 値]	[0.888]	[0.658]	[0.844]
仮説	$(D)\,musirs,\ (D)\,usirm$ $\not\to (D)\,museh601$	$(D)\,museh601$ $\not\to (D)\,musirs$	$(D)\,museh601$ $\not\to (D)\,usirm$
F 値	0.594	2.306	1.175
[p 値]	[0.838]	[0.046]	[0.332]
仮説	$(D)\,muss601$ $\not\to (D)\,museh601$		
F 値	8.014		
[p 値]	[0.000]		

第4章 国債発行政策と金利の期間構造

表4-12 アメリカにおける期間構造と発行構成比との短期的関係（10年物金利）
VAR(6)システム－SUR

方程式	Dmuseh1201	Dmuss1201	Dmusirs	Dusirm
推計期間		98:2－04:11		
（サンプル数）		(82)		
誤差項の正規性と系列相関				
【正規性】				
平均	0.000	0.000	0.000	0.000
[p値]	[1.000]	[1.000]	[1.000]	[1.000]
歪度（Sk=0）	－0.251	0.066	－0.079	－0.113
[p値]	[0.358]	[0.810]	[0.772]	[0.681]
尖度（Ku=3）	0.536	1.392	2.306	2.524
[p値]	[0.339]	[0.013]	[0.000]	[0.000]
Jarque-Bera検定	1.868	6.763	18.485	22.209
[p値]	[0.393]	[0.034]	[0.000]	[0.000]
【系列相関】				
Q値	10.769	15.115	15.043	11.079
[p値]	[0.904]	[0.654]	[0.659]	[0.891]
仮説	$(D)musirs, (D)usirm$ $\to (D)museh1201$		$(D)museh1201$ $\to (D)musirs$	$(D)museh1201$ $\to (D)usirm$
無制約残差平方和	28.284		0.270	0.322
制約付き残差平方和	32.863		0.323	0.361
自由度	57		58	58
制約数	12		6	6
F値	0.769		1.895	1.182
[p値]	[0.679]		[0.097]	[0.329]

個別方程式－OLS

方程式	Dmuseh1201	Dmusirs	Dusirm
推計期間		98:2－04:11	
（サンプル数）		(82)	
誤差項の正規性と系列相関			
【正規性】			
平均	0.000	0.000	0.000
[p値]	[1.000]	[1.000]	[1.000]
歪度（Sk=0）	－0.243	－0.079	－0.113
[p値]	[0.375]	[0.772]	[0.681]
尖度（Ku=3）	0.521	2.306	2.524
[p値]	[0.353]	[0.000]	[0.000]
Jarque-Bera検定	1.757	18.485	22.209
[p値]	[0.415]	[0.000]	[0.000]
【系列相関】			
Q値	10.956	15.043	11.079
[p値]	[0.896]	[0.659]	[0.891]
仮説	$(D)musirs, (D)usirm$ $\to (D)museh1201$	$(D)museh1201$ $\to (D)musirs$	$(D)museh1201$ $\to (D)usirm$
F値	0.760	1.843	1.173
[p値]	[0.688]	[0.107]	[0.333]
仮説	$(D)muss1201$ $\to (D)museh1201$		
F値	7.859		
[p値]	[0.000]		

表 4-13 アメリカにおける期間構造と発行構成比との短期的関係（20年物金利）
VAR(6)システム－SUR

方程式	$Dmuseh2401$	$Dmuss2401$	$Dmusirs$	$Dusirm$
推計期間		98:2－04:11		
（サンプル数）		(82)		
誤差項の正規性と系列相関				
【正規性】				
平　均	0.000	0.000	0.000	0.000
[p値]	[1.000]	[1.000]	[1.000]	[1.000]
歪　度（Sk＝0）	－0.271	－0.002	－0.019	－0.083
[p値]	[0.322]	[0.996]	[0.945]	[0.761]
尖　度（Ku＝3）	0.623	0.481	2.125	2.462
[p値]	[0.267]	[0.392]	[0.000]	[0.000]
Jarque-Bera 検定	2.361	0.799	15.622	21.066
[p値]	[0.307]	[0.671]	[0.000]	[0.000]
【系列相関】				
Q 値	7.768	10.253	15.090	11.203
[p値]	[0.982]	[0.923]	[0.656]	[0.886]
仮説	$(D)\,musirs, (D)\,usirm$ $\not\to (D)\,museh2401$		$(D)\,museh2401$ $\not\to (D)\,musirs$	$(D)\,museh2401$ $\not\to (D)\,usirm$
無制約残差平方和	33.282		0.277	0.322
制約付き残差平方和	39.576		0.319	0.360
自由度	57		58	58
制約数	12		6	6
F 値	0.898		1.468	1.142
[p値]	[0.554]		[0.205]	[0.350]

個別方程式－OLS

方程式	$Dmuseh2401$	$Dmusirs$	$Dusirm$
推計期間		98:2－04:11	
（サンプル数）		(82)	
誤差項の正規性と系列相関			
【正規性】			
平　均	0.000	0.000	0.000
[p値]	[1.000]	[1.000]	[1.000]
歪　度（Sk＝0）	－0.261	－0.019	－0.083
[p値]	[0.340]	[0.945]	[0.761]
尖　度（Ku＝3）	0.613	2.125	2.462
[p値]	[0.275]	[0.000]	[0.000]
Jarque-Bera 検定	2.244	15.622	21.066
[p値]	[0.326]	[0.000]	[0.000]
【系列相関】			
Q 値	7.950	15.090	11.203
[p値]	[0.979]	[0.656]	[0.886]
仮説	$(D)\,musirs, (D)\,usirm$ $\not\to (D)\,museh2401$	$(D)\,museh2401$ $\not\to (D)\,musirs$	$(D)\,museh2401$ $\not\to (D)\,usirm$
F 値	0.894	1.374	1.128
[p値]	[0.558]	[0.240]	[0.358]
仮説	$(D)\,muss2401$ $\not\to (D)\,museh2401$		
F 値	8.158		
[p値]	[0.000]		

第4章　国債発行政策と金利の期間構造　　　　　　　　　　165

【超過収益率→発行構成比】

イギリスの場合と同様に，短期債構成比と中期債構成比に関して各々 H_0^6, H_0^7 の制約を F テストした．その結果，中期債構成比に関してはすべての n で 5% 水準で H_0^7 が棄却されなかった．一方，短期債構成比については，$n=120$ と 240 の場合に H_0^6 は 5% 水準で棄却されなかったが，$n=60$ のケースでは棄却された（ただし，1% 水準では棄却されない）．

上記の結果を確認するために，ΔIRS 方程式と ΔIRM 方程式を各々 OLS 推定し，帰無仮説 H_0^6, H_0^7 を F テストしたが，結果はすべての n で全く同じであった．

【イールド・スプレッドの影響】

前述したように，イールド・スプレッドが超過収益率に有意に影響を与えているため，イールド・スプレッドを通じて発行構成比と超過収益率との間に間接的な因果関係が存在する可能性がある．そこで，イールド・スプレッドを除いて $\Delta\phi^{(n,1)}$ 方程式，ΔIRS 方程式，ΔIRM 方程式を各々 OLS 推定し，それら発行構成比と超過収益率との間の因果関係を検証した[30]．結果は表 4-14 のとおりである．

発行構成比→超過収益率への因果関係はイールド・スプレッドを含めた結果と変わらないが，逆の因果関係は大きく変化した．つまり，$n=240$ の場合における超過収益率→中期債構成比への因果関係を除くすべての超過収益率→発行構成比の因果関係が，特に短期債構成比に関して強く支持される．なお，推定した各方程式の誤差項はすべて正規性の条件を満たしていないが，少なくとも ΔIRS と ΔIRM の方程式に関してはイールド・スプレッドを含めた場合でもその条件を満たしていない．したがって，同一条件での比較と

---

30) これまでの検定で，SUR による (4.17) 式の推定に基づいた結果は個別式の OLS 推定に基づいたそれとほとんど変わらなかったため，ここでは個別式の OLS 推定に基づいて検証した．なお，各推定式において系列相関に係る帰無仮説は 5% 水準で棄却されなかったが，正規性は $\Delta\phi^{(n,1)}$ 方程式を含めすべて棄却された．このことは，イールド・スプレッドを除いた (4.17) 式を SUR により推定した場合も同じである．

表 4-14 イールド・スプレッドを除いた場合の因果関係

n	60	120	240
仮説：発行構成比 —/→ 超過収益率			
F 値	0.659	0.730	0.877
[p 値]	(0.783)	(0.717)	(0.574)
仮説：超過収益率 —/→ 短期債構成比			
F 値	4.062	4.182	3.899
[p 値]	(0.002)	(0.001)	(0.002)
仮説：超過収益率 —/→ 中期債構成比			
F 値	2.844	2.327	2.070
[p 値]	(0.016)	(0.043)	(0.069)

いう観点から言えば，超過収益率→発行構成比への因果関係についての結果が大きく変化したことは，やはりイールド・スプレッドを通じた間接的な影響があることを示していよう．

　以上の分析から，アメリカにおける期間構造と発行政策との短期的関係は次のように整理することができる．

① 発行構成比はイールド・カーブ全体にわたって直接的な影響を与えない．また，イールド・スプレッドを介しているという意味で間接的にも影響を与えない．

② 中期債構成比は期間構造の変化（短・中・長期債のいずれの金利変化）から直接的な影響をほとんど受けず，短期債構成比も短期債金利の変化からわずかな直接的影響を受けるだけである．しかし，超過収益率→イールド・スプレッド→発行構成比という間接的な影響があることがいずれの発行構成比においても推測され，特に短期債構成比で強く支持される．

③ イールド・スプレッドは超過収益率に強い影響を与える．これはCampbell [1995] の推測を裏付けている．

第4章　国債発行政策と金利の期間構造

5　結　論

本章では，Campbell and Shiller [1991] のモデルに国債の発行（満期）構成を組み込む形でモデルを拡張し，そのモデルに基づいて実質金利の期間構造と発行政策（満期構成）との長期的関係および短期的関係を考察した．対象は90年代後半以降のイギリスとアメリカである．分析の結果，イギリスとアメリカで各々以下のような特徴を見出すことができた．

イギリスにおいて，発行構成比は，短期的には期間構造に影響を与えず中立的であるが，長期的には期間構造の中期（10年）および長期（20年）の部分に影響を与えている．これは，需要動向（中心的投資家）を考慮して，中・長期債の発行比率，特に長期債の発行比率が大きいため，長期的にはそれによる期間構造（金利）への影響が避けられないのであろう[31]．また，期間構造から発行構成比への因果関係については，短期的に長期債構成比が長期金利の変化から影響を受けるが，総じてみれば期間構造の変化は発行構成比に影響しているとは言えない．

一方，アメリカの場合，発行構成比はイギリスと同様，短期的には期間構造に影響を与えない．しかし，長期的には期間構造全体にわたって強く影響を与えている．第3章で示したように短期債の発行に偏っていることを考えると，発行政策を通じて長期的に期間構造を変化させようという財政当局の意図が窺える[32]．さらに，短期的に見て，総じて発行構成比は期間構造の変化からイールド・スプレッドを通じた間接的な影響を受けていたことが示された．このことは，財政当局が短期的には市場の状況をにらみつつ発行政策を実施していることを示しており，市場の中立性維持とは違った意味で，発行政策が市場をかく乱しないための配慮を表すものと解釈されよう．

---

31)　本研究の分析期間（97年7月-04年12月）における長期債の平均発行構成比は約51%である．
32)　分析期間における短期債の平均発行構成比は約83%にも上る．

以上の特徴は，第3章および本章の冒頭で述べたアメリカとイギリスの発行政策に関する分析結果およびそこから推測される期間構造と発行政策との関係と整合的である．したがって，発行政策（広義に捉えれば国債管理政策）の主たる目的を，アメリカでは経済の安定化，イギリスでは中立性に置いていることが期間構造との関係からも確認された．

　今後の課題は，日本を対象に同様の分析を行うことである．冒頭で説明したように，日本では借換債を中心とした国債の大量発行が中長期的に続く見通しである．このため，発行政策と市場（期間構造）との関わり方はむしろアメリカやイギリスより重要な政策課題である．第3章の分析結果から，日本の発行政策がアメリカと同様「経済の安定化」目的を重視しているとすれば，発行政策は期間構造に影響を与えることを意図していることになる．しかし，日本では，国債管理政策の基本的な目標を「確実かつ円滑な国債発行」と「中長期的な調達コストの抑制」に置いている（財務省［2006a］）．この目標は正に国債発行に係るリスクの抑制およびコストの最小化と同義であり，冒頭で説明したようにこの目標を達成するためには発行政策が流通市場をかく乱すべきではない，つまり発行政策は期間構造に対して中立的であることが望ましいであろう．日本における発行政策の在り方を考えるためにも，発行政策と期間構造との関係を分析することは重要な課題であり，そのためには実質金利に関するイールド・カーブのデータが早急に整備されることが望まれる．

付表 4-1　変数表

	アメリカ			イギリス		
	5 年物	10 年物	20 年物	5 年物	10 年物	20 年物
実質金利	*usrzy 60*	*usrzy 120*	*usrzy 240*	*ukrzy 60*	*ukrzy 120*	*ukrzy 240*
イールド・スプレッド	*uss 601* ↓ *muss 601*	*uss 1201* ↓ *muss 1201*	*uss 2401* ↓ *muss 2401*	*uks 601*	*uks 1201*	*uks 2401*
超過収益率	*useh 601* ↓ *museh 601*	*useh 1201* ↓ *museh 1201*	*useh 2401* ↓ *museh 2401*	*ukeh 601*	*ukeh 1201*	*ukeh 2401*
発行構成比	短期債 *usirs* ↓ *musirs*	中期債 *usirm*	長期債 *usirl* ↓ *musirl*	短期債 *ukirs* ↓ *mukirs*	中期債 *ukirm*	長期債 *ukirl*

第5章

国債買戻政策の日米英比較

1 はじめに

　日本では高水準の借換債発行が中長期的に見込まれる一方で，国債の発行・消化環境は必ずしも明るいわけではない．特に懸念される点は，①2001年度からの財政投融資改革に加え，日本郵政公社（郵便貯金および簡易保険）の民営化と政府系金融機関の統廃合による政策的な国債引受措置の後退，②経済の正常化に伴う金利上昇の可能性である．このことは，今後国債管理政策における発行政策のみならず残高管理政策の重要性も高まることを示していよう．第2章から第4章までは日米英3カ国の発行政策について様々な観点から論考してきた．そこで，本章以下第7章までは残高管理政策について制度比較を中心に考察していきたい．

　日本における残高管理の手段には，主として金利スワップ取引と国債整理基金による既発国債の買入消却がある．金利スワップ取引とは，異なる種類の金利（例えば固定金利と変動金利）の支払いを一定期間にわたって交換する取引である．国債管理に係る金利スワップ取引については，02年6月の証券決済システム改革法の中で国債整理基金特別会計法が改正されたことにより実現可能となった[1]．

---

[1] 外貨建て国債を発行している国の中には，為替リスクをヘッジするため，金利スワップ取引とともに通貨スワップ取引を導入している国もある．しかし，日本では外貨建て国債を発行していないため，法律上手当てされている制度は金利スワップ取引のみである．

財務省が発行している『日本国債ガイドブック2006』(40頁)によると，この金利スワップ取引は，「当面は，年度当初策定された国債発行計画の執行にあたって，策定時以降の時々の金融情勢等により，当初想定されていた固定金利の負債と変動金利の負債の比率など負債構成に変化が生じ，かつ負債構成の適正化やリスクの適切なコントロールの必要があると判断される場合に」実施する方針である．具体的には，05年度において，変動金利負債である10年個人向け国債の発行実績が発行予定額を大幅に上回ったことから，政府の負債構成における金利変動リスクが高まった．このリスクを軽減するために，中長期の「固定払い・変動受け」の金利スワップ取引を実施した．このように，金利スワップ取引は，国債管理上発生する様々な金利変動リスクをヘッジすることを基本的な目的とするものであり，残高管理の観点からは補完的な手段と考えられる[2]．

　一方，買入消却とは，国債または政府証券を期限到来前に買い戻す制度である[3]．日本の場合，買い戻した国債を消却するため「買入消却」と呼んでいるが，消却するか否かは買い戻す目的によるため，一般には「買戻し(Buyback)」と呼ばれる．

　財政当局が既発国債を買い戻す形式には様々なものがあり，市場流動性の維持・向上，償還の平準化など金利スワップ取引よりも多様な目的に適用できるため，英米をはじめ多くの国でこの制度を活用している．日本の場合，05年までは08年度に集中している普通国債の償還を平準化すること(以下，「08年度問題への対応」と記す)を目的に買入消却が行われてきた．しかし，この08年度問題の解決に目処がついてきた06年以降，財務省はより広範囲な目的でこの制度を活用しようと模索中である．実際，財務省の発表によれ

---

[2] 実際に金利スワップ取引が実施されるようになったのは05年度下期からであり，05年度の上限(想定元本ベース)は3,000億円であった．06年度以降の国債発行計画によると，その上限は06年度1.2兆円，07年度1.8兆円となっている．

[3] 買戻制度を採用している主要国において，買い戻す対象は主に中・長期国債であるため，以下では「政府証券」ではなく「国債」という用語を用いる．

ば，市中からの買入れ額は05年度の7,491億円から06年度には1兆8,000億円へ大幅に増額され，07年度も同額が維持される計画である．

　金利スワップ取引と買入消却を比べると，残高管理手段として後者のほうが主となるべきであろう．前述したように，国債の残高管理の重要性が高まると考えられる中，今後買入消却（買戻）制度をいかに活用していくかは極めて重要な課題であり，本章ではこの問題について論考する．具体的には，①日米英では買戻制度をどのように活用しているか，②買戻制度の目的に対してどの程度の成果を上げているのかについて考察・検証する．

　本章の構成は以下のようになっている．まず，第2節では総論として買戻制度の概要を整理する．第3節では，上述した第1の論点を考察するために日米英の買戻制度を詳細に比較する．ここで，買戻制度（またはそれに基づくオペレーション）の主目的には，市場流動性の維持・向上と満期構成の調整・管理（償還の平準化）の2つがあることを明らかにする．第4節では，買戻制度に基づくオペレーションが各国でどのように実施されているかを分析し，さらに第2の論点である買戻制度の成果について検証する．第5節では，結論として，それまでの考察をまとめるとともに，日本の新しい買戻制度（オペレーション）について言及する．

2　買戻制度とは

　国債の期限前買戻制度に基づくオペレーション（以下，「オペ」と略す）は，買戻しと借換え（Bond Exchange）とに大別することができる[4]．なお，本章で対象とするオペは財政当局，中央銀行のいずれが実施するかを問わないが，その目的が国債管理にあるものに限り，金融政策（通貨供給など）のために行なわれるオペは含まない．また，英米で発行されていたダブル年限債または期限前償還条項付国債をその条項に従って償還することは「買戻

---

[4]　本節の議論は，Gravelle [1998]，World Bank and IMF [2001]，GAO [2001a]，DMO [2003, 2006] に基づく．

し」ではなくあくまで「償還」であるため，ここでの考察対象としない．

買戻オペと借換オペはともに既発国債を償還期限前に買い戻すためのオペであるが，買戻しの対価が前者では基本的に現金で支払われるのに対して，後者では国債で支払われる点で根本的に異なる．したがって，買戻オペ以前に国債（通常はカレント・ベンチマーク銘柄）を発行して買戻し資金を調達する場合は実質的に借換オペである．ただし，それを見分けることは困難なため，各国で実施されたオペの区分は財政当局の発表に従う．

なお，以下では，買戻オペまたは借換オペによって買い戻される銘柄を対象銘柄，借換オペによって発行される銘柄を発行銘柄と呼ぶ．

2-1 目的と対象銘柄の選択要素

買戻オペ，借換オペとも基本的には既発債を期限前に買い戻すためのオペであることから，国債市場全体の流動性向上，適正な政府債務（国債残高）管理という共通の目的を有する．前者は，特に国債の要発行額が低い時期に流動性の低い既発国債を買い戻し，ベンチマーク銘柄の発行を増加させることによって，市場流動性を向上させることである．後者は，ターゲットとする満期の国債の買戻し（さらに，借換オペでは発行する国債の満期の調整）を通じて償還を平準化するまたは全体としての満期構成や平均残存期間を調整することによって，借換リスクや金利負担をコントロールすることである．

また，政府債務管理の観点から，各オペに固有の目的もある．まず，買戻オペは，予期せぬ税収増加など年度当初には計画していなかった余剰資金が生じたときに，その資金で流動性の低い国債を買入消却することにより政府債務を削減するなど，余剰資金の管理（機動的な債務削減）手段として用いることができる．一方，借換オペは市場を安定化するために実施されることがある．具体的には，機関投資家が運用のベンチマークとしている債券インデックスにおいて重要な銘柄がキー・マチュリティーから外れそうなときに，当該マチュリティーに属するカレント・ベンチマーク銘柄と交換するオペを通じて，投資家は効率的にそのポートフォリオを再構成することができ，さら

表 5-1　多くの国で採用されている買戻し対象銘柄の選択基準

- 買戻制度に基づくオペレーションが市場価格に与える影響を考慮し，かつ各オペレーションの効率性とコストを勘案すること
- 流動性が低いオフ・ザ・ラン銘柄であること
- 満期構成および利払い構造を考慮すること：通貨構成，デュレーション，満期構成などに関する現在の負債ポートフォリオの評価に基づくべきである
- 流通市場における個別銘柄の取引状況等に注意すること：例えば，大部分がストリップス化されている銘柄や先物取引の受渡適格銘柄は買戻しの対象とすべきではない

出所：World Bank and IMF [2001] の Box4.7 (p.144) から作成．

に投資家の市場参加を促すことによって市場を安定化させるのである．

オペで買い戻す対象銘柄を選択する場合の重要な要素として次の4つがある（表5-1）．まず，オペが対象銘柄の市場価格に与える影響を考慮し，後述する当該オペの効率性とコストの点から適切な銘柄を選択することである．オペの効率性とコストを考慮することは，対象銘柄の選択だけではなく，どのオペを実施するかを決定する際にも重要な要素である．

第2に，流動性が高いベンチマーク銘柄は避けることである．オペの実施時点でオフ・ザ・ラン銘柄であっても将来的にベンチマーク銘柄とする（例えば，5年ベンチマーク銘柄として発行した国債の残存期間が2年となったとき，改めて2年のベンチマーク銘柄としてリオープンする）予定がある銘柄は，対象銘柄から外すべきである．

第3に，既発国債の満期構成および利払い構造を考慮することである．これは必ずしも対象銘柄に対してのみではなく，発行銘柄の満期および表面利率も考慮した上で対象銘柄を判断することも含む．なお，この点は買戻オペにおいて買戻し資金を調達するために国債を発行する場合も同様である[5]．

第4に，銘柄の取引状況等を考慮することである．例えば，ストリップス適格債であり，大部分がストリップス債に分離されている銘柄は避けるべき

---

5) ただし，オペの目的がデュレーションを一定に保つことにあるのであれば，対象銘柄と発行銘柄の満期を正確に一致させる必要はない．満期を所与としたとき表面利率が高いほどデュレーションは低下するため，例えば買戻し資金を調達するために5年債を発行する一方で残存期間が5年以上の国債を買い戻すことは可能である．

である．このような場合，仮にオペを実行したとしても応募は当然少ない．オペの告示から実施までの期間を長くとった場合，ディーラーがストリップス債を統合してそれに参加できる可能性は高くなるが，オペをより確実に成功させるためには，そのような銘柄を対象銘柄に選ぶべきではない．また，先物取引の受渡適格（最割安）銘柄，スワップ取引の原資産となっている銘柄は避けることである．そのような役割を果たしている銘柄を買い戻すことによって，派生商品市場など他の市場のかく乱につながる恐れがある．

2-2 買戻オペレーション

買戻オペには買戻オークション（以下，"RA"と記す）と買入オペレーションの2形式がある．前者は国債の買戻しをその発行と同様の公募入札形式で行い，後者は流通市場を通じて買戻しを行うオペである．多くの国では，いずれの形式も備えている（表5-2）．

2-2-1 買戻オークション

RAは，参加者が保有する国債を売却するためにオファーを提出する点以外は，基本的に通常の発行入札と同じ方法で行われる．したがって，大規模な買戻しに適している．通常，入札は価格競争方式によって行われ，参加者もプライマリー・ディーラーに制限している国が多い．また，多くの国では買い戻した国債を決済時に消却する[6]．

一方，通常の発行入札と大きく違う点は，買い戻される総額が必ずしも確定していない点である．財政当局は未公表の足切り価格以上（または利回り以下）のオファーを拒否できる権限を有することによって，「公正（と判断される）価格」より不当に高い価格で対象銘柄を買い戻す義務から免れることができる．このため，財政当局はRAの告示において買戻し予定額を発表するが，これは買戻し可能な上限額であって確定金額ではない．

---

   6) スペインのように，流通市場の需給逼迫を緩和するためのレポ取引（オペ）に備えて，後述する買入オペによって買い戻した国債を保有する場合もある．

第5章　国債買戻政策の日米欧比較

表5-2　買戻制度を採用している主要国

地域・国		買戻オペレーション		借換オペレーション	
		買戻オークション	買入オペ等	競争入札方式	固定比率方式
【ヨーロッパ】	アイルランド		○		○
	イギリス	○	○		○
	イタリア	○	○	○	
	オーストリア	○	○		
	オランダ		○		
	ギリシャ	○			○
	スウェーデン	○		○	○
	スペイン		○		
	デンマーク		○		
	フィンランド	○		○	○
	フランス	○			○
	ベルギー	○		○	○
	ポルトガル	○	○		
【北　米】	アメリカ	○			
	カナダ	○	○	○	○
【アジア・オセアニア】	日本	○			
	オーストラリア	○	○		
	ニュージーランド	○	○		○

注：05年末時点．
出所：World Bank and IMF [2001]，GAO [2001a]，DMO [2003]，各国財政当局のHPなどに基づき作成．

　この買戻し総額に対する財政当局の裁量権は，メリットとデメリットの両面を持つ．メリットの第1は，言うまでもなく，財政当局が余計なプレミアムを支払うことなく国債を買い戻すことができることである．第2に，RAにおける（平均）落札価格と市場価格の差を制限することができると同時に，積極的な入札参加を促し入札価格を低く抑える効果がある．これは次のような理由による．ディーラーはオペの告示日以降に流通市場で対象銘柄のロング・ポジションを形成する傾向があり，そのポジションを解消するためにはRAでの落札に成功しなければならない．一方，財政当局による裁量権のため，買戻し総額が確定している場合よりRAで対象銘柄を落札できる可能性は小さくなる．したがって，ディーラーはRAに積極的に参加すると同時に，落札するために入札価格を低く抑えることとなる．第3のメリットは，

RAを実施することによって財政当局が流通市場における大口の買い手となり，対象銘柄，さらには流通市場全体の取引を活発化させる効果である．

一方，デメリットは，意図した買戻しを公表することによって，オペの告示日から実施日にかけて対象銘柄の市場価格が上昇する傾向が生じること，つまり，当該銘柄の利回りに含まれる流動性プレミアムが低下または消失することである．これはアナウンスメント効果と呼ばれる．特に，RAは比較的規模の大きい買戻しのために実施されることから，アナウンスメント効果が市場価格に及ぼす影響が大きい．この影響を緩和する方策として，対象銘柄を複数に分散する方法がある．これによって，各銘柄の買戻し額が比較的小額となるため，アナウンスメント効果が各銘柄の価格（または需要）に及ぼす影響を希薄化させることができる．また，複数銘柄を同時にオークションにかけることによって入札参加者を拡大させる（オークションの活性化）と同時に，逆にアナウンスメント効果が複数銘柄に及んで流通市場全体の取引活性化につながる効果を期待することもできる．

2-2-2 買入オペレーション

買入オペとは，財政当局またはその代理機関が流通市場を通じて買い戻すオペであり，2つの方式がある．第1の方式は，財政当局からの買入オファーに対してプライマリー・ディーラーが入札する方式である．入札という点では前述のRAと同じだが，オペの告示から実施までの時間が通常は数時間と極めて短いことが特徴である．したがって，オペの規模は中規模以下であり，このオペが対象銘柄の流通市場に及ぼす影響（アナウンスメント効果）はRAより小さい．

第2の方式は，プライマリー・ディーラーもしくはブローカーとの相対取引またはインター・ディーラー取引システムへのオファーに基づき買い戻す方式である[7]．具体的には以下のようなプロセスに従う．

---

7) Gravelle [1998] はこの方式を買入タップ（Reverse Tap）と呼んでいるが，イギリスで実施されている買入タップおよびスイッチ・タップ（Switch Tap）

①財政当局は個別ディーラーと直接連絡を取り，財政当局による対象銘柄の買入オファー（額面総額）に対する売り気配値の提示を要求する．その価格が十分に低いと判断したときは，当該ディーラーから対象銘柄を買い戻す．

②当該ディーラーが提示した価格（気配値）が不適切と判断した場合には，他のディーラーに売り気配値を提示させ，対象銘柄の買入目標額が達成されるまで同様のプロセスを繰り返す．

③上記のようにディーラーと個別に交渉する代わりに，インター・ディーラー取引システムに対象銘柄の買入オファーを提示する方法を採る場合もある．この場合，各ディーラーは，同システムに提示された買い気配値に基づいて，保有する対象銘柄をどれだけ売却するかを決定する[8]．

　この方式の特徴として，第1に，前述の入札方式および他の買戻し方法に比べて買戻し額が小額という点がある．したがって，継続的な（小額の）歳入超過があり，財政当局が機動的に国債の買入れ（消却）を行うことによってその余剰資金を管理したいと考えている場合には適している．第2に，買戻し額が小額であるという特徴から，このオペが市場価格に及ぼす影響はRAより小さいと考えられる．特に，ディーラーとの相対取引の場合には，財政当局がディーラーの提示価格による買戻しを個別に判断するプロセスを繰り返すため，アナウンスメント効果が生じる余地はない．一方，オペがインター・ディーラー取引システムを通じて行われた場合にはアナウンスメント効果を生じさせる可能性はあるが，オペ自体は買い気配値を既に提示しているためその影響を受けない．

2-3　借換オペレーション

　借換オペとは，買戻オペと同様に期限前に国債を買い戻すオペだが，その

　　はいずれも相対ではなく入札方式である．
8)　財政当局が提示する買い気配値は，対象銘柄の市場価格および理論イールド・カーブから導出される理論価格を考慮して決定すると考えられる．

対価として現金を支払うのではなく，通常は流動性の高いベンチマーク銘柄を発行（リオープン）するオペである．つまり，借換オペは，保有する流動性の低い銘柄を流動性の高い銘柄に交換する機会を市場参加者に提供するものであり，したがって財政当局とオペの参加者との間で現金の授受はない．

借換オペにも，対象銘柄と発行銘柄の交換比率をどのように決定するかにより，競争入札方式と固定比率方式の2つの方式がある．前者は交換比率を対象銘柄の保有者による入札で決定する方式であり，後者は財政当局が予め交換比率を決定して対象銘柄の保有者に提示する方式である．借換オペを実施している主要国は多いが，いずれの方式も備えている国は少ない（前出表5-2）．

両方式とも次のような共通の特徴を有している．第1に，交換比率は借換オペの告示時における対象銘柄（および発行銘柄）の市場価格に依存する．第2に，必ずしも必要な条件ではないが，対象銘柄と類似の満期および表面利率を有する流動性の高いベンチマーク銘柄を発行銘柄とする．特に，固定比率方式による場合，類似の特性を有する対象銘柄と発行銘柄を組み合せることによって，借換え期間（オペの告示日から借換えの決定日までの間）に生じる可能性があるスプレッド・リスクをできるだけ小さくすることができる[9]．第3に，オペの成功は買持ち（buy and hold）型投資家の参加程度および発行銘柄に対する需要に依存する．第4に，類似の満期を有する低流動性銘柄から高流動性銘柄への借換えは，国債の平均残存期間を維持しながらも市場全体の流動性を向上させることに役立つ．

(1) 競争入札方式

競争入札方式では，市場参加者が対象銘柄の希望売却額と同時に，対象銘柄と発行銘柄の交換比率（またはその利回較差）を入札する，または対象銘柄の価格（利回り）が固定されている場合には発行銘柄の価格（利回り）を

---

[9] スプレッド・リスクとは，借換え期間中に生じるイールド・スプレッドの変化によって財政当局または投資家が被るリスクを言う．

入札する．財政当局にとって有利な交換比率または発行銘柄の価格（利回り）から落札され，その結果として対象銘柄の借換え（買戻し）総額と発行銘柄の発行総額が決まる．

競争入札方式は，対象銘柄の価格（利回り）を基準とした発行銘柄の価格（利回り）に対する入札とみなすことができる．したがって，対象銘柄の市場価格が入札する交換比率に影響を与える．また，通常，財政当局はその市場価格から判断して極めて不利な交換比率のオファーを拒否する権限を有している．このため，予定していた対象銘柄の借換え（買戻し）総額および発行銘柄の発行額が達成される保証はなく，その意味で両総額とも不確定である．

(2) 固定比率方式

固定比率方式では，まず財政当局が対象銘柄と発行銘柄の交換比率ならびに借換え期間を発表する．この告示に従って，対象銘柄の保有者は，借換え期間内に財政当局の借換オファーを受け入れるか否かを決める．ここで，交換比率は告示時における対象銘柄の市場価格および理論イールド・カーブから導出された理論価格を考慮して設定される．

財政当局の借換オファーに対して対象銘柄の保有者がどの程度応募するかは，設定された交換比率および借換え期間の長さに依存する．このため，対象銘柄の残高に対する最低（目標）借換え比率が当該借換オペで達成される保証もなければ，発行銘柄の目標発行額が達成される保証もない．借換え期間がある程度長い場合には，告示時には借換えを促すであろうと判断されていた交換比率に対して市場が不利に動く（つまり，対象銘柄の価格が上昇する）可能性もある．しかし，通常は，借換え期間の長さと応募総額との間には正の相関関係がある．これは，期間が長いほどディーラーはその顧客に対してオペへの参加を勧誘し，対象銘柄を多く集めることができるためである．

なお，買戻オペの場合には，RAが大規模な買戻し，買入オペが小規模ないし場合によっては中規模な買戻しに適しているが，借換オペの場合には両

方式とも大規模または中規模の買戻しに適している．

2-4 各オペレーションの効率性とコスト

これまで概説してきたように，買戻制度には様々なオペレーションがある．各オペに固有の特徴があるが，ここでGravelle［1998］とWorld Bank and IMF［2001］に基づいてその効率性とコストについて整理しておこう（図5-1）．

効率性は，オペによって政府債務を整理・統合すると同時に流動性の高いベンチマーク銘柄の供給を維持できる能力によって測られる．このことから，効率性は買い戻す規模に比例して高まると考えられる．国債の買戻し規模を

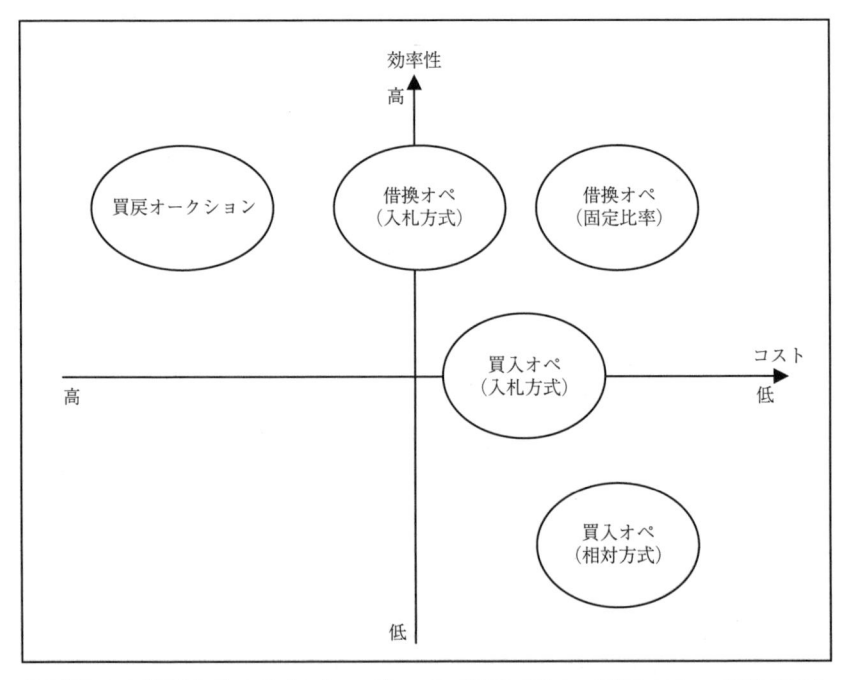

注：買入オペ（相対方式）にはインター・ディーラー取引システムへの買入オファーの提示を含む．
出所：Gravelle［1998］，World Bank and IMF［2001］から作成．

図 5-1 オペレーションの効率性とコスト

基準にすると，前述したように RA は大規模向き，借換オペはいずれの方式も大規模または中規模向きである．また，買入オペは相対方式の場合は小規模向きだが，入札方式では中規模になる場合もある．したがって，効率性の点では，RA と借換オペが高く，買入オペは相対的に低い．

一方，コストは，財政当局が対象銘柄を買い戻すまたは借り換える際に直面する潜在的に不利な価格変動によって測られる．オペの告示は対象銘柄の市場価格に影響を与えるため，財政当局が公正価格とどの程度乖離した価格条件で対象銘柄を買い戻すまたは借り換えるかによってコストの大小が決まる．つまり，前述したアナウンスメント効果の影響をどれだけ受けるかによってオペのコストは決まるが，このアナウンスメント効果はオペの形式およびオペの告示から実施までの期間によって影響されると考えられる．この観点から判断すると，RA と競争入札方式の借換オペはアナウンスメント効果が入札に直接反映されるため，買戻し条件または借換え条件が財政当局にとって不利となる可能性が最も高く，つまりコストが高くなる．また，入札方式による買入オペもアナウンスメント効果が生じる可能性はあるが，上記 RA 等に比べて告示から実施までの時間が短いこと，規模が小さいことなどの理由から，その影響は軽減されよう．一方，相対方式の買入オペと固定比率方式の借換オペでは参加者が市場価格を上回る価格を提示する機会が最も小さく，アナウンスメント効果が生じるまたはその影響を受ける余地がほとんどないためオペのコストは低い．

ここで，効率性とコストに関連して，財政当局はオペの実施を決定する際に，実際の市場価格と同時に理論的なイールド・カーブから計算した価格（利回り）を考慮することが重要である．まず，効率性に関しては，財政当局は理論イールド・カーブを用いて足切りの価格（利回り）または交換比率を決定することができる．これらの足切り基準と買い戻すことができる総額との間には相関関係があると考えられる．つまり，足切り基準を財政当局にとって有利（投資家にとって不利）に設定するほど，オペにおいて落札される総額，つまり買い戻される国債総額も少なくなるため，効率性が悪くなる．

なお，通常，足切り価格は理論イールド・カーブから計算された理論価格と同じまたはそれ以下に設定される．しかし，特定の銘柄に対する需要集中などの理由により，当該銘柄の理論価格が必ずしも市場での取引状況から観察される公正価格と整合しないと判断される場合には，足切り価格の設定にもそれに応じた修正が加えられる．

一方，コストに関しては，財政当局は理論価格と実際の市場価格とを比べてどの銘柄が「割安」または「割高」で取引されているのかを事前に判断することによって，オペで買い戻すべき銘柄を選択することができる．つまり，理論価格より割安に取引されている銘柄を対象銘柄とすることによって，アナウンスメント効果を軽減することができるのである．

3 日米英の制度比較

本節では，日米英3カ国における買戻制度を詳細に比較することによって，「英米では買戻制度をどのように活用しているか」という論点を考察する．

3-1 イギリス

イギリスでは，前節で概説した形式の買戻オペと借換オペが概ね揃っており，後述するアメリカ，日本に比べ買戻制度が最も整備されている（本章末の付表5-1, 5-2を参照）．中でも，主要なオペは借換オファー，スイッチ・オークション（以下，"SA"と記す），買戻オークション（RA）であり，以下ではDMO [1998a, b; 1999a, b; 2000a, b; 2006] に基づきこれらのシステムについて付表5-1のポイントを説明する．

3-1-1 目的と対象銘柄および発行銘柄の条件

イギリスにおける買戻制度では前節で説明した目的がほぼ網羅されている[10]．目的は，3つのオペに共通の目的とオペに固有の目的とに分けられる．共通の目的は，財政状況が改善し国債の要発行額が減少する環境下でベンチ

マーク銘柄の発行規模を維持し，市場流動性の維持・向上を図ることである．RA の目的には低流動性銘柄の買入消却が掲げられているが，これは実質的に市場流動性の維持・向上を含意している．

オペに固有の目的として，まず借換オファーにはイールド・カーブに跨る流動性の集約がある．これは，高表面利率で小規模な銘柄を同様の満期を有する低表面利率の（オン・ザ・ラン）銘柄に借り換えることによってその流動性を向上させると同時に，利払いコストの削減を図ることである．SA には，主として償還の平準化の目的が割り当てられている．なお，イギリスでは後述する理由により SA を借換オファーの補完的オペと位置付けている．また，SA の目的には，ストリップス適格債の規模および総ギルト債残高に占める割合の拡大もあるが，これは 97 年 12 月に導入されたストリップス債制度を普及させるためである．

対象銘柄の条件についても，すべてのオペに共通の条件と各オペに固有の条件に分けることができる[11]．まず，すべてのオペに共通な条件の第 1 として，ストリップス適格なベンチマーク銘柄ではないことがある．借換オファーにはこの条件が明記されていないが，借換オファーの補完的制度に位置づけられている SA の条件として明記されているほか，借換オファーの目的からも明らかであろう．なお，将来的にストリップス不適格銘柄が減少した場合には，ストリップス適格銘柄を対象銘柄にすることができる．

第 2 の共通条件は，先物契約の受渡適格（最割安）銘柄ではないことまたはその可能性がないことである．ただし，受渡適格銘柄であっても，未決済

---

10) 「余剰資金の管理」目的と「市場の安定化」目的は付表 5-1 のいずれのオペにも掲げられていない．前者は機動的な債務削減を含意していることから，付表 5-2 のその他小額買入オペによって意図されていると推測される．後者は，従来 SA の目的の 1 つに掲げられていたが，06 年 3 月 22 日付をもって削除された．理由は不明である．

11) ただし，オペの対象として，SA は物価連動債を除く普通ギルト債のみだが，借換オファーと RA は物価連動債を含むギルト債全体が対象となる．以前の SA は物価連動債もオペの対象にすることができたが，DMO [2006] ではオペの対象から除かれている．理由は不明である．

の建玉がない場合には対象銘柄とすることができる.また,借換オファーについては,公認先物取引所が特定の先物契約に対する受渡適格銘柄の公式リストを公表した日から受渡期間の最終日までの間は,いかなる適格銘柄に対してもオペを実施しない.

オペに固有の条件として対象銘柄の満期と残高規模があるが,総じて,RAより借換オファーとSAにおいて制約が厳しい.まず,満期について,借換オファーでは残存期間が5年以上あることが条件となる.一方,SAの場合には残存期間について数値基準の制約はないが,対象銘柄と発行銘柄がともに同じ満期帯に含まれることが条件となっている.ここで,満期帯は(超)短期:0~7年,中期:5~15年,長期:14年以上と定義されている[12].なお,借換オファーでは,対象銘柄と発行銘柄の同一満期帯に関する条件が明示されていないが,借換オファーの目的からもこの条件が適用されよう.

残高規模について,借換オファーでは,額面ベースでの発行残高が55億ポンド未満であることが条件となる.債務管理庁(DMO)は,このオペによって対象銘柄を「ランプ(rump)銘柄」とすることを暗に想定している[13].したがって,残高が多い銘柄は保有者が多様であり,ランプ銘柄となるまで多量に当該銘柄を買い戻すことは容易ではないため,対象銘柄の残高を制限しているのである.上述した満期に係る条件も考え合わせると,残高が比較的小規模(かつ高表面利率)ながら一定以上の残存期間を有する対象銘柄を買入消却するためにこのオペは実施されていると考えられる.このような意図から,オペの規模は比較的大きなものとなる.

一方,SAは,借換オファーとは逆に,残高の大きい銘柄を対象銘柄とする.具体的には,オペ後の発行残高(額面ベース)が45億ポンド超となる

---

12) SAを導入するために当初発行した諮問文書(DMO [1999a])では,満期帯が(超)短期:0~7年,中期:7~15年,長期:15年以上と区分されていたが,オペの柔軟性を高めるため,最終的には年限が区分間で重複するよう変更された.

13) ランプ銘柄とは,額面残高が7.5億ポンド以下で流動性が極めて低い銘柄である.この銘柄に関して,マーケット・メーカーは双方向の値付け義務が免除されている.

ことが条件である．これは，残高が大きく借換オファーの対象にならない銘柄を買い戻すための手段としてSAを用いることによって，借換オファーを補完するためである．ただし，借換オファーと異なり，SAでは対象銘柄を消滅させることは意図していない．

借換オファーとSAでは，対象銘柄の買戻し対価として発行銘柄が発行される．SAでは発行銘柄について3つの条件が明記されている．このうち，重要な条件は，当該銘柄が既に発行されていることである．つまり，オペを新規銘柄の発行のために用いることはできない．これは，対象銘柄を保有していない者がオペに参加できないことを考慮した条件である．また，借換オファーについては発行銘柄の条件が特段明記されていないが，新規発行銘柄ではないこと，先物契約の受渡適格銘柄も可能という条件はSAと同様であろう．なお，SAと借換オファーの結果として発行される発行銘柄の額は不確定なため，発行銘柄は決済日まで発行されない．したがって，発行銘柄について通常の発行日前（WI）取引はない．

3-1-2 フォーマット

付表5-1には，オペのフォーマットとして「告示」から「決済」まで5項目について整理しているが，ここでは告示，対象者，入札形式について各オペのフォーマットを比較する．

(1) 告　示

借換オファーを行う時期は不定期であるが，借換オファーの告示から借換え実施日（オファーの締切日）まで3週間の期間を設ける．

告示では対象銘柄，発行銘柄，固定価格条件，タイムテーブル，受入れの決定方法などが発表される．固定価格条件とは，対象銘柄を発行銘柄に借り換えるときの交換価格条件であり，DMOが独自のイールド・カーブモデルを用いて交換比率を決定する．ただし，DMOは対象銘柄および発行銘柄の市場における取引状況，つまり理論価格に対して割安に取引されているのか

割高に取引されているのかということを考慮してその比率を調整することができる．なお，この比率は借換え実施日までの経過利子を考慮したダーティ・プライス・レシオとして計算され，さらに各銘柄のダーティ・プライスは借換え実施日までのキャッシュ・フローを告示日のフォワード・イールドで割り引くことによって評価される．

告示日に固定価格条件を発表することによって，告示から借換え実施日までの3週間，DMOは価格変動リスクに晒される．このリスクを抑えるためには，対象銘柄と発行銘柄のデュレーション・ギャップを最小にする方法，対象銘柄の数を制限する方法の2つが考えられる．しかし，対象銘柄と発行銘柄の表面利率が異なる場合には前者の方法は両銘柄の満期ギャップを伴うため，オファー対象者のキャッシュフロー管理を攪乱することになる．したがって，対象銘柄と発行銘柄の選択にはデュレーション・ギャップと満期ギャップのトレード・オフも考慮するが，少なくとも後者の条件を満たすよう，つまりオペにおける対象銘柄の数を制限するために，固定価格条件が競合するオファーや，通常の発行入札で発行する銘柄の満期帯とオペの対象銘柄・発行銘柄の満期帯とが重なるようなオファーは予定しない．なお，借換オファーにはオペの規模について特段の規定はなく，対象銘柄の額面残高がオファーの上限となる．

SAとRAの場合も時期は不定期だが，通常の発行入札と同様に年間ベース（SAのみ），四半期ベース，週次ベースでの予定公表または詳細告示がある．

オペの頻度について特段の規定はないが，SAの場合には適度な間隔に加え，①ギルト債の粗発行規模（調達必要額のレベル），②借換オファーの可能性，③オペの目的に適した対象銘柄の利用可能性が考慮される．なお，必要があれば，特定期間にわたって1銘柄に対するSAを複数回実施することもありうる．

一方，RAにおいても年間に実施するオペの回数について特段の規定はない．RAを導入する際の諮問文書で，オペの規模×回数について，大規模

(5～10億ポンド)×少数回,小規模(2.5～5億ポンド)×多数回のいずれがよいか諮問したところ,オペに対する参加者の注意を促しやすい,投資家に大規模取引を可能にするなどの理由から,前者が採択された(DMO [2000a, b])．ただし,規模が大きいと買戻し側(DMO)に著しく不利な価格が入札される可能性が高くなるが,この点に関しては不利な入札を拒絶する裁量権がDMOに与えられている．

SAとRAのオペの規模に関して,以前は数値基準があったが,DMO [2006]ではそれが撤廃されている．通常のギルト債発行入札に係る上限(規模)に準ずるとのみ定められている．なお,RAの場合,1回のオペで複数の銘柄を対象とし,告示される規模はすべての対象銘柄を合計した最大買戻し予定総額である．複数銘柄を対象とすることによって,①1回のオペに広範囲の保有者を参加させることができる,②各銘柄に対するアナウンスメント効果が希薄化されるというメリットがある．ただし,対象銘柄が多い場合にはそれらをいくつかのサブセットに分割し,各サブセットを買戻し対象としたRAを順次実施していく．

(2) 対象者

借換オファーでは対象銘柄を保有するすべての者がオファーの対象者となる．一方,SAとRAではプライマリー・ディーラーであるギルト債マーケット・メーカー(GEMM)のみがオペに参加することができ,GEMM以外の対象銘柄保有者はGEMMを通じて応募しなければならない．

(3) 入札形式:SAとRA

SAとRAにおける入札形式はいずれも通常の発行入札とほぼ同様である．つまり,入札は価格競争入札・コンベンショナル方式で行われる．また,入札価格に上限または下限は設けず,非競争入札はない．したがって,入札のプロセス等はSAとRAでほぼ同じだが,以下に各々の特徴について説明する．

SAの場合，対象銘柄のクリーン・プライスをDMOが市場情報などに基づいて決定し，応募者は対象銘柄の応募金額（額面ベース）と発行銘柄のクリーン・プライスを入札する．この入札に関してDMOは次のような権限を有している．

①発行銘柄に対する入札価格が市場の状況から推測される公正価格に比べて不当に低いと判断した場合には，入札の全部または一部を拒否することができる．そのため，事前に発表していた対象銘柄の借換え予定額が達成できない場合があり，結果的に発行銘柄の発行額も予定を下回ることになる．

②個々の応募者に対する割当額を決める場合もある．さらに，落札額や割当額に関する上限を決めることができる．ただし，上限の決定についてはオペの前週の火曜日午後3時30分に発表される告示で明らかにする．

一方，RAでは，DMOが入札価格を利回りに変換し，その利回りからDMOのイールド・カーブモデルに基づいて計算された理論利回りを差し引き，その差が大きい順に落札していくことが特徴である．特定の銘柄または応募者に対する買戻しについて割当上限はない．つまり，特定の1銘柄に対する入札のみまたは（および）特定の応募者からの入札のみを受け入れることもできる．なお，RAにより対象銘柄がランプ銘柄となった場合，その他小額買入オペ（付表5-2）の「ランプ銘柄およびその他特定のギルト債の買入れ」に基づき，DMOは前回のRAの平均価格に相当する価格で当該銘柄の買入れを申し出ることができる．また，DMOはSAと同様に，入札価格が不当に高いと判断した場合には，告示した銘柄の一部または全部の買戻しを取りやめる裁量権を有している．

3-2 アメリカ

アメリカでは，97年（年度ベースでは98年度）からの財政黒字に伴い国債発行額およびその残高が減少した．これによる国債市場の流動性と効率性の低下を回避するため，米財務省は買戻制度を2000年1月に導入し，3月

からオペレーションを開始した[14]．正式な名称は，市場性財務省証券の償還（買戻）オペレーションである．その枠組みは連邦レギュレーション・コード（以下，「コード」と略す）に定められているが，入札形式の買戻オペしかなく，借換オペは導入されていない（本章末の付表5-3を参照）．なお，制度導入の背景に財政黒字による国債の要発行額低下があったことから，財政状況が悪化した03年度以降（厳密には02年4月を最後に）このオペは実施されていない．

オペの主目的は，導入の経緯から市場流動性の向上と政府債務（国債）の満期構成の管理にある．アメリカの特徴は，税収増により一時的な余剰資金が生じたときにその資金で国債を買い戻すことによって余剰資金を管理すること，つまり機動的な債務削減も主目的の1つに掲げていることである．米財務省は状況に応じてオフ・ザ・ラン銘柄を買い戻し，それを低表面利率のオン・ザ・ラン銘柄に借り換えることによって利払いコストを削減するためにオペを実施することもあるが，これは実質的に借換えでありオペの主目的ではないとしている．

オペの対象銘柄に関して，イギリスのように細かい条件はコードに定められていない．オペの告示に定められた満期帯に属す財務省証券（適格証券）が対象であり，具体的な銘柄名も告示で発表される．

前述したようにオペは入札形式で行われるが，その実施時期はイギリスと同様に不定期であり，これまでは財政余剰時にのみ実施されている．オペが実施される場合は，四半期ベースで公表される *Quarterly Refunding Statement* でオペの実施とその予定額などが予告される．オペの実施要綱はコードに定められているが，詳細はオペの前日に発表される告示で特定される．具体的には，オペの実施日と決済日，最大買戻し総額（額面ベース），適格

---

14) 84年10月以前，米財務省は満期の5年前（早期償還の4カ月前に通告すれば，その後の利払日）から早期償還プレミアムを支払うことなしに，同省が償還の選択権を有する年限20年超の期限前償還条項付国債を発行していた（GAO [1999, 2001a]）．2000年8月から，この国債も買戻オペの対象証券に加えている．

証券の銘柄と属性などが発表される．ただし，告示とコードとで異なる部分がある場合には告示が適用される．

オペに参加できる者は，通常の発行入札の場合と同様，ニューヨーク連銀（NY連銀）の指定を受けたプライマリー・ディーラー（PD）のみであり，PD以外の対象銘柄の保有者はPDを通じて応募する．入札にはNY連銀の電子システムが用いられ，NY連銀を通じて米財務省に提出される．

入札形式は通常の発行入札と同じ価格競争入札だが，発行入札がダッチ方式で行われるのに対して，オペはコンベンショナル方式で行われる．これは，ダッチ方式によると買戻しコストが嵩むためであろう．また，特定の応募者について，各適格証券に対して入札できる価格の数に制限はなく，応募する適格証券の数にも制限はない[15]．

オペを実施するに当たり，イギリスと同様に米財務省には以下のような裁量権が与えられている．

①オペにおいて提出された応募もしくは入札の受入れまたは拒否
②告示で予告された最大買戻し総額に満たない買戻し
③コードに関する追加，変更または削除
④オペの条件変更

一方，イギリスと異なり，オペはNY連銀を通じて実施されるため，NY連銀は次のような役割を負う．

①入札の受入れとレビュー
②オペの結果の計算
③オペの結果通知の発行
④決済における証券受渡しの受入れ
⑤決済において受渡しが行われた証券に対する米財務省の支払い

なお，オペで落札された証券の受渡しが適切に履行できない場合には，予定していた決済金額の1％を上限とする損害賠償を支払うよう要求される．

---

15) 非価格競争入札についてコードに記載はないが，実施されていないようである．

さらに，コードの違反者に対しては，将来のオペおよび通常の発行入札への参加停止を含めて米財務省は適切な処置を講じるとしており，適切な規制機関に訴えられる場合もある．

3-3 日　本

日本で行われているオペは入札形式の買入消却のみである（付表5-3）．従来から国債整理基金による既発国債の買入消却制度はあったが，02年6月に国債証券買入銷（消）却法が改正されて，同制度の柔軟な運用が可能となった．しかし，05年までのオペは08年度に集中している普通国債償還の平準化（08年度問題への対応）という限られた目的のためにのみ実施されており，したがって対象銘柄も同年度中に償還を迎える10・20年固定利付債（12銘柄）のみとなっていた．

オペについては，年末の国債発行計画において次年度の買入消却予定額が公表されるが，英米と異なり原則として毎月行われている．一方，オペの参加者は英米と同様にプライマリー・ディーラー（国債市場特別参加者）のみである．ただし，買入消却の対象者として財政融資資金と日本銀行があるが，これらの機関からは直接に買い入れる（または借換債との交換（乗換）によって対象銘柄を買い入れる）．

入札形式は，通常の発行入札と異なり，競争利回較差入札・コンベンショナル方式で行われる．競争利回較差入札とは，財務省が国債の銘柄ごとに定める基準利回り（前日の日本証券業協会公表の公社債店頭売買参考統計値）をベースとして，「希望利回較差」（利回較差の刻み幅は0.001％）を提示する入札形式であり，日本銀行が金融政策としての国債の買入オペを行う際に用いている方式である．なお，入札オファーはアメリカと同じく中央銀行のシステム（日銀ネット）を通じて提出される．

上述したように，05年まで日本の買戻制度は英米に比べて限られた目的で運用されてきた．しかし，財務省は06年からこの制度の運用目的を弾力化する方向で改善しており，その内容および評価については後述する．

4 オペレーションの実施状況

本節では,日米英3カ国で買戻制度に基づくオペがどのように実施されているかを比較すると同時に,その目的に対してどの程度の成果を上げているのかについて検証する.なお,本節で考察の対象とする日本の計数は市中に対するRAオペのデータであり,財政融資資金と日本銀行からの買入れは含まない.また,その計数はオペの目的が08年度問題への対応に限定されていた05年末までのものである.

4-1 オペレーションの時期

英米において買戻制度に基づくオペの開始時期を厳密に特定することは困難である.例えば,イギリスでは18世紀半ばに3%コンソルおよび利下げ3%債(当初3.5%)への債務整理・統合が行われ,また1888-89年にも蔵相Goschenによる大規模な低利借換(5.91億ポンド)が行われた[16].また,アメリカでも60年代前半からの一時期に「満期前借換制度」が導入されていた.

しかしながら,前節で説明した現行の枠組みが確立された時期で比較すれば,イギリス,アメリカ,日本の順になる.イギリスでは,借換オファーが98年7月,SAが99年10月,RAが2000年7月にDMOによって初めて実施された.DMOは98年4月に設立され,英大蔵省から国債管理の権限を委譲されたため,同年3月以前は同省の代理機関としてイングランド銀行(BOE)がオペを実施していたが,現行の枠組みを整備したのはDMOである.一方,アメリカと日本で現行の枠組みでオペが開始されたのは,各々2000年3月,03年2月からである.

次に,オペが実施された時期を財政状況と対比しながら見てみよう.表5

[16) イギリスにおける低利借換の詳細については藤井[2004]の図表13(61頁)を参照されたい.

-3は88財政年度以降のオペと財政状況を示している[17]。ここで，88年度からとしたのは，88年度から90年度にかけてイギリスで大規模なオペが行われたためである．

この表を見ると，オペが実施された時期について日本と英米とでは大きな違いがある．日本では，財政状況が悪化しているにもかかわらず03年2月以降毎年度（実際には毎月）オペが実施されている．それに対して英米では，基本的に財政状況が改善し国債の要発行額が減少している時期にオペが行われている．これは，オペの目的が05年までの日本では08年度問題への対応に限定されていたのに対して，英米ではベンチマーク銘柄の発行規模の維持を通じた市場流動性の維持・向上がオペの主目的の1つとされているためである．なお，イギリスにおいて，財政状況が必ずしも良くない96年度（96年9月）に借換オファーが行われているのは，97年12月に導入が決定していたストリップス債制度に備えてストリップス適格債の残高を増加させるためである．また，アメリカで，財政状況が改善していた98-99年度にオペを実施していないのは，その導入がまだ決定されていなかったためである．

4-2　オペレーションの概要

ここで，英米におけるRAオペ（1回当たり平均）の概要と，イギリスで実施された借換オペの概要を見てみよう．なお，イギリスは88-89年度に行われたオペを前期，2000年度に行われたオペを後期として区別している．

まずRAでは，オペで買い戻す銘柄数はイギリスが平均で2ないし3銘柄であるのに対し，アメリカのオペでは平均8銘柄と多い（表5-4）．買い戻した銘柄の平均表面利率はイギリスで10%前後，アメリカで9%とほぼ同水準だが，平均残存期間は前者が6年前後に対して後者が18年と大きな差がある．アメリカでは残存期間がかなり長いにもかかわらず買い戻されていることが特徴である．

[17) 財政年度はイギリスと日本が当年4月～翌年3月，アメリカが前年10月～当年9月である．

表 5-3 オペレーションによる

【イギリス】

年度	買戻オークション		スイッチ・オークション		借換オファー		合　計		財政指標
	銘柄数	買戻し額	銘柄数	買戻し額	銘柄数	買戻し額	銘柄数	買戻し額	
1988	2	504	0	0	0	0	2	504	−6,959
1989	9	1,192	0	0	3	2,614	12	3,806	−4,575
1990	0	0	0	0	6	5,800	6	5,800	−2,635
1991	0	0	0	0	0	0	0	0	13,020
1992	0	0	0	0	0	0	0	0	36,201
1993	0	0	0	0	0	0	0	0	49,620
1994	0	0	0	0	0	0	0	0	39,026
1995	0	0	0	0	0	0	0	0	35,338
1996	0	0	0	0	1	1,155	1	1,155	25,105
1997	0	0	0	0	0	0	0	0	3,543
1998	0	0	0	0	3	7,854	3	7,854	−4,545
1999	0	0	2	2,500	1	3,105	3	5,605	−9,137
2000	12	3,598	3	4,989	0	0	15	8,587	−35,569
2001	0	0	2	1,900	1	4,808	3	6,708	2,771
2002	0	0	0	0	1	4,958	1	4,958	21,751
2003	0	0	0	0	0	0	0	0	39,391
2004	0	0	0	0	0	0	0	0	38,533
2005	0	0	0	0	0	0	0	0	40,810
2006	0	0	0	0	0	0	0	0	44,633

注：1) 銘柄数および買戻し額は延べ計数．日本は市中からの買入れのみが対象．
　　2) 買戻し額は額面ベース．
　　3) 財政指標はイギリスが中央政府純資金所要額（CGNCR），アメリカが財政統合収支，日本が
　　4) 買戻し額および財政指標の単位は，イギリスが100万ポンド，アメリカが100万ドル，日本
　　5) 日本の05年度およびイギリスの06年度は，4月から12月までの数値である．
出所：US Treasury, *Treasury Bulletin*，日本銀行および各国財政当局のHPに公表されている資料か

　RAにおけるカバー率（応募額／落札額）はイギリスで約2.5倍（前期のみ，支払額ベース），アメリカで約4.2倍（額面ベース）と，両国ともにRAへの参加は活発だが，相対的にアメリカのほうが積極的である．ただし，額面に対して買戻しのために実際に支払った額の割合（プレミアム）を比較すると，イギリスが1.1倍前後であるのに対してアメリカは1.3倍と，アメリカのほうが財政当局にとって割高に買い戻している．このプレミアムの差がカバー率（参加への活発度）の差に結びついているのであろう．
　なお，日本については英米と同様のデータが公表されていない．日本の場

買戻し額および財政指標

	【アメリカ】			【日本】		
年度	銘柄数	買戻し額	財政指標	銘柄数	買戻し額	財政指標
1988	—	—	−155,191	—	—	5,336
1989	—	—	−152,087	—	—	−76,975
1990	—	—	−220,388	—	—	−38,752
1991	—	—	−268,729	—	—	76,349
1992	—	—	−290,204	—	—	−43,588
1993	—	—	−254,948	—	—	−137,597
1994	—	—	−203,370	—	—	−148,817
1995	—	—	−163,813	—	—	−59,053
1996	—	—	−107,331	—	—	−208,412
1997	—	—	−22,618	—	—	−65,694
1998	—	—	70,039	—	—	−212,441
1999	—	—	125,974	—	—	−361,608
2000	135	22,250	236,917	—	—	−162,008
2001	169	32,750	128,281	—	—	−554,247
2002	62	12,500	−157,820	24	2,206	−519,051
2003	0	0	−377,140	112	5,955	−544,114
2004	0	0	−412,986	112	6,001	−597,532
2005	0	0	−318,298	84	4,489	−337,525
2006	0	0	−248,197	—	—	—

財政資金対民間収支尻の一般財政収支尻である．
が億円である．
ら作成．

合には前述したようにRAオペの目的が限られており，したがってオペの対象銘柄が08年度に償還を迎える10年固定利付国債（第203回債から第210回債までの8銘柄）と20年固定利付国債（第7回債から第10回債までの4銘柄）に限定されている．そのため，オペの特徴を英米と比較してもその意義は小さいと考えられるが，参考のために03年2月から05年末までのオペでオファーがあった対象銘柄の特徴を整理すると，平均表面利率は1.99％，平均残存期間は4年4カ月（ともに単純平均），カバー率は4.31倍（額面ベース）である．

表5-4　英米における RA オペレーション（1回当たり平均）の概要

	イギリス		アメリカ
	前期平均	後期平均	
銘柄数：財政当局からのオファー数	—	3.50	11.40
財政当局が買い戻した数	2.75	2.00	8.13
買戻し銘柄の加重平均表面利率（％）	11.59	8.85	8.92
買戻し銘柄の加重平均残存期間（年）	7.24	5.01	18.00
応募額（イギリス：支払額、アメリカ：額面）	1,256.75	—	6,237.04
買戻し支払額	449.75	683.52	1,940.44
買戻し額面額	423.94	599.75	1,500.00
買戻し銘柄の加重平均利回り（％）	11.13	5.54	5.79

注：1）イギリスの前期と後期は各々 88-89 年度，2000 年度に行われたオペである．
　　2）アメリカの買戻し支払額は経過利子を除く．
　　3）応募額および買戻し額の単位は，イギリスが 100 万ポンド，アメリカが 100 万ドル．
出所：各国財政当局の HP に公表されている資料から作成．

次にイギリスで実施された借換オペの概要を整理しておこう（表5-5）．借換オファーと SA における対象銘柄と発行銘柄を比較すると次のような特徴を見出すことができる．第1に，いずれのオペにおいても表面利率は対象銘柄より発行銘柄のほうが概して低下している．表面利率の低下は政府にとって発行コストの軽減につながるというメリットがあるが，借換えの対象者（対象銘柄の保有者）にとってはリターンの低下につながる．にもかかわらずオペが成功しているのはなぜであろうか．借換オファーにおける対象銘柄の額面 100 ポンド当たりの交換比率は平均で 111.03，SA における平均ダーティ・プライス・レシオ（対象銘柄のダーティ・プライスに対する発行銘柄のダーティ・プライスの比率）は平均で 1.2333 である．このことは，借換オペでは対象銘柄に対して 10～20％ 程度プレミアムをつけて発行銘柄に借り換えていることを示しており，このプレミアムにより表面利率が低下しても対象銘柄の保有者はオペに応じるのである．

第2に，借換オファーと SA とでは対象銘柄と発行銘柄の満期の差に大きな相違があることである．借換オファーについては，付表5-1 に示したように，発行銘柄に対する条件が明示的に定められていないが，実際のオペでは

第 5 章　国債買戻政策の日米欧比較

表 5-5　イギリスにおける借換オペレーションの概要

【借換オファー】

実施日	対象銘柄	借換え額	オファー前の残高に対する借換率	発行銘柄	発行額	対象銘柄の額面100ポンド当たりの交換比率
1989年11月15日	9.75% Conversion 2006	687	97.9	9% Treasury 2008	721	105.00
1990年1月22日	12% Exchequer 1999-2002	1,160	91.7	12% Exchequer 1998	1,159	99.90
1990年2月10日	9.75% Conversion 2001	767	95.6	10% Treasury 2001	756	98.55
1990年4月11日	10% Conversion 2002	570	96.4	9.75% Treasury 2002	580	101.80
1990年5月19日	9% Exchequer 2002	1,101	92.5	9.75% Treasury 2002	1,041	94.55
1990年7月28日	8.5% Treasury 2000	1,091	90.9	9% Conversion 2000	1,055	96.70
1990年9月20日	10.5% Exchequer 2005	1,027	97.8	9.5% Conversion 2005	1,111	108.25
1990年11月18日	10% Treasury 2004	703	97.0	10% Treasury 2003	703	100.05
1991年1月25日	13.75% Treasury 2000-03	1,308	96.2	13% Treasury 2000	1,354	103.55
1996年9月26日	13.5% Treasury 2004-08	1,155	92.4	8.5% Treasury 2005	1,473	127.53
1998年7月22日	11.75% Treasury 2003-07	2,916	92.6	6.5% Treasury 2003	3,446	118.15
1998年11月16日	8% Treasury 2009	2,890	83.8	5.75% Treasury 2009	3,377	116.85
1999年2月1日	12.5% Treasury 2003-05	2,048	93.1	6.5% Treasury 2003	2,541	124.10
1999年7月26日	9.5% Treasury 2004	3,105	91.0	5% Treasury 2004	3,789	122.00
2001年7月23日	9% Treasury 2012	4,958	92.5	5% Treasury 2012	6,761	136.35
2002年8月5日	9% Treasury 2008	4,808	87.5	5% Treasury 2008	5,921	123.15

【スイッチ・オークション】

実施日	対象銘柄	対象銘柄	発行銘柄	発行額	平均ダーティ・プライス・レシオ	カバー
1999年10月21日	8% Treasury 2003	1,000	5% Treasury 2004	1,120	1.1201	5.13
2000年2月9日	8% Treasury 2015	1,500	6% Treasury 2028	1,612	1.0745	1.44
2000年6月22日	8% Treasury 2015	1,500	4.25% Treasury 2032	2,046	1.3641	1.54
2000年9月27日	8% Treasury 2015	1,500	4.25% Treasury 2032	2,098	1.3985	1.61
2000年12月6日	8% Treasury 2015	1,999	4.25% Treasury 2032	2,686	1.3435	1.47
2001年6月21日	8.5% Treasury 2007	1,400	5% Treasury 2012	1,694	1.2098	2.61
2001年7月19日	2% Index-Linked 2006	500	2.5% Index-Linked 2016	561	1.1228	1.27

注：1) 借換え額と発行額はともに額面ベースで、単位は100万ポンド。
　　2) 96年9月以前の借換オファーに関して、対象銘柄の額面100ポンド当たりの交換比率は推定値。
出所：BOE, *Quarterly Bulletin*, DMO のHP に公表されている資料から作成。

対象銘柄の満期とほぼ同様の満期の発行銘柄に借り換えられている．このことから，借換オファーによって満期構成を変化させる意図が財政当局にはないと推測される．一方，SA では，発行銘柄と対象銘柄が同じ満期帯に属するという条件は守られているが，その満期帯が 14 年超と上限がないため，実際には 5～17 年長期化されている．これは，SA が，その目的にも明記されているように，償還平準化を含む満期構成の調整・管理のための手段として用いられていることを表している．

4-3 オペレーションの目的に対する成果

各国におけるオペの実施状況について概観したところで，次にオペの目的に対する成果を検証してみよう．前節で整理した各国の制度比較によれば，「市場流動性の維持・向上」と「償還の平準化を含む満期構成の調整・管理」がオペの主目的となっている．そこで，以下ではオペがこれらの目的に対してどの程度貢献しているかをデータで検証するが，その前に買戻制度に関連する先行研究を整理しておこう．

4-3-1 先行研究

政府債務買戻しの経済効果について，国際金融面からの研究は蓄積されてきたが，債務（国債）管理の側面からはほとんど研究されてこなかった[18]．そうした中で，Coe et al. [2000, 2003, 2005]，Marchesi [2002] が国債管理政策の観点から国債の買戻しについて論じている．

Coe et al. の問題意識は，国債管理政策の主目的の 1 つである「コスト最小化」を達成するための満期政策を探求することにある．Coe et al. は，85 年 1 月-95 年 3 月（[2000]）と 85 年 4 月-2000 年 3 月（[2003, 2005]）のイ

---

[18] 国際金融面における主要な論点の 1 つに，債務国家が流通市場から低価格でソブリン債務を買い戻すことによって利益（ベネフィット）が得られるか否かという問題がある．買戻しによる利益について Bulow and Rogoff [1988, 1991] は否定的だが，Acharya and Diwan [1993], Rotemberg [1991] は肯定している．

ギリスを対象に，まず Pesaran and Timmermann [1995, 2000] による反復モデル選択アプローチを用いて短期債（残存7年以下），中期債（同7年超15年以下），長期債（同15年超）の1カ月先の収益率を月次ベースで予測した．次いで，財政当局がこの予想収益率に基づいて収益率（財政当局にとってはコスト）の高い満期帯の国債を買い戻して収益率の低い満期帯の国債に交換していった場合の総債務負担を試算し，その実績値と比較した．ただし，実際には財政当局が国債残高の満期構成を毎月大幅に変更することは不可能であるため，実際の満期構成の変動の範囲内という制約を課して試算している．その結果，限定的な満期構成の調整でも総債務負担を低下させることができることを示した．

　Marchesi は Coe et al. より買戻オペが国債市場に与える影響に焦点を絞り，理論的・実証的に分析している．Marchesi は財政当局を含む政府全体が財政再建の意思を持っているか否かについて，政府と投資家との間に情報の非対称性があるという点に着目した．つまり，財政再建に対する投資家の信認が得られれば将来のインフレ，増税，債務不履行に係る不当な金利のリスク・プレミアムを排除でき，債務負担の削減につながるが，投資家は政府がそのような意思を真に有しているか否かがわからない．この問題を，真に財政再建の意思のある政府が政府債務を買い戻すことで投資家にそのシグナルを送るシグナリング・モデルで表したのである．モデルの分析から，真に財政再建意思のある政府は債務負担を低下させるために政府債務の買戻しを行い，そのような意思のない政府は買戻しを行わない（つまりそのインセンティブを生じさせない）分離均衡解の存在を示した．

　さらに，モデル分析の結果を実証するため，Marchesi は伊国債と英国債のデータを用いて，「政府債務（国債）の買戻オペは投資家によって良いシグナルとして認識される」という仮説を検証した．具体的には，オペの時期に対応して国債価格または収益率に構造変化（価格上昇）が生じているか否かについて，データの単位根検定も兼ねて Perron [1989] の手法により検証したのである．実証分析から，伊国債についてはオペによる構造変化が有

意に示されたが，英国債についてはその確証が得られなかった．この結果に対して，Marchesiは，買戻オペは経済規模に対する政府債務比率が大きい国では実質的に財政再建のシグナルの役割を果たすと解釈している．

以上が数少ない先行研究の概要だが，これらの先行研究には次のような難点がある．まず，Coe et al. の場合はその問題意識が本研究のそれとややずれている．当該論文の主張は，買戻制度に基づくオペを活用することによって政府の債務負担を低下させる余地があったということであり，買戻制度に基づくオペが実際に債務負担の低下にどの程度貢献したのかを分析していない．

Marchesiの問題点は，Coe et al. にも共通するものだが，2つある．第1に，買戻オペの目的を「債務負担の削減」という大枠でしか捉えていないが，実際には上述したような複数の目的があり，これら個々の目的に対する分析の枠組みが提示されていない．第2の問題点は，「債務負担の削減」または「市場流動性の維持・向上」，「満期構成の調整・管理」といった目的は発行政策の目的でもあるため，これらの目的に対する買戻制度のオペによる固有の効果を抽出することが困難なことである．後者の問題を解決することは極めて難しいが，少なくとも前者の問題に対処するため，本研究では先行研究の枠組みに従わず，独自の方法で分析する．具体的には，各国の買戻制度に基づくオペに関連するデータを詳細に分析することにより，「市場流動性の維持・向上」と「償還の平準化を含む満期構成の調整・管理」の目的に対して各オペがどの程度貢献しているかを検証する．

4-3-2 市場流動性の維持・向上

財政状況が改善し国債の要発行額が低い時期には新規発行が少なくなり，そのため市場流動性が低下する傾向がある．そこで，買戻制度を活用して流動性の低い既発国債を買い戻し，代わりに流動性の高いベンチマーク銘柄の発行を増加させることによって市場流動性の維持・向上を図る．前出の表5-3から，英米では財政状況が改善している時期にオペが行われている一方，

表 5-6 オペレーションを行った時期と行わなかった時期の国債発行状況の比較

	イギリス		アメリカ	
	オペ期	無オペ期	オペ期	無オペ期
財政指標	−4,862.3	31,086.3	69,131.3	−147,711.9
発行額（収入金ベース）	13,942.1	36,677.3	404,234.7	626,023.9
新　規	2,941.4	8,513.4	340,782.0	584,931.3
リオープン	11,000.8	28,163.9	63,452.7	41,092.6
発行銘柄数	10.9	47.9	24.7	35.5
新規	1.6	6.2	18.0	31.5
リオープン	9.3	41.7	6.7	4.0
1銘柄当たり平均発行額	1,282.0	765.9	16,387.9	17,634.5
新規	1,810.1	1,368.2	18,932.3	18,569.2
リオープン	1,189.3	675.9	9,517.9	10,273.2

注：1) イギリスは88-04年度，アメリカは95-05年度における各項目の年度当たり平均値．
　　2) 財政指標は表5-3に同じ．
　　3) 国債にはTBを含まない．
　　4) 財政指標および発行額の単位は，イギリスが100万ポンド，アメリカが100万ドル．
　　5) イギリスにおいて，96年度は借換オファーを1回実施しているが，ストリップス適格債の残高増加を目的に行っているため，無オペ期の年度に含めた．
出所：ONS, *Financial Statistics*, US Treasury, *Treasry Bulletin* から作成．

日本では財政状況とは無関係にオペが行われている．さらに，日本ではオペの目的に市場流動性の維持・向上は含まれていない[19]．そこで，以下では英米に焦点を絞って買戻制度に基づくオペと市場流動性との関係について考察してみよう．

表 5-6 は，イギリスについては88-04年度，アメリカについては95-05年度においてオペを行った時期（オペ期）と行わなかった時期（無オペ期）とに分けて，財政状況，国債発行額（収入金ベース），発行銘柄数，1銘柄当たり平均発行額を比較したものである．なお，ここではTBを除いている．イギリスでは，当該年度の国債発行額の枠組みを決める中央政府純資金所要

---

19) 06年以降はオペの目的に市場流動性の維持・向上が加えられている．日本における買戻制度の新たな展開については後述する．

額(CGNCR)は,無オペ期(91-97,02-04年度)の平均が約311億ポンドに対して,オペ期(88-90,98-01年度)には平均で約49億ポンドのマイナス,つまり財政余剰となっている[20].しかしながら,財政余剰の時期でも国債は発行されている.

国債の発行額と発行銘柄数を無オペ期とオペ期とで比較すると,両者ともオペ期のほうが少ない.この現象自体は当然だが,オペ期の発行銘柄数が無オペ期のそれに比べて0.23倍であるのに対して,発行額は0.38倍となっている.この結果,1銘柄当たりの平均発行額はオペ期が無オペ期の1.67倍にも上る.特にリオープンした銘柄に関しては1.76倍である.このことは,イギリスの財政当局が買戻制度をリオープン制度と組み合わせながら市場流動性の維持・向上のために積極的に活用していることを示している.

アメリカでもオペ期(2000-02年度)には財政統合収支が約691億ドルの黒字であったにもかかわらず国債を発行している.オペ期と無オペ期(95-99,03-05年度)における国債発行額と発行銘柄数とを比べると,その平均はオペ期のほうが発行額,銘柄数とも少ないことはイギリスと同様である.しかし,無オペ期の水準に対するオペ期の水準で見ると,発行額が0.65倍,銘柄数が0.70倍と,イギリスより両期間におけるそれらの差が小さい.さらに,発行額の比率が銘柄数の比率より小さいことから,1銘柄当たりの平均発行額は,オペ期のほうが無オペ期よりわずかながら(0.93倍)少ない.これはイギリスの場合と対照的である.しかも,新規発行とリオープンとに分けると,新規発行銘柄ではオペ期の1銘柄当たり平均発行額が無オペ期のそれより大きいのに対して,リオープン銘柄の場合には両者の大小が逆であり,この点でもイギリスと対照的である.このように,イギリスと対照的な点も見られるが,総じてアメリカでは,財政状況が良好な時期でも国債の発行体制を財政状況が悪い時期とできるだけ同様に保つことを意図してオペを実施していると推測される.これは,アメリカの財政当局が市場流動性の維

---

20) 96年度は借換オファーを行っているが,その目的がストリップス適格債の残高増加(創出)にあることが明言されているため,ここでは無オペ期に含めた.

持・向上という目的に対してイギリスと同様に積極的に買戻制度を活用していることを示していると言えよう.

4-3-3 満期構成の調整・管理（償還の平準化）

買戻制度は，ターゲットとする満期の国債を買い戻す（さらに，借換オペでは発行する国債の満期を調整する）ことにより償還を平準化または全体としての満期構成や平均残存期間を調整し，借換リスクや金利負担をコントロールするために実施されることもある．この目的に対する成果を検証することは困難だが，ここでは2段階に分けて考察を試みた．

第1に，オペの対象銘柄の満期にターゲットがあるか否かである．例えば，日本の場合，オペの目的が08年度問題への対応にあることから，対象銘柄の満期は08年度のみである．同様の意味で英米ではターゲットとしている満期があるのだろうか．なお，ここではRAのみを考察の対象とする．というのは，借換オペの場合には対象銘柄と発行銘柄の満期が明らかなため，オペに満期調整の意図があるか否かが明白だからである．実際，表5-5に示されているように，イギリスの借換オファーでは対象銘柄と発行銘柄の満期がほぼ同じで，このオペによって満期構成を調整する意図は

表5-7 RAにおける対象銘柄の満期（償還年）と買戻し額

イギリス		アメリカ	
償還年	買戻し額	償還年	買戻し額
(88-89年度実施)		2005-10	834
1989	504	2006-11	1,916
1994	344	2007-12	905
1995	62	2008-13	2,838
1998	52	2009-14	2,257
1998-2001	145	2015	6,589
1999-2002	260	2016	1,913
2000-2003	264	2017	5,685
2002	65	2018	3,850
(2000年度実施)		2019	7,435
2003	1,340	2020	7,689
2005	468	2021	7,753
2006	143	2022	3,501
2007	1,467	2023	2,842
2008	180	2024	1,866
		2025	3,631
日本（参考）		2026	2,783
償還年度	買戻し額	2027	2,970
2008	18,651	2028	25
		2029	225

注：1) 日本の償還年は年度ベース，他は暦年ベース．
2) 買戻し額は額面ベースであり，単位はイギリスが100万ポンド，アメリカが100万ドル，日本が億円．
3) 日本の買戻し額は05年末までの数値．
出所：BOE, *Quarterly Bulletin*, 各国財政当局のHPに公表されている資料から作成．

見られない.一方,SAでは両銘柄の満期が大きく異なり,このオペによる満期調整の意図は明らかである.

表5-7は,英米のRAにおける対象銘柄の満期と買戻し額(額面ベース)を整理したものである.まずイギリスを見ると,前期(88-89年度)に買い戻した銘柄の満期は全部で8ある.中でも比較的買戻し額が大きい満期は89年,94年,99-02年,2000-03年(後二者はダブル年限債)であり,買戻し総額の80.9%を占めている.また,後期(2000年度)に買い戻した銘柄の満期は全部で5ある.うち,比較的買戻し額が大きい満期は03年と07年であり,買戻し総額の78.0%を占めている.

一方,アメリカの場合は2000-02年度の間に買い戻した銘柄の満期は20あるが,イギリスの場合と同様,各満期に対して均等に買い戻しているわけではない.買戻し額が大きい満期は15年,17年,19年,20年,21年の5

表5-8 普通ギルト債残高の残存期間別構成比(イギリス)

(単位:%,年)

年度末	3年以下	3年超 7年以下	7年超 15年以下	15年超	平均残存期間
1989	19.0	23.8	41.7	14.3	8.4
1990	20.7	28.0	41.5	9.8	8.0
1991	19.3	27.7	36.1	16.9	8.4
1992	13.4	30.5	36.6	20.7	9.4
1993	12.3	27.2	43.2	17.3	9.1
1994	13.9	29.1	36.7	19.0	9.1
1995	22.8	22.8	34.2	19.0	8.8
1996	20.5	26.9	32.1	20.5	8.8
1997	19.7	26.3	32.9	19.7	9.0
1998	21.1	28.9	31.6	19.7	8.9
1999	22.7	29.3	25.3	21.3	8.9
2000	23.3	30.1	21.9	23.3	10.1
2001	24.7	24.7	23.3	27.4	—
2002	21.9	26.0	24.7	26.0	—
2003	21.6	24.3	25.7	28.4	—
2004	27.0	23.0	18.9	31.1	11.5
2005	26.0	19.2	20.5	34.2	12.8

注:物価連動債を除く.
出所:BOE, *Quarterly Bulletin*, DMOのHPに公表されている資料から作成.

つであり，これらで買戻し総額の 52.1% を占めている．

以上の検証から，日本のみならず英米でも RA により買い戻す銘柄の満期にターゲットを設けていることが明らかになった．このことは，買戻制度を満期構成の調整・管理に用いている 1 つの証左と言えよう．では，対象銘柄の満期にターゲットがあることを前提として，残存期間別国債残高に対してオペが意図したような変化をもたらすことができたのであろうか．これが第 2 の考察ポイントである．

表 5-8 は 89 年度末以降のイギリスにおける普通ギルト債残高（物価連動債を除く）の残存期間別構成比の推移を示したものである．その特徴として，次の 3 つを挙げることができる．第 1 に，3 年以下と 3 年超 7 年以下（以下，「3～7 年」と記す）のゾーンに大きな変化はない．第 2 に，7～15 年のゾーンは 90 年代半ば以降低下基調が続いており，特に 99 年度末以降の低下が著しい．第 3 に，15 年超のゾーンは，7～15 年のゾーンとは逆に 90 年代半ば以降上昇基調にあり，特に 99 年度末以降の上昇が著しい．

こうした残存期間別構成比の推移とオペとの相関を見ると次のように整理することができる．ただし，前述したように借換オファーは対象銘柄と発行銘柄の満期がほぼ同じであるため，オペは RA と SA のみ考察する．まず，RA の対象銘柄の残存期間は，表 5-4 にあるように前期（88-89 年度）で平均 7 年超，後期（2000 年度）で平均 5 年である．しかしながら，表 5-8 で 89-90 年度末の 7～15 年のゾーンおよび 99-2000 年度末の 3～7 年のゾーンを見ると，残高構成比は前者でほとんど変化しておらず，後者に関してはむしろ上昇している．このことは，RA が満期構成の調整・管理に貢献していないことを示している．

一方，表 5-5 を見ると，99 年度から 01 年度に行われた SA は総じて残存期間 7～15 年のゾーンにある対象銘柄を同 15 年超のゾーンに借り換えている．オペが行われた 99-01 年度末の残高構成比を見ると，確かに 99 年度末以降 7～15 年のゾーンの構成比がそれまでの 30% 超から 20% 台前半に低下している反面，15 年超のゾーンの構成比が 10% 台から 20% 超へ上昇して

表 5-9 利付国債残高の残存期間別構成比（アメリカ）

(単位：％，年)

年度末	1年未満	1年以上 5年未満	5年以上 10年未満	10年以上 20年未満	20年以上	平均残存期間
1989	33.0	35.0	15.0	4.9	12.2	6.0
1990	34.0	34.2	14.5	4.5	12.8	6.1
1991	33.8	36.0	13.3	4.0	12.9	6.0
1992	34.2	36.6	12.5	3.6	13.0	5.9
1993	33.5	38.2	12.0	3.7	12.7	5.8
1994	32.3	41.5	10.7	3.2	12.3	5.7
1995	34.9	40.3	10.1	3.0	11.6	5.3
1996	35.2	40.3	10.2	3.7	10.7	5.3
1997	33.9	40.2	10.7	5.1	9.9	5.3
1998	32.9	38.7	11.2	5.5	11.7	5.7
1999	33.5	35.3	13.9	5.5	11.8	5.8
2000	34.8	32.1	14.4	6.8	12.0	5.8
2001	38.7	27.9	14.1	7.5	11.8	6.1
2002	37.7	32.2	12.5	8.2	9.5	5.5
2003	37.7	34.1	12.5	8.7	7.0	5.1
2004	35.9	36.6	13.2	7.7	6.6	4.9
2005	33.0	38.4	15.0	8.4	5.2	4.8
2006	32.0	38.0	16.8	8.2	5.1	4.8

注：物価連動債を含む．
出所：US Treasury, *Treasry Bulletin* から作成．

いる．このことは，SAが満期構成の調整に貢献していることを示している．

次にアメリカを検証してみよう．表5-9は89年度末以降のアメリカにおける利付財務省証券残高（物価連動債を含む）の残存期間別構成比の推移を示したものである．その特徴として次の点を指摘することができる．第1に，1年未満と1年以上5年未満（以下，「1～5年」と記す）のゾーンに大きな変化は見られない．第2に，5～10年および10～20年のゾーンは90年代前半には構成比が低下していったものの，後半以降は上昇基調に転換した．第3に，20年以上のゾーンは02年度末から急低下している．これは30年物の固定利付債と物価連動債の発行を各々01年9月，11月から停止したことの影響が大きい．なお，30年固定利付債のほうは06年2月から発行を再開している．

第5章　国債買戻政策の日米欧比較

表 5-10　普通国債残高の残存期間別構成比（日本）

(単位：％, 年)

年度末	1年以下	1年超 5年以下	5年超 10年以下	10年超 20年以下	20年超	平均残存期間
1989	13.3	32.2	47.3	7.3	0.0	—
1990	12.8	33.4	47.0	6.8	0.0	—
1991	14.4	33.1	45.3	7.1	0.0	—
1992	13.7	34.1	44.6	7.6	0.0	—
1993	13.3	34.6	44.7	7.4	0.0	—
1994	13.8	35.7	42.9	7.6	0.0	—
1995	13.2	35.4	43.5	7.9	0.0	—
1996	14.3	33.5	44.6	7.5	0.0	5.7
1997	13.3	33.2	47.5	6.0	0.0	5.8
1998	14.1	31.2	49.3	5.4	0.0	5.8
1999	17.0	32.8	44.8	5.2	0.2	5.3
2000	17.4	38.0	38.5	5.8	0.3	5.2
2001	18.9	40.2	33.9	6.6	0.4	4.9
2002	18.7	43.4	29.6	7.9	0.5	4.9
2003	19.1	47.3	23.7	9.3	0.7	5.0
2004	21.8	43.0	23.5	10.8	1.0	5.1
2005	21.7	40.1	24.6	12.2	1.3	5.3

注：物価連動債を含む．
出所：財務省，『国債統計年報』，『公的債務管理レポート』，『日本国債ガイドブック』から作成．

　こうした残存期間別構成比の推移に対してオペはどのような影響を与えたのであろうか．アメリカでは，2000年度から02年度にかけてオペを実施したが，表5-4に示したようにその対象銘柄の平均残存期間は18年である．一方，上述したように同期間における10〜20年のゾーンの構成比はむしろ上昇している．つまり，アメリカにおいて満期構成の調整・管理は発行政策によって行われており，買戻制度の目的として満期構成の調整・管理が掲げられていても，実際にはその目的のためにオペは行われていない．

　表5-10は89年度末以降の日本における普通国債残高（物価連動債を含む）の残存期間別構成比の推移を示したものである．日本の場合，1年超5年以下（以下，「1〜5年」と記す）と5〜10年のゾーンに残高が偏っている．しかし，総じて99年度末以降5〜10年のゾーンが低下する一方，他のゾー

ンの構成比は上昇基調にある．これは，99年度以降，固定利付債では5年債（2000年2月）と30年債（99年9月），変動利付債では15年債（2000年6月），物価連動債では10年債（04年3月）を導入するなど，年限の多様化を図ったことが大きく影響している．

日本の場合，05年までオペの目的は08年度問題への対応のみであった．したがって，対象銘柄の満期は08年度のみであり，これは現行の制度を導入した02年度末では5〜10年のゾーン，03年度末以降は1〜5年のゾーンに入る．それらのゾーンの推移を追うと，5〜10年のゾーンの構成比は02年度末に29.6%と01年度末の33.9%から4.7%ポイント低下している．また，03年度末の1〜5年のゾーンは，08年度満期の国債が大量に（5〜10年のゾーンから）移行したことから47.3%へ上昇したが，05年度末には40.1%へ低下している．つまり，満期構成の変化は基本的に発行政策の影響を大きく受けているが，現行の買戻制度導入による償還の平準化も一応の効果を上げていると言えよう．

以上，日米英3ヵ国で買戻制度に基づく各オペがどのような目的で行なわれているのかを分析してきた．本節での分析結果およびイギリスにおける借換オペ（表5-5）の分析結果を総合すると，次のように推測・整理することができる．まず，イギリスの借換オファーとRA，アメリカのオペは市場流動性の維持・向上を主目的として実施されている．一方，イギリスのSAと日本のオペは償還の平準化を含む満期構成の調整・管理のために実施されている．この推測を前述した英米の各オペの目的と対比すると，イギリスでは各オペの目的と成果とが合致しているが，アメリカのオペは掲げられたすべての目的に対して成果が上がっているわけではない．これは，1種類のオペで複数の目的を達することは困難であることを示していよう．

5 結 論

本章では，①日米英では買戻制度をどのように活用しているか，②その目

的に対してどの程度の成果を上げているかという2つの論点を考察してきた．最初に英米についての結果を整理していこう．英米では，市場流動性の維持・向上，償還平準化を含む満期構成の調整・管理を中心に，その他にも余剰資金の管理（機動的な債務削減），ストリップス適格債の創出を目的にこの制度を活用している．同制度には様々な形態のオペレーションが含まれるが，イギリスでは買戻オペと借換オペに関するあらゆる形態のオペが完備されているのに対して，アメリカの制度にはRAオペしかない．

オペの目的に対する成果でもイギリスとアメリカとでは異なっている．基本的に財政状況が改善し国債の要発行額が減少している時期にのみオペが実施されている点では両国とも共通している．このことは，少なくとも市場流動性の維持・向上のために買戻制度が活用されていることを示していよう．しかし，「市場流動性の維持・向上」目的と「償還平準化を含む満期構成の調整・管理」目的とに分けて，オペの実態と成果を分析すると次のように推測される．まず，イギリスの借換オファーとRA，アメリカのオペは前者を主目的として実施されており，特にアメリカではこの目的のためにオペを積極的に活用している．一方，イギリスでは，SAが後者の目的のために実施されておりかつ成果も上げているが，アメリカのオペはこの目的には寄与していない．

一方，日本の場合は英米と様相が異なる．日本では，05年まで08年度問題への対応のためにのみ買戻制度が活用されてきた．同制度に基づくオペ（市中対象）はRAのみである．目的がこのように限定されていたため，財政状況が悪化しているにもかかわらずオペは毎月実施され，目的に対して一応の成果が上がっている．

買戻制度を比較した結果，英米と対比して日本が改善すべき最大の点は，その目的が極めて限定的なことである．しかし，第3節の最後に述べたように，財務省は06年以降この制度の運用を弾力化する方向で改善している．その要因は，当初の目的であった08年度問題に解決の目処が立ったためである．そこで，最後に日本における買戻制度の新たな展開について説明し，

表 5-11　日本における買戻制度の新旧比較

	05 年 12 月までの買戻制度	06 年 1 月以降の買戻制度（07 年 3 月まで）	07 年 4 月以降の買戻制度（08 年 3 月まで）
目的	・08 年度に集中している普通国債償還の平準化	(1) 国債残高の圧縮 (2) 05 年度に発行した前倒し債の発行残高の抑制（ネット発行額の調整）	・国債市場の流動性維持・向上等
買入れ額	・市中からは毎月 500 億円 ・他に財政融資資金と日本銀行から適宜 —03-05 年度の実績（合計）で，財政融資資金と日本銀行から共に 2.4 兆円ずつ買入れ．	・目的(1)のために 06 年度に財政融資資金と日本銀行から各々 5.5 兆円，市中から 1 兆円 ・目的(2)のために 06 年 1 月から 07 年 3 月までに市中から 1.1 兆円 ・市中からの毎月の買入れ予定額は 06 年 1 月から 3 月が 1,000 億円，06 年度中が 1,500 億円	・市中から毎月 1,500 億円 —内訳は，利付国債 1,000 億円程度，物価連動国債または変動利付き国債 500 億円程度． ・財政融資資金と日本銀行からの買入れ計画はなし
対象証券	・08 年度中に償還を迎える 10 年固定利付国債 8 銘柄（203～210 回債）および 20 年固定利付国債 4 銘柄（7～10 回債）	・財政融資資金と日本銀行からの買入れは 06-08 年度に償還される国債 ・市中からの買入れは原則としてすべての利付国債（個人向け国債を除く）	・原則として，個人向け国債を除くすべての利付国債
その他	・買入相手先（市中金融機関）の選定基準，買入入札の具体的な手順等については「買入消却の実施について」（03 年 1 月 22 日）に定めたところに従う	・入札参加者は国債市場特別参加者 ・買入れ銘柄および銘柄ごとの買入れ額は逐次告示する ・オファー，応札締切および入札結果の通知・公表の時刻，買入価格の決定方法等については，06 年 11 月までは「買入消却の実施について」（03 年 1 月 22 日），06 年 12 月以降は「平成 18 年 12 月以降の買入消却入札の実施の在り方について」（06 年 11 月 17 日）において定めたところに従う	

注：オペの頻度は，06 年 11 月以前は毎月 1 回であったが，同年 12 月以降は 2 回に上昇した．
出所：財務省資料から作成．

本章の締めくくりとしたい．

　05 年 12 月までの買戻制度と 06 年 1 月から 07 年 3 月まで，さらに 07 年 4 月以降（07 年度中）の同制度を比較・整理すると表 5-11 のようになる．従来の買入消却は，前述のようにその目的が限定されていたが，06 年 1 月か

ら07年3月までにおいては，その目的が拡張された．その第1は，財政融資資金特別会計（財融特会）からの臨時的・一時的な繰入れを原資とする国債残高の圧縮であり，これには08年度問題への対応も含まれる．財融特会からの繰入れは約12兆円に上り，これを原資に06年度中に財政融資資金と日本銀行から各々約5.5兆円ずつ買い入れ，残る1兆円は市中から買い入れる計画とした．

　第2の目的として，財務省は，05年度における個人向け国債の発行実績が予定を上回ったことと，第II非価格競争入札の発行額を当初計画で見込んでいなかったことに伴う前倒し債の発行残高の抑制（05年度のネット発行額の調整）を挙げている．同省はこの目的に対して，「そもそも市場との関係である程度のロットを安定的に発行するという観点からあえて行うという面もある」（第8回国債市場特別参加者会合〈05年10月19日〉議事要旨）と説明していることから，この目的が意図することはオフ・ザ・ラン銘柄の買入消却によるオン・ザ・ラン銘柄の発行増加，つまり市場流動性の向上にあると推測される．

　さらに，財務省の『債務管理レポート2006』（43-44頁）では，06年度までの買入消却等の施策により08年度問題が解決したと宣言している．このため，『日本国債ニュースレター』（07年1月）では，07年度の買入消却は「国債市場の流動性維持・向上等を図るため」に実施するとしている．

　次に，市中からの買入実施（予定）額（支払額ベース）は当初毎月500億円前後だったが，06年1月から3月までは同1,000億円程度，06年度中は同1,500億円程度に増額された．この結果，06年1月から07年3月までに合計で約2.1兆円の国債が買い入れられるわけだが，前述したようにこのうちの約1兆円が「国債残高の圧縮」目的に，約1.1兆円が「市場流動性の向上（ネット発行額の調整）」目的に当てられることとなる．

　また，07年度の計画でも，市中からは引き続き毎月1,500億円が買い入れられる予定となっている．ただし，08年度問題の解決に伴い，財政融資資金および日本銀行から買い入れる予定はない．

表 5-12　日本における 2006 年 1 月以降のオペレーション実施状況

残存期間別（日銀，財融資金からの買入れも含む）　　　　　　　　　　（単位：億円）

	1年未満	1～5年	5～10年	10～20年	20年以上	合　計
2006年1月	41	2,461				2,502
2月	1,000	2,500				3,500
3月	5,833	9,167				15,000
4月	500	9,481	145		377	10,503
5月		9,000	724	359	423	10,506
6月	1,502	9,000				10,502
7月	1,266	9,000		200	35	10,501
8月	2,747	7,758				10,505
9月	784	9,502	216			10,502
10月	4,265	4,735	841		651	10,492
11月	326	9,000		115	1,021	10,462
12月	4,500	4,971		500	531	10,502
2007年1月		9,648	760		75	10,483
2月	5,900	5,000	50	555		11,505

年限別（市中からの買入れのみ）　　　　　　　　　　　　　　（単位：億円，銘柄）

	2年債	5年債	10年債	20年債	30年債	その他	合　計
2006年1月	836 (2)	88 (3)	78 (4)				1,002 (9)
2月	450 (1)	150 (1)	400 (1)				1,000 (3)
3月	350 (2)	544 (5)	106 (2)				1,000 (9)
4月	500 (1)		626 (2)		377 (4)		1,503 (7)
5月			724 (1)	359 (3)	423 (3)		1,506 (7)
6月	1,343 (5)	159 (1)					1,502 (6)
7月	780 (1)		486 (2)	200 (1)	35 (1)		1,501 (5)
8月	804 (4)	436 (4)	265 (3)				1,505 (11)
9月	198 (2)	907 (4)	271 (4)	126 (1)			1,502 (11)
10月			490 (3)	351 (5)	651 (1)		1,492 (9)
11月			326 (2)	115 (2)	1,021 (6)		1,462 (10)
12月	368 (1)		103 (1)		531 (6)	500 (変1)	1,502 (9)
2007年1月		273 (1)	655 (3)		75 (3)	480 (物4)	1,483 (11)
2月	900 (2)					605 (変4)	1,505 (6)

注：1)　額面ベース．
　　2)　残存期間で X～Y 年は「X 年以上 Y 年未満」を表す．
　　3)　年限別のカッコ内は買い入れた銘柄数を表す．
　　4)　06 年 8 月に市中から買い入れた 5 年債 436 億円（4 銘柄）のうち 20 億円（1 銘柄）は 6 年債．
　　5)　年限別の「その他」は物価連動債（「物」と略）または変動利付債（「変」と略）である．
出所：財務省 HP に掲載されている資料から作成．

こうした目的の拡張と買入実施（予定）額の増額に伴い対象銘柄も拡張された．財融特会からの繰入れを原資とする財政融資資金と日本銀行からの買入れ対象は，08年度問題を考慮して，06年度から08年度までに償還される国債に限定されたが，市中からの買入れ対象は個人向け国債を除くすべての利付国債に拡張されている．ただし，市中からの買入れについて，30年固定利付債（06年3月まで），15年変動利付債および10年物価連動債（共に06年11月まで）はシステム面の問題から買入れの対象外であったが，06年4月以降は順次対象となっている．なお，買入入札の都度，流動性等を勘案の上，特定の銘柄が買入れ対象から除かれる場合がある[21]．

以上が，06年以降における新しい買戻制度の概要であり，06年1月以降のオペ実施状況を表5-12に示した．確かに4月以降買入銘柄の幅は拡大している．しかし，表5-11に示した07年度の制度が買戻制度の基本的枠組みとなったのか否かについて，財務省から明確な説明はない．国債市場特別参加者会合等からも買戻制度のあり方について多様な意見が出されており（表5-13），今後さらなる検討の余地はあろう．こうした検討を積み重ね，英米に遜色のない制度を整備していくことは重要な課題である．しかし，ここで忘れてならないことは，買戻制度を活用する大前提として財政余剰が生み出せるようにしなければならないということだ．現状では，財政事情は好転しているもののまだその段階ではない．つまり，大量の国債を発行せざるを得ない現状では，買戻制度以外に債務負担を軽減する方法を模索する必要があろう．この点では，例えば，次章で提言する非市場性の年金国債を発行するなど商品面から工夫する余地もあろう．

---

21) 財務省は，第10回国債市場特別参加者会合（05年12月9日）において，対象銘柄から除く基準を次のように説明している．「①発行量の相当部分が日銀・財融等の保有となっており，市中流通玉が極端に少なくなっている銘柄，②現に流動性供給入札による追加発行の対象となっている銘柄，③入札を行った結果，落札される銘柄に偏りが生じ，債務管理上これ以上買い入れることが適当でないと認められる銘柄等が出た場合，それ以降の入札について対象銘柄から外してはどうかと考えている」．なお，入札の実施に当たり，落札額の上限を設けることについては今後の検討事項としている．

5-13 国債整理基金による既発国債の買入消却等の新たな活用に対する考え方

目的	取引手法	考え方の整理
1. 市場の状況に対応する目的のバイバック（買戻し）		
(1) 市場流動性の向上	市場流通量が少なく、市場金利に上乗せされている流動性プレミアム（「流動性プレミアム」）が大きい、割安な銘柄の買入れを行う。 （注）当該買入れとセットで、市場流通量が多い銘柄の発行を行うことも考えられる。	・流動性プレミアムは、一義的に明確なものではないため、ある程度の市場参加者のコンセンサスがある場合に限るべきではないか。 ・買入消却により、イールド・カーブ等が変動し、他の市場参加者に不測の利害得失をもたらす惧れがある。 ・買入れは基本的にアドホックに実施すべきものであり、買入れの頻度、タイミングおよび対象銘柄や規模を事前に特定することはできない。
(2) イールド・カーブのスムージング	イールド・カーブおよび市場価格に大きな「歪み」が発生した場合に、特に割安な銘柄の買入れを行う。 （注）当該買入れとセットで、割高な銘柄の発行を行うことも考えられる。	・適正なイールド・カーブの計測は困難であり、買入れの必要性が市場参加者のコンセンサスとなるなど客観的に明らかな場合に限るべきではないか。 ・買入消却により、イールド・カーブ等が変動し、他の市場参加者に不測の利害得失をもたらす惧れがある。 ・買入れは基本的にアドホックに実施すべきものであり、買入れの頻度、タイミングおよび対象銘柄や規模を事前に特定することはできない。
2. 主に発行体側の事情により実施するバイバック		
(3) 年度内のネット発行額の調整	国債の要発行額が当初想定から変更される場合や国債発行実績額が当初予定から乖離している場合等において、「ネットでの国債発行額」（実質的な国債発行額）を調整する。	・ネット発行額の調整の必要性については比較的客観的に分かりやすい。 ・全ての銘柄が買入対象となりうる。 ・買入消却の銘柄・額・頻度・タイミングは、ある程度定型的に事前に決定しておくことが可能。
(4) コスト・アット・リスク分析に基づく負債構成の適正化	コスト・アット・リスク分析のフレーム・ワークに基づき、有利な負債構成を実現するために必要な銘柄の買入れを行う。	・負債構成は、本来、発行計画の段階で決定すべきものであるため、事前に必要な買入銘柄等を決めておくことは不自然ではないか。したがって、実施については、年度途中における何らかの事情変更に基づいて必要に応じて行うことが適当ではないか。
(5) 国債償還の平準化	将来の国債償還見込み額に「段差」や「ズレ」が発生する場合に、償還見込み額が増加する時点に償還される銘柄の買入れを行う。 （注）当該買入れと同時に償還見込み額が減少する時点に償還される銘柄の発行を行うことも考えられる。	・平成14年度(2002年度)以降、いわゆる「平成20年度(2008年度)問題」への対応を目的とした買入消却を実施しているが、現状においては特段別の銘柄等について実施する必要性は存在しないのではないか。（「平成20年度問題」対応を拡大して期近物を対象とする等の考え方はありうる。） ・買入消却の銘柄・額・頻度・タイミングは、ある程度定型的に事前に決定しておくことが可能。
(6) 国債整理基金の余資運用	国債整理基金の余資運用として、既発国債の買入れを行う。 （注）当該買入れは、原則として「買切り」（買入保有）になると考えられる。	・買入消却の銘柄・額・頻度・タイミングは、ある程度定型的に事前に決定しておくことが可能。 ・買入れにより、イールド・カーブ等が変動し、他の市場参加者に不測の利害得失をもたらす惧れがある。

注：(1)〜(6)の各目的については、別の主たる目的とともにあわせて掲げることも可能。
出所：財務省、「国債市場特別参加者会合（第8回）議事要旨」（05年10月19日）の資料②－1から作成。

付表 5-1　イギリスにおける主要な買戻オペレーションの概要

	借換オファー (Conversion) 1998年7月	スイッチ・オークション (Switch Auction) 1999年10月	買戻オークション (Reverse Auction) 2000年7月
DMOによる開始時期			
【目的】	・ベンチマーク銘柄の発行規模の維持（市場流動性の維持・向上） ・イールド・カーブに跨る流動性の集約	・借換オファーの補完的オペ ・ベンチマーク銘柄の発行規模の維持 ・ストリップス適格銘柄の残高および満期帯が占める割合の拡大 ・償還の平準化	・低流動性銘柄の買入消却 ―財政状況が改善し国債の要発行額が減少する環境下では、これを通じてベンチマーク銘柄の発行規模を維持する。
【発行銘柄、発行銘柄の条件】			
1) 対象銘柄	・すべてのギルト債 i) 残存期間が約5年以上 ii) 発行残高（額面ベース）が55億ポンド未満 iii) 先物契約の受渡適格（最割安）銘柄ではない	・物価連動債を除く普通ギルト債のみ i) 残高が大きく、借換オファーの対象銘柄に考えられない ―オペ後の残高（額面ベース）が45億ポンド以下となる銘柄は対象にしない。 ii) 対象銘柄、発行銘柄とも同じ満期帯に含まれる iii) 先物契約の受渡適格（最割安）銘柄ではない iv) 発行入札が過去18カ月以内に行われていない v) ストリップス適格ではない銘柄が優先	・すべてのギルト債 i) ストリップス適格なベンチマーク銘柄ではない ii) 先物契約の受渡適格（最割安）銘柄ではない iii) 複数の対象銘柄に対してオペを行う場合には、それらの銘柄のデュレーションおよび残存期間が短い銘柄に類似している iv) 極端に残存期間が短い銘柄は対象としない v) 先物バスケット（に含まれるギルト債）より満期が長い銘柄は対象としない ―iv) と v) の条件は絶対的なものではない。

2) 発行銘柄	・すべてのギルト債 一 特段の規定なし。	・物価連動債を除く普通ギルト債のみ i) 新規発行銘柄ではない ii) 先物契約の受渡適格銘柄であるまたは適格銘柄となる合理的可能性があってもよい iii) 発行入札が過去 21 日以前に行われていない 一四半期ごとのオークション予定にオベてと発行入札が公表されている場合には条件 iii) は適用しない。	―

【フォーマット】

1) 告 示	・時期は不定期 一任意の 2 つの借換オファーにおける固定価格条件が同時に競合するようなオファー、および同じ満期時帯の発行入札に重なるようなオファーは予定しない。 ・オベての詳細は借換え実施の 3 週間前に公表される ・発表事項：対象銘柄、発行銘柄、固定価格条件、タイムテーブル、受入れの決定方法など	・時期は不定期だが、他の 2 つより確定的 一年間ベースでは、英大蔵省が発行する Debt and Reserves Management Report に、英大蔵省からの付託としてオベての可能性と規模を掲載する。 一四半期ベースでは、オべが実施される前四半期の最終営業日に告示。オべの実施日および決済日（発行入札と同様、通常は水曜実施、木曜決済）、対象・発行銘柄の実際の最大借換え可能額（額面ベース）などオベての詳細かを公表。 一週次ベースでは、オべが実施される前週の午後 3 時 30 分に対象銘柄の実施の最大借換え可能額（額面ベース）、決済日、割当の上限を設けオベかを告示。 ・規模は普通ギルト債の発行入札に係る上限（規模）に準ずる	・時期は不定期 一四半期ベースでは、次の四半期に実施するオベの日時、対象銘柄を告示。 一週次ベースでは、オベを行う前週の火曜日の午後 3 時 30 分に実施するオベを公表する。発表事項は、DMO が予定している全対象銘柄の最大買戻し総額、買い戻した国債を消却する日。 ・規模はギルト債の発行入札に係る上限（規模）に準ずる

第5章　国債買戻政策の日米欧比較

2) 対象者	・対象銘柄を保有するすべての者 －レポ市場等に対象銘柄を貸し出している者もオファーの対象者。	・ギルト債マーケット・メーカー(GEMM) －GEMM以外の対象銘柄保有者はGEMMを通じて応募する。	・スイッチ・オークションに同じ
3) 入札形式	—	・発行銘柄に対する価格競争入札：コンベンショナル方式 －最低入札価格は設けない。 －非競争入札は設けない。 －対象銘柄の固定クリーン・プライスはオペ当日の午前10時にDMOが発表 －入札時間は午前10時～10時30分 －10時～10時20分までは、個々の応募者が提示できる入札価格の数に制限はない。10時20分～30分の間は、応募者は各銘柄について10まで入札追加が可能。 －応募で指定する事項：対象銘柄の応募金額（額面で100万ポンド単位）、発行銘柄のクリーン・プライス（小数点2桁表示） －決定のプロセス：DMOは発行銘柄の入札価格を高い順に並べ、最高価格から落札する －最低落札価格での割当は1%前後とし、その割当は対象銘柄の額面で1,000ポンド単位とする。	・対象銘柄に対する価格競争入札：コンベンショナル方式 －1回のオペすべては複数の銘柄を対象とする。 －入札価格に上限は設けない。 －非競争入札は設けない。 －入札時間は午前10時～10時30分 －10時～10時20分までは、個々の応募者が提示できる入札価格の数に制限はない。10時20分～30分の間は、応募者は各銘柄について10まで入札追加が可能。 －応募で指定する事項：銘柄名、応募金額（額面で100万ポンド単位）、入札価格（クリーン・プライス、小数点2桁表示） －決定のプロセス：DMOは、入札価格をイールドカーブモデルに変換し、DMOのイールドカーブモデルから導かれた当該銘柄の理論利回りを差し引く。その差が最も大きい入札から順に最大買戻し総額に達するまで買戻し（割当）を決定する －最高落札価格での割当は各銘柄に対して0.1%前後とし、額面で1,000ポンド単位とする。
4) 結果発表	・発表時期：借換え実施日後の最初の営業日の午前8時30分（通常）	・発表時期：オペ当日の午前11時10分まで（締切時間から40分以内）	・発表時期：スイッチ・オークションに同じ

・発表事項： 応募総額（額面ベース）、 対象銘柄の借り換え前残高に対する借り換え総額の割合、 借り換えられなかった対象銘柄の額面総額、 発行銘柄の発行額面総額、 発行銘柄の借り換え後の額面総額の残高 一必要に応じて、DMOは対象銘柄のラップ銘柄に指定されるか否かを発表する。	・発表事項： 発行銘柄の落札価格（最高、平均、最低）およびそれらに対応するダーティ・プライス／レンジ（発行銘柄のダーティ・プライス）、 対象銘柄の応募総額と実際の借り換え額（ともに額面ベース）、 発行銘柄の発行額面総額、 オペ後の額面残高、 最低落札価格（ともに額面ベース）比率、 （対象銘柄の）借り換え可能額に対する応募総額（ともに額面ベース）の比率（カバー）、 一応募総額には、足切り価格により、そのすべてまたは一部が拒否された入札を含む。	・発表事項： 各銘柄の落札価格（最高、平均、最低）およびそれぞれに対応する利回り、 応募総額、落札総額、買戻し後の残高（いずれも額面ベース）、 最高落札価格を提示した応募者への案分比率（銘柄ごと）、 最大買戻し総額に対する応募総額（ともに額面ベース）の比率（カバー）、 一応募総額には、足切り価格により、そのすべてまたは一部が拒否された入札を含む。
5) 決済等	・決済日は借り換え日から7営業日後（対象銘柄の金利支払日に当たる場合）と、対象銘柄を保有する個人投資家の数に応じて1〜3営業日後（金利支払日に当たらない場合）の2通りがある ・借り換えられた国債は、発行銘柄の発行と同時に消却される	・オペの翌営業日に発行銘柄も発行される。 一ダーティ・プライスベースで決済される。 一発行銘柄の発行および発行銘柄の応募者への割当は、対象銘柄の発行および発行銘柄のダーティ・プライス・レシオ（小数点4桁）を用いて計算される（ダーティ・プライス・レシオ×対象銘柄の額面総額）。 ・借り換えられた国債は、発行銘柄の発行と同時に消却される 一落札者は決済日に受渡しを履行する。	・スイッチ・オークションに同じ 一買い戻された国債は通常、決済と同時に消却される。 一落札者は決済日に受渡しを履行する。

注：07年3月末時点。
出所：DMO [1998a, b; 1999a, b; 2000a, b; 2006] から作成。

第 5 章　国債買戻政策の日米欧比較

付表 5-2　イギリスにおける小額オペレーション

	買入タップ (Reverse Tap)	スイッチ・タップ (Switch Tap)	その他の小額買入オペレーション
【目的】	・市場の管理手段 一特定の銘柄または残存期間に対する一時的な需要不足（つまり価格の低下）といった異常な状況が生じたときのみ実施される。	・市場の管理手段 一特定のギルト債（銘柄）に対する需要が強い状況下で、例外的な市場管理手段としてのみ用いられる。発行銘柄の大規模発行には用いられない。	【ランプ銘柄およびその他特定ギルト債の買入れ】 DMOは、残高が少なすぎて双方向のマーケット・メイクが合理的に行えない（例えば、借換オファーに伴うランプ銘柄となった場合）と判断される国債に対して、GEMMの求めに応じて、DMOが特定した価格での入札を受け入れている。DMOはそのような銘柄の入札を逐次公表している。 【期近債の取引】 償還に伴うキャッシュフローを平準化するために、DMOは残存期間が6カ月未満のいかなるギルト債（最後の利金支払いのみを残している銘柄）に対しても、GEMMの求めに応じて、DMOが特定した価格での入札を受け入れている。この段階では、それらの国債は短期金融商品であるため、価格入札は要求時点でのDMOの資金管理ポジションによって決定される。03年8月にDMO は GEMM協会（GEMMA）の同意を得て、ギルト債の公認インターディーラー・ブローカーのインターディーラー・カウンターパーティーとなり、期近債のみの取引を行うとともに、匿名（性）を保持できるようになった。
【対象銘柄、発行銘柄の条件】			
1) 対象銘柄	・特定の規定はないが、すべての目的から考えて、一時的に市場で強い需要不足に陥った銘柄が対象となる。	・スイッチ・オークションに同じ（物価連動債も可） ・物価連動債の場合には満期帯に関する条件は適用しない。	
2) 発行銘柄	―	・スイッチ・オークションに同じ（物価連動債も可）	
【フォーマット】			
1) オファーまたはオークションの公表	・時期は不定期 一すべての1時間以上前に告示する。 ・発表事項：対象銘柄、最大買戻し総額（支払額ベース）、入札時刻 一対象銘柄の数は単一の場合もあれば、複数銘柄のパッケージ（普通ギルト債と物価連動債の混合も可）の場合もある。 ・DMOはその裁量で個々の応募者から受け入れるオファーに上限を設けることができる。	・時期は不定期 一すべてを実施する前営業日の午後3時30分に告示する。 ・発表事項：対象銘柄、発行銘柄、対象銘柄の実際の最大借換え可能額（額面ベース） ・DMOはその裁量で個々の応募者から受け入れるオファーに上限を設けることができる。 ・サイズについて特段の定めはないが、小規模となろう	

		―価格上限を設けることもある。 ―サイズについては、ギルト債発行入札の上限（規模）に準ずる。	【公的ポートフォリオのための証券売買】 DMOは、国家債務削減委員会（CRND）に代わって、その管理下にある基金のために市場から証券を購入する場合がある。その買入れは通常小額である。オペを実施する場合、DMOは、取引前に任意に選んだ少なくとも3業者からオファー価格をチェックする。 【例外的な状況下での普通ギルト債および物価連動債の買入れ】 DMOはGEMMからオファーされる普通ギルト債および物価連動債を買い入れる権限を有するが、それは例外的な状況においてのみ使される。オペのプロセスは買入スタッブおよびスイッチ・タップのそれぞれに従う。
2) 対象者	・GEMMのみ		
3) 入札形式	・GEMMのみ ・対象銘柄に対する価格競争入札：ダッチ方式 ―入札の結果として、告示した買戻し総額の上限に達しない場合もある。 ―非競争入札は設けない。 ・入札で提示する事項：銘柄名、応募金額（額面で100万ポンド単位）、入札価格（クリーン・プライス、小数点2桁表示） ―価格は1銘柄当たり6まで入札可能。	・発行銘柄に対する価格競争入札：ダッチ方式 ―最低入札価格は設けない。 ―非競争入札は設けない。 ―DMOは、入札価格が市場での公正価格に比べて不当に低いと判断した場合には、入札の全部または一部を拒否する裁量権を有する。 ・対象銘柄の固定クリーン・プライスはオペ当日の午前10時にDMOが発表する。 ・入札時間は午前10時～10時30分 ・入札で提示する事項：対象銘柄の応募金額（額面で100万ポンド単位）、発行銘柄の入札価格（クリーン・プライス、小数点2桁表示） ―価格は1銘柄当たり6まで入札可能。	
4) 結果発表	・発表時期：入札結果が明らかになり次第即時 ・発表事項：各銘柄の価格、同価格に対応する利回り、ストライク価格を提示した応募者に対する案分比率、買戻しに伴う消却額、オペ後の残高	・発表時期：入札結果が明らかになり次第即時 ・発表事項：対象銘柄の借換え可能額と実際の借換え金額（ともに額面ベース）、発行銘柄の発行額面総額、オペ後の残高、ストライク価格、ストライク価格を提示した応募者への案分比率	

第5章 国債買戻政策の日米欧比較

5) 決済等	・決済日は翌営業日 ―落札者は決済日に受渡しを履行する。 ―買い戻された対象銘柄は決済日に消却される。	・決済日は翌営業日 ―落札者は決済日に受渡しを履行する。 ―同日に発行銘柄も発行され、借り換えられた対象銘柄は、発行銘柄の発行と同時に消却される。 ―ダーティ・プライスベースで決済される。

注：07年3月末時点。
出所：DMO [2006] から作成。

付表5-3　アメリカと日本における買戻制度の概要

		【アメリカ】	【日本】
		市場性財務省証券の償還（買戻）オペレーション	国債整理基金による既発国債の買入消却
開始時期		2000年1月19日から施行（同年3月から開始）	2003年2月から施行・開始
【目的】		・市場流動性の向上 ・政府債務（国債）の満期構成の管理 ・余剰資金の管理（機動的な債務削減） （＝利払いコストの削減）	・2008年度に集中している普通国債償還の平準化
【対象銘柄、発行銘柄の条件】			
1) 対象銘柄		・オペの告示であらかじめられた満期帯に属す財務省証券（適格証券）	・2008年度中に償還を迎える10年固定利付国債8銘柄（203～210回債）および20年固定利付国債4銘柄（7～10回債）
2) 発行銘柄		―	
【フォーマット】			
1) 告　示		・時期は不定期 ―四半期ベースで公表されるQuarterly Refunding Statementでオペの実施、その予定額などが告示される。 ・オペの前日に次の事項が公表される：オペおよび決済の日時（額面ベース）、最大買戻し総額（額面ベース、利子率、満期日、残高）、最小追加応募額（額面ベース）および倍数（Multiple：最小追加応募金額）	・時期は原則月1回（毎月） ―年末の発行計画策定時に、次年度の買入消却予定額を公表。 ・オペ当日の公表事項：買入予定総額、買入対象銘柄、入札方法、最低募金額と倍数、買入決定方法、申込（入札）締切日時（時間）、買入決定通知日
2) 対　象　者		・ニューヨーク連邦準備銀行（NY連銀）に指定されたプライマリー・ディーラー（PD）のみ ―PD以外の対象銘柄保有者はPDを通じて応募する。	・国債市場特別参加者 ―市中以外の対象者として財政融資資金と日本銀行があるが、直接買入れ。

第5章 国債買戻政策の日米欧比較

3) 入札形式	・価格競争入札：コンベンショナル方式 ・応募において指定する事項：証券の銘柄、額面金額、各証券の入札価格 ・応募金額は告示された最低金額以上かつその整数倍でなければならない。 ・各適格証券に対する入札価格および応募する適格証券の数に制限はない。	・競争利回較差入札：コンベンショナル方式 ・コンベンショナル方式を通じて実施する。一日銀ネットを通じて実施する。
4) 結果発表	・米財務省は応募締切り後できるだけ速やかに応募者に（結果）確認を提示し、オペの結果をプレス・リリースによって公式に発表する ―プレス・リリースでは、各適格証券に関して、応募額と落札額（額面ベース）、落札された最高価格、オペ後の市場保有残高（額面ベース）が発表される。 ・確認 ―応募者に対する確認：オペを行った営業日中に、結果発表の形で受入れ（落札）または拒否の確認を提示する。 ―顧客による応募に対する確認：応募者が顧客に代わって応募して落札した場合には、応募者は当該顧客に買戻しの実施を通知する責任がある。	・オペ当日に入札結果が公表される ・公表事項：応募額（額面）、買入決定額（額面）、買入最低利回較差、買入最低利回較差に係る案分比率、買入平均利回較差
5) 決済等	・オペと決済までに最低2日間をおく ・このことはコードには定めず、実施日と決済日を共に告示で特定する。 ・落札者は、決済日に、決済金額に正確に対応する額面金額の登録財務省証券を移転し、特定された口座に証券を受け渡さなければならない。 ・証券の受渡しが適切に行えない場合には、予定決済金額の1％を上限とする損害賠償を支払うよう要求される。	・消却後に消却した銘柄、償却額、額面金額100円当たりの買入価格を告示

注：アメリカは07年3月末時点の制度、日本は05年末までの制度であり、06年以降の制度に関する変更点は本論の表5-11を参照。
出所：日米両国の財務省HPに掲載されている資料から作成。

第6章

国債残高管理政策としての年金国債導入

1 はじめに

　前章の冒頭で，日本では中長期的に借換債の大量発行が余儀なくされる一方で，国債の発行・消化を取り巻く環境は必ずしも楽観できないという点に言及した．この発行・消化環境の変化については第1章で詳しく考察したが，ここでもう一度簡単に整理しておこう．

　国債の発行を決定する最大の要因は経済動向である．言うまでもなく，バブル経済の崩壊後，日本経済は長期間低迷した[1]．この結果，税収減少と景気対策としての公共事業増加から国債が大量に発行され，2006年度末で674兆円（内国債ベース），対GDP比132.1％という平時としては異常な国債残高を招いている．

　一方で景気低迷によるメリットもあった．第1のメリットは低金利が続いたことにより，国債残高が累増する一方で金利負担が抑制されたことである．第2に，民間の資金需要低迷と民間企業に対する信用リスクの増大が相俟って，銀行を中心とする市中金融機関が資金を国債投資に振り向けることができたことである（質への逃避）．

　国債消化に係る環境上の特徴を挙げると次のように整理することができる．第1に，上述した理由から市中金融機関による国債投資余力があった．第2

---

1) 実質GDP成長率は，1980年代平均の3.8％から90年代1.7％，2000年代（05年度まで）1.8％となっている．

に，公的部門により大量に消化されたことである．ここで，公的部門とは一般政府，中央銀行，公的非金融法人，公的金融機関（郵便貯金・簡易保険・財政融資資金・政府系金融機関）と定義している．公的部門による市場性国債の保有構成比は 1990 年 3 月末の 42.2% から 06 年 9 月末には 56.3% まで上昇した．中でも社会保障基金，中央銀行，郵貯，簡保の上昇が著しい[2]．

　以上，国債の発行と消化に係るこれまでの環境を整理したが，これらの環境が中長期的に変化する兆しを見せている．まず，経済環境面（国債の発行面）では，銀行の不良債権処理が進み，経済が徐々に正常化してきている．この現象自体は税収の増加につながり，国債発行の削減要因として評価できる．しかし，経済の正常化は民間の資金需要増加を誘発し，このことは 2 つの点から国債発行におけるリスクをもたらす．1 つは言うまでもなく経済全体の資金需給の逼迫による金利（上昇）リスクである．第 2 に，市中金融機関の国債投資余力の低下による借換リスク（資金調達の未達リスク）である．さらに，これらの点に関連して中長期的に懸念されるのは，人口の高齢化による家計の資金余剰の低下である．資金循環表から見た家計の資金余剰の名目 GDP 比は 90 年代前半まで概ね 8% 以上を維持していたが，90 年代後半から急低下し，06 年には 3.5% まで低下している．今後，高齢化が加速した場合，家計が資金余剰主体から資金不足主体に転換する可能性もあり，市中金融機関の国債投資余力にはネガティブな要因となろう．

　国債の消化面で将来大きな影響を与えると予想されるのが，日本郵政公社（郵貯・簡保）の民営化であろう．05 年 10 月 14 日に郵政民営化法をはじめとする郵政民営化関連 6 法が成立し，07 年 10 月には同公社が民営化（持株会社化）される予定である（「ゆうちょ銀行」と「かんぽ生命保険」の完全

---

2) ただし，中央銀行の保有増加は量的緩和政策に伴う国債の買入オペレーションの結果である．また，01 年度からの財政投融資改革により，財投による国債引受はなくなった．しかし，この改革に伴い，07 年度までの経過措置として郵貯，簡保，年金資金が財政融資資金特別会計国債（財投債）の一部を引き受けることになっており，郵貯，簡保，社会保障基金の保有構成比上昇はこれも反映している．

民営化は17年度までに行われる予定).01年度以降,財政融資資金による国債引受がなくなり,現在では07年度までの経過措置として郵貯,簡保,年金資金による財政融資資金特別会計国債（財投債）の一部引受が行われているだけである.財政融資資金が保有している国債を買入消却した場合に,これに伴って発行される借換債を同資金が引き受ける財政融資資金乗換も,06年度からなくなった.この点から見れば,郵政民営化への対応は徐々に進んでいると言えよう.しかし,問題は,郵貯と簡保が民営化された場合,それらが保有する約193兆円（06年9月末）の国債の借換えに応じることができるか否かということである.つまり,民営化されても基本的に資産運用として国債投資は行なわれるであろうが,その運用スタンスはあくまで民間金融機関としての利潤追求に従うべきであり,民営化以前と同様な財務省の国債管理政策に合わせた国債購入は困難になるだろう[3]．

　上述した国債の発行と消化に係る環境の変化は,借換債の発行における金利リスクと借換リスクを上昇させるものであり,この点からも国債の残高管理政策の重要性は今後高まろう.前章では残高管理政策の1つとして国債の買戻制度を考察したが,本章では債務負担の軽減策という観点から残高管理政策を考えてみよう.以下では,まず第2節で債務負担の軽減策にはどのようなものがあるかについて概説する.その考察に基づき,やや特殊な政策として「年金国債」の導入を検討する.第3節ではこの年金国債の特徴を論じる.最後に,第4節では,日本の国債保有構造を英米のそれと比較することによって,日本における年金国債の具体的な導入について検討し,本章のまとめとする.

---

3) それを暗示する事例として,日本郵政公社は07年10月の民営化に合わせて07年度から新発地方債の引受けを廃止する予定である（平成19年度地方債計画).

2 債務負担の軽減策

債務負担の軽減策には市場流動性の向上策などを含めれば多様なものがある．ここでは，特に英米の歴史に基づき，残高管理の観点から軽減策を整理した．具体的には，国債残高の削減，利払費削減，償還年限の長期化があり，以下にこれらの概要と日本に適用する場合の問題点を説明する．

2-1 国債残高の削減

国債残高を削減することは債務負担を軽減する王道であり，最も効果的であることは言うまでもない．具体的な方法として次の2つがある．第1に，増税などによる歳入増加および（または）経常経費や公共事業費などの抑制による歳出削減を図り，財政収支を黒字化させることである．これによって国債の新規発行を抑制し，さらに財政余剰を以て国債の買戻しを行う．第2の方法は減債基金を活用する方法である．つまり，前年度剰余金の繰入および（または）償還資金の強制的な積立てにより国債を買い戻し，その残高を削減する．なお，政府の資産を売却し，その売却収入で国債を買い戻すことにより国債残高を削減する方法もある．しかし，基本的に財政の歳入・歳出構造が変わらない限り，一時的に国債残高は削減されても再び増加していくことになるため，ここでは資産売却を国債残高削減の方法とみなさない．

上述した国債残高を削減するための2つの方法を実行するには困難を伴う．まず，第1の財政黒字化に関しては，増税には政治による抵抗，歳出削減には政治と行政による抵抗が強い．日本政府は歳出構造の見直しを進めており，また将来的な増税の可能性も高まっている．しかし，98年12月に成立した「財政構造改革の推進に関する特別措置法停止法」は未だに解除されず，また現水準の財政赤字を即座に解消するだけの増税は困難である．中長期的には歳入・歳出構造を変えて財政健全化を図らなければならないが，当面は新規国債の発行を抑制するだけで精一杯であろう．

減債基金については，イギリスの失敗が有名である．イギリスでは18世紀から20世紀半ばにかけて3つの減債基金——Walpole減債基金（1716-88年），Pitt減債基金（1786-1828年），1875年減債基金（1875-1954年）——を設置することによって債務削減を試みたが，いずれも成功しなかった[4]．失敗の根本的な原因は，度重なる戦争から減債より戦費調達が優先されてしまったことにあるが，基金の運営自体にも問題があった．具体的には，Walpole減債基金では，財政逼迫時に基金の積立金が一般歳出に流用された．また，Pitt減債基金では，国庫から償還財源の強制的な定額（および定率）繰入を厳密に適用した結果，その繰入を維持するために新たな国債を発行するという矛盾が生じた．結局，これら減債基金制度の失敗から学んだ教訓は，真の減債財源は剰余金の範囲に限られるべきということである．つまり，減債基金制度が有効に機能するか否かは財政黒字をいかに達成するかに帰着する．

日本でも国債整理基金（特別会計）に基づく減債制度が1906年に創設され，現行制度（67年度に確立）に至っている．現行制度の下では，一般会計から①定率繰入（前年度期首国債総額の100分の1.6），②剰余金繰入（一般会計における決算上の剰余金の2分の1以上），③予算繰入（必要に応じて予算で定める額），④減税特例国債に係る特例繰入を通じて国債整理基金に対して制度的に国債の償還財源が繰り入れられるほか，NTT株式とJT株式の売却収入および配当金収入も国債償還財源に充てられる（もちろん，これら以外に償還財源として借換債が発行される）．

しかしながら，この減債制度は毎年の償還に必要な資金を確保することに主眼が置かれており，現行制度の枠内でそれ以上の減債を行うためには剰余金繰入と予算繰入によるしかない．つまり，これらが実質的な減債効果をもたらすためには，前述したように財政黒字が条件となるのである．

---

4) イギリスにおける3つの減債基金の概要については藤井［2004］，特に図表10（59頁）を参照されたい．

2-2 利払費の削減

利払費削減による債務負担の軽減策とは,高い表面利率で発行した国債を低い表面利率の国債に借り換えること(低利借換)によって利払費の観点から債務負担を軽減する政策である.

低利借換の事例としては,イギリスにおける18世紀半ばの3%コンソルおよび利下げ3%債(当初3.5%)への債務整理・統合や1888-89年の蔵相Goschenによる大規模な低利借換(5.91億ポンド)が有名である[5].一方,アメリカの場合,借換政策は借換リスクを低減するために国債平均残存期間の長期化を図る「長期借換」が中心であり,利払費抑制のためには1940年代の国債価格支持政策,60年代のツイスト・オペレーションに見られるように,政府と連邦準備理事会(FRB)がイールド・カーブの水準や形状を操作する政策が採られた.

現在の日本において,利払費削減による債務負担軽減策の有効性は小さい.前述したように,日本では既に低金利環境下で国債を発行しており,国債残高が急増した一方で金利負担は増加していない[6].つまり,低利借換によって債務負担を軽減させる余地がほとんど残されていないのである.

2-3 償還年限の長期化

償還年限の長期化による債務負担の軽減策とは,残存期間が短くなった国債を長期債に借り換えること(長期借換)によって平均償還年限を長期化し,毎年度の償還負担を軽減する政策である.ただし,償還年限の長期化は,長期借換によらなくとも,発行政策において長期債のウエイトを高めることによっても達成することができる.また,借換え促進のためのプレミアム支払いや,必ずしも低い表面利率で借換債が発行できるとは限らないことから,

---

5) イギリスにおける低利借換の詳細については藤井[2004]の図表13(61頁)を参照されたい.
6) 普通国債の残高は95年度末の225兆円から06年度末には532兆円へと約2.4倍に増加しているが,利払費は同期間に10.7兆円から7.9兆円へとむしろ減少している.

第6章 国債残高管理政策としての年金国債導入

この長期借換により総債務負担を軽減できるか否かは不確実である点に留意する必要がある．

この政策の代表例は，アメリカが60年代前半に導入した「満期前借換制度」によるシニア満期前借換とジュニア満期前借換である．前者は，残存期間5～12年の既発財務省証券を満期15～40年の新発長期財務省証券へと交換する機会を提供する制度である．後者は，残存期間1～5年の既発財務省証券を満期5～10年の新発中期財務省証券へと交換する機会を提供する制度である．なお，この時期（61-65年）にFRBによるツイスト・オペレーションが行われたことは注目される．51年のアコードによりFRBは国債の価格支持を行わないことになっていたが，このツイスト・オペレーションがあったからこそ，長期金利を急激に上昇させることなく長期借換政策を遂行することができたと考えられる．

償還年限の長期化政策を採るに当り，留意すべき点が2つある．第1は，長期債の需要動向である．フランスとイギリスでは各々05年2月と5月に50年固定利付国債を発行した[7]．両国では，長期債を志向する保険会社と年金基金による市場性国債の保有割合がフランスで27.8％（06年9月末），イギリスで48.9％（同）と高く，さらに今後の人口高齢化に伴いこれらの機関投資家による（超）長期債への需要が高まると財政当局は判断したのである[8]．一方，日本では，保有構造から判断する限り長期債への需要は大きくない．保険会社と年金による市場性国債の保有割合は06年9月末で12.9％である（公的部門とみなされる簡易保険と公的年金を含めると30.9％である）．しかしながら，日本ではこれらヨーロッパ諸国を上回る勢いで高齢化

---

7) イギリスでは05年9月に年限50年の物価連動債（インデックス債）も発行している．

8) フランスの数値は，保険会社による長期固定利付国債（OAT）に対する保有比率である．なお，このOATに関しては，非居住者の保有比率が98年末以降急速に上昇し，06年9月末で55.0％に上っている．これは，ユーロの導入によりユーロ通貨圏の投資家にとって為替リスクがなくなったことに加え，80年代から積み上げてきた国債市場改革が効果を上げたためと考えられる．後者の国債市場改革については中川［2003］が詳細に論じている．

が進むと予想され，今後，（超）長期債への需要が拡大する可能性はある．実際，第3章でも言及したように，財務省は07年度下期から40年固定利付債の導入を検討している．

償還年限の長期化策を導入する際に留意すべき第2の点は，インフレ対策を徹底することである．前述したように，償還年限の長期化は毎年度の償還負担を軽減し，その間に財政再建を行なう余地が生じるというメリットがあるが，総債務負担が必ずしも軽減されるわけではない．仮に，長期的にインフレが持続した場合，この長期化策に対する財政当局の信頼は完全に失われ（つまり，償還の長期化によって政府は財政再建を行うのではなく，実質的な債務の目減りを図ろうとしている），金利に大幅なリスク・プレミアムが付されることによって，債務負担は逆に重くなろう．したがって，償還年限の長期化は長期物価連動債も合わせて発行するなどのインフレ対策を施す必要がある．

以上，債務負担の軽減策として，国債残高の削減，利払費削減，償還年限の長期化について概説してきた．これらの日本への適用については次のように整理することができる．まず，残高削減は最終的には財政健全化に基づくものであることから，長期的かつ持続的に歳出削減と歳入増加のための政策が模索・実行されなければなるまい．

第2の利払費削減は，前述したように既に低い表面利率で国債を発行していることから，現時点では実効性のある政策を見出すことは困難である．将来の金利上昇の可能性を考えると，残高管理政策よりむしろ市場の流動性を維持・向上させる政策が重要であろう[9]．もちろん，金利からリスク・プレミアムをできる限り排除するためにも，財政再建による新規発行の抑制が重要である．

最後に，償還年限の長期化に関しても，現在の日本の国債需要構造を前提

---

9) 日本における市場流動性の維持・向上策については第3章を参照されたい．

とするとやはり債務負担の軽減策として実効性が小さいと考えられる．しかし，視点を変えれば，実効性のある政策に応用することは可能であろう．つまり，現在の需要構造を前提として「市場性の（超）長期国債を発行する」のではなく，「新たな機能を有した（超）長期国債を特定の投資家向けに非市場性国債として発行する」のである．具体的な議論は次節以下に詳述するが，結論だけ先取りすると，「非市場性の（超）長期年金国債を社会保障基金（公的年金）および個人向けに発行する」のである．今後の高齢化社会を考慮すれば，当該国債の需要が民間の機関投資家の間で高まる可能性もある．その場合には，市場性の（超）長期年金国債を発行すればよい．では，この年金国債とはそもそもどのような特性を有する国債なのだろうか．次節では年金国債の特性を説明する．

3 年金国債

　年金国債とは，満期時に元本の一括償還がない代わりに利子とともに元本の一部も毎期償還され，満期までに債務元本が徐々に消滅していく国債である．年金国債の歴史は意外にも古く，17-18世紀にはオランダで，18-19世紀にはイギリスでも発行されていた[10]．

　20世紀以降，上記のように定義した年金国債を発行した主要先進国は見当たらない[11]．しかし，イギリスの債務管理庁（DMO）は04年12月に償還年限が50年前後の超長期利付国債ならびに年金国債（ともに物価連動型を含む）の発行に関する諮問文書を発表した（DMO [2004b]）．この諮問

---

10) 16世紀にイタリアのジェノバで発行されたルオーギ債（無期限の地方債）は年金用途に購入されていた（真壁ほか [2005] 14頁）．資金の運用手段が限られていた18世紀頃まで，国債は富裕層によって現在の富を将来の収入に転化する手段として用いられていたのである．

11) ただし，イギリスでは4％コンソル債が1927年1月に発行されており，また2006年末時点でも2.5％ Annuities（1853年6月発行），2.75％ Annuities（1884年10月発行），2.5％コンソル債（1888年4月発行），4％コンソル債（1927年1月発行）が償還されずに残っている（合計額面残高4億8,750万ポンド）．

に対するマーケット・メーカー，機関投資家等からの回答を総合的に考慮した結果，年金国債の発行に関しては後述する理由（問題点）から当面見送られることとなったが[12]（DMO [2005]），本節では DMO [2004b] で諮問された形態の年金国債の特徴とそれに係るメリットおよび問題点について論じる．なお，以下では混乱のない限り，「（普通）年金国債」とは物価調整を施さないものを言う．

3-1 年金国債の特徴

DMO が提案した年金国債は，「当該国債の発行から償還までの全期間に亘り，名目ベース（物価連動型の場合には実質ベース）においてすべてのキャッシュフローが一定」となる国債（ギルト債）であり，基本的に表6-1のような仕様を備えている．さらに，普通年金国債は，①利子とともに元本の一部も償還され，その名目合計額（「年金額」と称される）は毎期一定である，②満期までには債務元本が消滅するといった特徴を有することから，毎半期に支払われる元本部分（P_t，額面100当たり）と利子（C_t，額面100当たり）は次のように計算される．なお，ここでは発行から満期までの期間が T 期（年ベース），年2回（毎半期）に元本の一部と利子を合わせた年金額が支払われる年金国債を想定している．

$$P_t = 100\left\{\frac{\left(1+\frac{Y}{2}\right)^t - \left(1+\frac{Y}{2}\right)^{t-1}}{\left(1+\frac{Y}{2}\right)^{2T} - 1}\right\} \quad t = 1, 2, \cdots, 2T \qquad (6.1)$$

$$C_t = 100\left(\frac{Y}{2}\right)\left\{\frac{\left(1+\frac{Y}{2}\right)^{2T} - \left(1+\frac{Y}{2}\right)^{t-1}}{\left(1+\frac{Y}{2}\right)^{2T} - 1}\right\} \quad t = 1, 2, \cdots, 2T \qquad (6.2)$$

上式で Y は表面利率（年率，小数点表示）を表す．この表面利率は年金国債の発行時に決定・固定され，$t-1$ 期末の元本残高に対して適用される．

---

12) 前述したように，年限が50年の超長期債（普通ギルト債，物価連動債とも）は05年度から発行されている．

第6章　国債残高管理政策としての年金国債導入

表 6-1 年金国債の基本的仕様（普通型と物価連動型に共通）

項　目	特　　性
満　期（年　限）	40～50年の超長期を想定しているが、いずれの年限でも発行可能。 →このような超長期債として発行しなければならない制約はないが、年金型の特性を有する以上、長い年限（10～15年以上）で発行すべきであろう。
年金支払いの頻度	年2回（半年）を想定しているが、年4回（四半期）または毎月も可能（諮問に対する回答には四半期、毎月の意見もあった）。 →国債である以上、他の国債に合わせて年2回がよいのではないか。発行頻度を年6回とすれば、投資家は毎月年金を受取ることも可能になる。
額面価値（元本）	発行日の元本残高が額面価値となる。年金国債の特性（定義）から、元本残高は年金支払日ごとに減少する。
複利（収益）計算	複利計算は擬似支払日（Quasi-payment Date）に生じる。擬似支払日とは、当該日にキャッシュフローが生じるか否かにかかわらず（権利落ち期間内に決済した場合には、決済直後の擬似支払日にキャッシュフローは生じない）、満期日に応じて決められた定期的な支払日を言う。（擬似）支払期間とは、ある擬似支払日から次の擬似支払日までの期間と定義する。なお、非営業日に生じるはずのキャッシュフローおよび擬似支払日は調整しない（つまり「繰上げ」されない）。
日　数　計　算	割引（つまり価格または利回り計算）および経過利子の計算に対して、actual／actual が用いられる。
権利落ち期間	他の国債に合わせて7営業日を想定。

注：1）「→」は筆者のコメントを表す。
　　2）キャッシュフローを構成する元本部分と利子部分に対する課税方法には言及されていない。
出所：DMO［2004b］から作成。

また、上式より、毎 t 期末（毎半期）に支払われる元本部分と利子の合計額は

$$P_t + C_t = \left(\frac{1}{2}\right)\left\{\frac{100Y}{1-\left(1+\frac{Y}{2}\right)^{-2T}}\right\} \quad (一定)$$

となるから、年間に支払われる合計額は

$$2(P_t + C_t) = \frac{100Y}{1-\left(1+\frac{Y}{2}\right)^{-2T}} \tag{6.3}$$

となる。これを額面100当たりで表示された年間年金率（Annual Annuity Rate）と定義する。例えば、$T=50, Y=0.05$ のとき、毎半期に支払われる

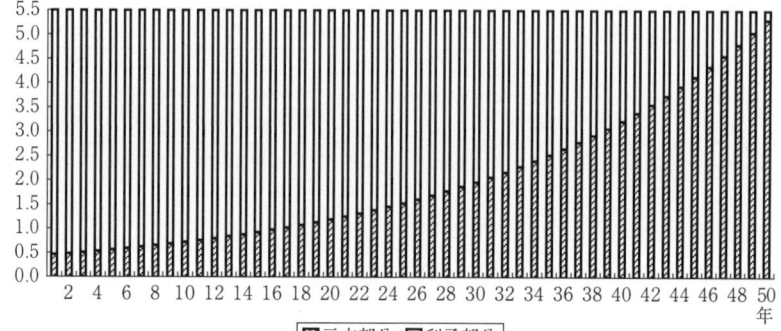

（額面100当たり）

図 6-1 普通年金国債（50年物）のキャッシュフロー

注：キャッシュフローは半年ベースで計算されるが，図が煩雑になるため，年ベースに集計した．
出所：DMO［2004b］から作成．

元本部分と利子は図 6-1 のようになる．このとき，年間年金率は約 5.5％ となる[13]．なお，前述した年金額とは，実際に数単位の年金国債を保有する結果として，毎期支払われる元本部分と利子の合計額を言う．

また，この年金国債の価格 p（額面 100 当たり）とデュレーション D は次のように計算される．

$$p = \frac{Av^{\frac{r}{s}}}{2}\left\{k+\frac{2(1-v^n)}{y}\right\} \tag{6.4}$$

ただし，$k = \begin{cases} 1：決済日が権利落ち期間外にあるとき \\ 0：決済日が権利落ち期間内にあるとき \end{cases}$

$$D = \frac{1}{1-v} - \frac{2Tv^{2T}}{1-v^{2T}} \tag{6.5}$$

ここで，A：年間年金率，y：最終利回り（年率，小数点表示），r：決済日から次の擬似支払日（以下，「支払日」と記す）までの日数，s：支払日から次の支払日までの間（支払期間）の日数，n：（決済日以降）2回目の支払

---

13) 厳密に言えば，表面利率 5％ に対して年間年金率は 5.462375…％ となる．しかし，年間年金率を四捨五入し 5.5％ として年金額を支払ったとき，実際の表面利率を 5.044417…％ として利子が支払われたこととなる．

日から満期までに残っている支払日の数である．また，v は割引率であり，y を用いて

$$v \equiv \left(1+\frac{y}{2}\right)^{-1}$$

と定義される．なお，y は最終利回りであるため，表面利率と違い変動することに注意する必要があると同時に，(6.4)式は価格と利回りとの関係を表している．また，r, s, n の関係は下記のようになる．

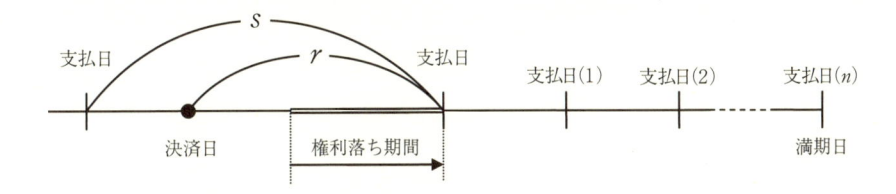

3-2 年金国債と固定利付国債との比較

次に，年金国債の特徴をより明確にするために，年限，表面利率などについて同様の仕様を備えた通常の固定利付国債（以下，「利付国債」と略す）と債務負担，利回り，デュレーションを比較してみよう．ただし，利子，償還益，年金額といった収益にかかる税は考慮しない．

(1) 債務負担

利付国債と年金国債の総負担額（名目ベース）を各々 B_N, B_A で表すと，定義より，

$$B_N = 100\,YT + 100 = 100(YT+1)$$
$$B_A = AT = \frac{100\,YT}{1-\left(1+\frac{Y}{2}\right)^{-2T}}$$

だから

$$B_N - B_A = 100\left\{1 - \frac{YT}{\left(1+\frac{Y}{2}\right)^{2T}-1}\right\}$$

これより，T が大きいとき以下のことが示される．

① $B_N > B_A$，つまり年金国債のほうが利付国債より債務負担が軽い．

②その程度は T が長いほど，また Y が高いほど大きくなる．

この債務負担の差は，年金国債の場合には毎半期に元本の一部が償還されることに伴い金利負担が小さくなることから生じる．したがって，元々の金利負担（表面利率）が大きいときは，B_N と B_A の差も大きくなる．先の例（$T=50$, $Y=0.05$）では，$B_N=350$ に対して $B_A=275$（厳密には約273）となり，年金国債のほうが21.4％も債務負担を軽くすることができる[14]．

(2) 利回り

年金国債，利付国債とも価格が100のパー・ボンドを考える．このとき，年金国債と利付国債の最終利回りを各々 y_A, y_N とすると

$$y_A = y_N = Y$$

が示される[15]．

(3) デュレーション

上記(2)の場合と同様，パー・ボンドを考える．このとき $y_A = y_N = Y$ だから，割引率を

$$V = \left(1 + \frac{Y}{2}\right)^{-1}$$

---

14) $T=50$, $Y=0.01$ のときは $B_N=150$, $B_A=127$ となり，後者は前者より15.3％小さい．

15) パー・ボンド以外の場合には y_A と y_N は必ずしも等しくならず，イールド・カーブの形状によりその大小は変化する．Christensen and Nielson [1987] は，イールド・カーブが順イールドなどの条件下では，たとえ表面利率が等しくとも固定利付債券の最終利回り（y_N）が年金債券のそれ（y_A）を上回ることを示した．また，同論文は固定利付債券と年金債券の最終利回りに対するクーポン効果も論じているが，最終利回りに対する影響という点からは，クーポン効果より債券タイプの相違（固定利付型と年金型）のほうが大きいことを示した．なお，Caks [1977]（特に pp. 114-115 の Appendix）はクーポン効果の観点から，イールド・カーブが平坦な場合とそうでない場合における固定利付債券と年金債券の最終利回りの関係について論じている．

第6章　国債残高管理政策としての年金国債導入

と定義したとき，年金国債と利付国債のデュレーションを各々 D_A, D_N とすると

$$D_A = \frac{1}{1-V} - \frac{2TV^{2T}}{1-V^{2T}}$$

$$D_N = \frac{1-V^{2T}}{1-V}$$

と計算される．このとき

$$D_N - D_A = \frac{V^{2T}}{1-V^{2T}}\left(2T - \sum_{i=0}^{2T-1} V^i\right)$$

となるが，$0 < V \leq 1$ より $\sum_{i=0}^{2T-1} V^i \leq 2T$ だから，$D_N \geq D_A$ となる．

また，1年間のデュレーションの減少を ΔD で表すと，

$$\frac{2(T-1)}{1-V^{2(T-1)}} \approx \frac{2T}{1-V^{2T}}$$

の条件，つまり T が非常に大きいという条件の下で $\Delta D_A > \Delta D_N$ が示される．

先の例（$T=50$, $Y=0.05$）では，$D_A(\Delta D_A)$ と $D_N(\Delta D_N)$ は
$(D_A, D_N) = (31.75, 37.53)$，$(\Delta D_A, \Delta D_N) = (0.32, 0.18)$
となり，上記の関係 $D_A < D_N$ と $\Delta D_A > \Delta D_N$ が示される．

以上より，年金国債のほうが利付国債よりデュレーションが短く，かつその減少（短期化）速度も大きいことが見出された．デュレーションは金利が1%変化したときの価格変化率および投資資金の平均回収期間を表す．したがって，利付国債に対する年金国債の特徴として，前者の点からは価格変動リスクが小さく，また，後者の点からは資金回収期間が短くかつ時間とともに急速に短期化するということが言える．

3-3　年金国債のメリットと問題点

前述したようにイギリスでは諮問の結果，年金国債の導入は当面見送られることとなった．総じて言えば，機関投資家（保険会社，年金基金）からは賛同が得られたものの，マーケット・メーカーを中心とした業者側から慎重

な意見が出たようである（DMO [2005]）．諮問への回答に示された賛否両論を参考に，年金国債のメリットと問題点を整理してみよう．

(1) メリット

ここでは発行体（政府），投資家別にメリットを見ていこう．まず，発行体側のメリットとして，年金国債の特性から次の4つが挙げられる．

①元本の一部が強制的に償還されるため，減債基金と同様の債務削減効果が得られる．

②①の副次効果として，年限，表面利率などについて同じ特性を有する利付国債に比べて総債務負担が軽い．この効果は年限が長いほど，また表面利率が高いほど大きい．ただし，長期的にインフレが持続する場合には，物価連動型でない限り債務負担の相対的な軽減効果は小さくなる．

③当初は支払額（年金額）に占める利子部分のウエイトが高いため，割引現在価値が大きい時期に利子所得から多く徴税することができる．

④同じ特性の利付国債に比べてデュレーションが短いため，金利リスクを抑えることができる．

一方，投資家側のメリットとしては次の3つがある．

①毎半期に元本の一部が払い戻されるため，信用リスクが軽減される．

②満期に元本が一括償還されない代わりに，毎半期の受取額が同じ特性を持つ利付国債に比べて大きい[16]．このメリットは，近年の日本における定期分配型投資信託への人気の高まりに見られるように，確定利付（fixed income）を重視する投資家に好適であり，また，長期的にインフレが持続する場合には定期的に元本の一部が払い戻されるためインフレ・ヘッジとして機能する．

③同じ特性の利付国債に比べてデュレーションが短く，その減少速度も大きいため，金利変動リスクが小さく，かつ投資回収期間も短い．ただし，

---

16) 例えば，前述した例（$T=50, Y=0.05$）では，毎半期（満期日以外）の名目受取額は利付国債より10％増加する．

回収期間については，投資家の投資期間選好に依存する．

最後に，年金国債の発行を後押しする環境的要因を挙げれば次の2つがある[17]．

①人口高齢化に伴う年金型金融商品に対する需要の拡大．

②年金スキームにおける確定給付型から確定拠出型へのシフト．

後者に関して，岩國［2004］は年金国債を活用した確定拠出型の公的年金制度導入を提唱している．

(2) 問題点

年金国債の導入に係る最大の問題点は流動性である．イギリスでも流動性に対する懐疑的意見がマーケット・メーカーを中心に多数寄せられ，DMOもそれらを考慮した結果，年金国債の導入を見送った．つまり，流動性が得られないのであれば発行した年金国債をベンチマーク債（銘柄）にすることができず，発行しても金利に流動性プレミアムが付くことによって，むしろ発行コストの上昇につながると判断したのである．

流動性を阻害する要因は2つある．第1に，年金国債は本質的に買持ち(buy and hold) 型の商品であることだ．このため，個人（特に高齢者），年金基金など特定の投資家には適しているが，投資期間として短期を選好して頻繁に売買する投資家には適さない．その結果，従来からの国債市場と特定の投資家で取引される年金国債の市場とに国債市場が分断される可能性が生じる[18]．

第2の要因は，ファンド・マネージャーがベンチマークとする主要な債券

---

17) イギリスでは90年代後半から確定給付型の職域（企業）年金に対する積立要件が強化された結果，年金ポートフォリオが株式から債券（主に長期国債）へシフトし，さらに人口高齢化の進展も相俟って，資産と負債のマッチング（ALM）の観点から超長期債への需要が高まっている．このため，特に後者の理由から，年金基金や保険会社は年金国債の導入を積極的に支持していた．

18) DMOの諮問に対する回答の中には，利付国債が十分に発行されていれば，年金国債は買持ち型の特定金融商品として扱われるため，市場分断に対する影響は限定的という意見もあった（DMO［2005］）．

（国債）インデックス（FTSE インデックス，iBoxx インデックス，JP モルガン等の投資銀行が提供している国際債券インデックスなど）に年金国債が採用されていないため，機関投資家がポートフォリオに組み込みにくいことである．さらに，これに関連して，そのような国債のための値付けシステムや口座・税務管理システムをマーケット・メーカーや機関投資家が整備するインセンティブが小さいといった問題を指摘する意見もある（Wiseman [2005]）．

　年金国債の問題点として，流動性以外にも発行体や投資家に固有のものがある．まず，発行体にとっては毎半期の支払負担が大きくなる．一方，投資家に固有の問題点としては，毎半期の受取額（年金額）が多くなる分，利付国債の場合に比べて再投資リスクが大きくなることが挙げられる．ただし，高齢者のように受取額を消費に使うのであれば，再投資リスクの問題は生じない．

　以上，年金国債のメリットと問題点を整理してきた．まとめれば，年金国債には減債効果があるため発行体にとって債務負担が利付国債を発行するより軽い，キャッシュフロー構造が高齢化社会に適合しているといったメリットがあり，現在の日本に正に適した国債と言えよう．反面，その発行には過小流動性の可能性といった問題がある．この問題を回避する方法として，年金国債を非市場性国債として発行することが考えられる．そこで，次に日本におけるこの可能性を考えてみよう．なお，本章で「市場性国債」または「非市場性国債」という用語は，第3章で定義した意味で用いている．

4　保有構造と年金国債の具体的導入：結びにかえて

　本節では国債の保有構造を日本と英米とで比較し，非市場性の年金国債の発行対象を考察する．その後に，当該国債を発行することに対する現実的なメリットと問題点を指摘したい．

4-1 国債保有構造の日米英比較

表6-2から表6-4は,各々06年9月末時点の日本,イギリス,アメリカにおける国債または政府債務(証券)の保有構造を示したものである.市場性国債について3カ国で比較すると,日本の顕著な特徴は公的部門の保有比

表6-2 日本における国債保有構造(2006年9月末)

(単位:億円,%)

保有者	市場性のみ 保有額	構成比	国債全体 保有額	構成比	政府証券(参考) 保有額	構成比
公的部門	3,684,038	56.3	3,684,038	54.6	4,165,372	54.1
中央政府等	1,409,093	21.5	1,409,093	20.9	1,650,197	21.4
中央政府	47,559	0.7	47,559	0.7	250,559	3.3
社会保障基金	591,234	9.0	591,234	8.8	591,251	7.7
中央銀行	770,300	11.8	770,300	11.4	808,387	10.5
地方公共団体・公的非金融法人	14,870	0.2	14,870	0.2	15,420	0.2
公的金融機関	2,260,075	34.5	2,260,075	33.5	2,499,755	32.5
郵便貯金	1,336,929	20.4	1,336,929	19.8	1,385,853	18.0
簡易保険	597,575	9.1	597,575	8.9	627,056	8.1
財政融資資金(旧資金運用部)	315,309	4.8	315,309	4.7	475,309	6.2
政府系金融機関	10,262	0.2	10,262	0.2	11,537	0.1
銀行等	1,219,320	18.6	1,219,320	18.1	1,564,875	20.3
機関投資家	921,265	14.1	921,265	13.6	927,505	12.0
保険会社	604,840	9.2	604,840	9.0	610,795	7.9
年金基金	241,255	3.7	241,255	3.6	241,540	3.1
投資信託	75,170	1.1	75,170	1.1	75,170	1.0
その他民間金融機関	159,090	2.4	159,090	2.4	221,938	2.9
家計・対家計民間非営利団体	207,197	3.2	414,001	6.1	414,001	5.4
民間非金融法人	8,812	0.1	8,812	0.1	8,812	0.1
非居住者	344,465	5.3	344,465	5.1	395,406	5.1
合計	6,544,187	100.0	6,750,991	100.0	7,697,909	100.0

注:1) 自国通貨建て.時価ベース.
　　2) 市場性国債には承継国債および財投債を含む.政府証券は国債全体と政府短期証券の合計である.
　　3) その他民間金融機関の内訳は,合同運用信託,ノンバンク,ディーラー・ブローカー,単独運用信託,非仲介型金融機関である.
出所:日本銀行のHPに掲載されているデータ(資金循環表),日本証券業協会のHPに掲載されているデータから作成.

表 6-3 イギリスにおける国債(政府債務)の保有構造

(単位:億ポンド,%)

保有者	2006年9月末 市場性のみ		1998年3月末(参考) 市場性のみ		政府債務全体	
	保有額	構成比	保有額	構成比	保有額	構成比
銀　行	79	1.6	138	4.6	139	3.4
住宅金融組合	8	0.2	10	0.3	10	0.2
機関投資家	2,725	55.0	1,924	63.5	1,924	47.3
保険会社	1,393	28.1	1,142	37.7	1,142	28.1
年金基金	1,029	20.8	739	24.4	739	18.2
投資信託	304	6.1	43	1.4	43	1.1
個人・信託	302	6.1	152	5.0	744	18.3
非金融事業法人	226	4.6	8	0.3	12	0.3
その他居住者			138	4.6	138	3.4
公的部門	368	7.4	139	4.6	528	13.0
中央政府	356	7.2	115	3.8	456	11.2
地方公共団体	6	0.1	2	0.1	2	0.0
公的企業	6	0.1	22	0.7	70	1.7
非居住者	1,250	25.2	521	17.2	572	14.1
国際機関	—	—	1	0.0	52	1.3
中央銀行	—	—	126	4.2	126	3.1
その他非居住者	—	—	394	13.0	394	9.7
合　計	4,958	100.0	3,031	100.0	4,068	100.0

注:1) 自国通貨建て。98年3月末は額面ベース、06年9月末は時価ベース。
　　2) 中央銀行は、06年9月末は銀行部門に含まれるが、98年3月末は公的部門の中央政府に含まれる。
　　3) 06年9月末の数値はDMO, ONSの資料からの推計値。ノンバンク、証券ディーラーなどのその他金融機関は非金融事業法人とその他居住者(合計)の分類に含まれる。
出所:BOE, *Quarterly Bulletin*, DMO, *Quarterly Review*, ONS, *Financial Statistics* から作成。

率が極めて高いことであり,その残高の約56%を占めている[19]。中でも,郵便貯金,簡易保険,財政融資資金(旧資金運用部)など公的金融機関の保有比率が約35%と高い比率を占める。また,中央政府等の中では公的年金

[19) ただし,イギリスの公的部門に中央銀行は含まれていない。中央銀行は銀行部門に含まれているが,銀行部門の保有比率を公的部門に加えても9.0%しかない。

第6章 国債残高管理政策としての年金国債導入

表6-4 アメリカにおける国債保有構造（2006年9月末）

(単位：10億ドル，％)

保有者	市場性のみ		国債全体	
	保有額	構成比	保有額	構成比
預金機関	113.9	2.7	113.9	1.3
機関投資家	645.9	15.1	724.0	8.5
保険会社	165.2	3.9	165.2	1.9
年金基金	243.0	5.7	321.1	3.8
民間	191.2	4.5	191.2	2.2
地方公共団体	51.8	1.2	129.9	1.5
投資信託	237.7	5.5	237.7	2.8
家計等	375.8	8.8	579.5	6.8
その他	13.1	0.3	48.8	0.6
公的部門	998.2	23.3	4,900.8	57.6
中央銀行・政府	769.0	18.0	4,432.8	52.1
地方公共団体	229.2	5.3	468.0	5.5
非居住者	2,137.0	49.9	2,140.0	25.2
合計	4,283.9	100.0	8,507.0	100.0

注：1) 自国通貨建て．額面ベース．
　　2) 市場性国債の保有は推計値．
　　3) 家計等には対家計非営利団体も含む．なお，第3章に掲げたアメリカの市場性国債の保有構造では，家計等は「その他」に区分されている．これは，*Treasury Bulletin* の分類に従ったためであるが，本章では家計等の保有割合も主要なテーマであるため，*Flow of Funds Accounts* のデータを用いて家計等の保有額を推定し，独立の保有者として掲載した．
　　4) その他には公的企業，ブローカー・ディーラー，事業会社（法人格の有無を問わない）などを含む．
出所：US Treasury, *Treasury Bulletin*, FRB, *Flow of Funds Accounts, Statistical Supplement to the Federal Reserve Bulletin* から推計．

を含む社会保障基金の保有比率が約9％と高い[20]．

しかし，ここで注意すべき点が2つある．第1に，日本郵政公社の民営化により将来的に郵貯と簡保の保有部分は公的部門から民間部門へと移行されることであり，さらに前述した財政投融資改革により，やはり財政融資資金

---

[20] 中央銀行の保有比率も高いが，これは量的緩和政策を中心とする金融政策の結果である．

による保有も将来的になくなるということである．第2点目は，上述の特徴は非市場性国債を考慮していないことである．前者については，仮に06年9月末時点で日本郵政公社が民営化されており，財政融資資金の保有分が市中金融機関によって保有されていたと仮定すると，公的部門の保有比率は約27％に低下し，アメリカのそれと近くなる．しかし，本節の問題意識に照らしてより重要な点は後者である．英米における非市場性国債の制度と発行状況については次章で詳論するが，以下では本章の論考に必要な範囲でその概略を説明しよう．

非市場性国債は日米英の各国で発行されている．06年9月末の残高は日本で20兆6,804億円（時価＜＝額面＞ベース），アメリカで4兆46億ドル（額面ベース）あり，市場性国債を合わせた総国債残高に占める割合は日本が3.1％に対して，アメリカは49.4％にも上る．イギリスの場合，非市場性債務の統計は2000年3月末までしか採れないが，同時点での残高は865億ポンド（額面ベース）であり，政府債務全体に占める割合は23.1％に上る[21]．

非市場性国債（債務）の発行対象は，日本では家計（個人）のみだが，イギリスとアメリカでは主として家計向けに加え政府部門（公的機関）向けがある[22]．家計，政府部門とも，頻繁に売買を繰り返すというより買持ち型の

---

21) イギリスの非市場性債務には非市場性国債のみならず，政府部門に対する貸付けなども含む．なお，次章で詳述するように，政府のポンド建て非市場性債務のうち，貯蓄国債と貯蓄口座を合わせた国民貯蓄投資商品，および政府部門である国家債務削減委員会向けに発行される非市場性国債（NILO債）についてはデータの追跡が可能である．しかし，他の非市場性国債についてはデータが不明である．それらの国債の残高はごくわずかと推測されるが，正確を期すために，データがやや古くなるが，本章ではイングランド銀行（BOE）が公表していたデータに基づいて分析を行う．イギリスにおける政府部門向け非市場性債務の内容については注23も参照されたい．

22) 他にもアメリカでは外国政府，地方公共団体等向けに非市場性国債が発行されている（次章を参照）．また，詳細は不明だが，BOEが以前に公表していた統計によると，イギリスでも民間金融機関を含む民間法人企業，非居住者等が少額ながら非市場性債務を保有していると推測される．

第6章 国債残高管理政策としての年金国債導入

投資主体であるため，非市場性国債の発行対象として適していることが理由であろう．

個人向け非市場性国債はいずれの国でも貯蓄国債として発行されている．日本では当該国債の発行が03年3月からと歴史が浅いにもかかわらず，家計（対家計民間非営利団体を含む）が保有する国債総額の50.0%（06年9月末）を占める．また，アメリカでは家計（同）による保有国債総額の35.2%（同），イギリスでも70.2%（2000年3月末，信託を含む）が非市場性国債（債務）である．この結果，非市場性国債（債務）を含めない場合と含めた場合とでは，総残高に占める家計等の保有比率は日本で3.2%→6.1%（06年9月末），アメリカで8.8→6.8%（同），イギリスで9.6%→24.9%（2000年3月末，中央政府保有分を除く残高ベース）となる．

政府部門向け非市場性国債（債務）に関して，イギリスではその詳細が公表されていない[23]．しかし，非市場性債務の計数が採れる98年3月末において，公的部門が保有する政府債務に占める非市場性債務の比率は73.7%もあった[24]．なお，非市場性債務を含めた場合，公的部門の保有比率（98年3月末）は，含めなかった場合の4.6%から13.0%へ上昇する．

一方，アメリカでは，社会保障信託基金など政府が管理する信託基金の余裕金は原則として非市場性国債（証券）で運用することになっており，政府勘定シリーズ（Government Account Series）の名で非市場性国債が発行され

---

23) 01年3月末までは，BOEが発行している *Quarterly Bulletin* の "Public sector debt" に非市場性債務に関する説明がなされていた．それによると，政府部門向け非市場性債務（自国通貨建て）には，政府部門またはBOEから国家貸付資金（National Loan Fund：NLF）への短期（オーバーナイト）貸付けである一時貸付金（Ways and Means Advance），国債委員会（National Debt Commissioners：NDC）に対して直接発行される非市場性証券（NILO債），中央政府および公的企業によるNLFへの一時預金（Temporary Deposit Facility），税預金証書（Certificates of Tax Deposit）などがある．

24) 非市場性債務の統計は2000年3月末まで公表されている．しかし，2000年3月末には中央政府保有（official holdings）の統計が非公表となり，また，99年3月末以降は中央銀行が公的部門から銀行部門に移行されたため，ここでは98年3月末の計数を採った．

ている[25]. その残高の内訳を見ると，保有残高が大きい基金は連邦老齢・遺族保険信託基金（06年9月末で約1.79兆ドル，政府勘定シリーズの総残高に占める割合は48.2%），連邦職員退職基金（同，約0.69兆ドル，18.5%），連邦入院保険信託基金（同，約0.30兆ドル，8.1%），連邦障害者保険信託基金（同，約0.20兆ドル，5.4%）であり，総残高の半分以上を社会保障信託基金が保有している[26]. なお，アメリカでも，06年9月末に政府が保有する国債残高のほぼ100%が非市場性国債である．この結果，同時点において，非市場性国債を含めない場合と含めた場合とでは，総国債残高に占める公的部門の構成比は23.3%から実に57.6%へ上昇する[27]. したがって，非市場性国債（債務）を含めた場合，日本の公的部門の保有比率はイギリスより高いものの，06年9月末時点でもアメリカより低い．また，将来，郵貯と簡保が民営化され，財政融資資金による保有がなくなった場合には，やはりイギリスより高いが，アメリカよりはるかに低くなる．

　以上の考察から，日本では国債の公的部門による保有割合が高いこと，英米，特にアメリカでは政府に属す基金の運用に非市場性国債が積極的に活用されていることを踏まえると，日本において年金国債を非市場性国債として発行する場合，その発行対象としては政府部門および家計が適当であろう．特に，①年金国債の特性により毎期一定のキャッシュフローが確保できる，②財投改革に続き郵貯と簡保の民営化から，従来のような公的金融機関による政策的国債消化が困難となる，③公的金融機関を除く公的部門の中では社会保障基金による国債の保有が多い，④アメリカでも社会保障信託基金向け

---

25) 基金によっては，（非市場性）国債だけでなく政府保証の付いた政府機関債での運用も可能である（内田［2000］）．

26) 社会保障信託基金は老齢・遺族保険と障害者保険に係る信託基金で成っており，医療保険や失業保険などに係る信託基金は含まない．ただし，次章で説明するように，「社会保障法関連の信託基金」には連邦入院保険信託基金などの医療健康保険（メディケア）信託基金を含む．

27) 地方公共団体が運営する年金基金を公的部門に含めた場合，公的部門の構成比は06年9月末で24.5%→59.1%となる．

に非市場性国債の発行が多いなどの理由から，政府部門向けといっても社会保障基金向け（特に公的年金向け）に発行することが適当である[28]．

具体的な手順としては，まず社会保障基金（公的年金）向けに非市場性の年金国債を発行すると同時に，財政再建を進めるために現在同基金が保有している市場性国債を段階的に年金国債に借り換える[29]．これは，保有国債を一度に借り換えることによって各期ベースでの財政負担が急増することを避けるためである．なお，社会保障基金向けに発行する年金国債は年限が30年以上の超長期が望ましい．国債整理基金による償還ルールに合わせて60年とすることも考えられよう．これは，年金という超長期の債務に適合させることに加え，前述したように年限が長いほうが同じ年限，表面利率の利付国債より総債務負担が軽くなるためである．

一方，個人向け年金国債は，まず金融機関を通じて同国債に対する需要（年限のニーズも含めて）を探ることが重要である．その需要を考慮したうえで非市場性の個人向け年金国債を発行することを検討すべきであろう．

なお，社会保障基金向けであろうと個人向けであろうと，この非市場性年金国債はアメリカの政府勘定シリーズや日本の個人向け国債と同様にいつでも財務省から償還が受けられるようにすること（つまりプッタブル債として発行すること）が重要である．

---

28) 公的年金の運用を担う年金資金運用基金（現，年金積立金管理運用独立行政法人）は，06年度から同基金が保有する国債（金融機関への運用委託分を除く）を満期まで保有する方針を固めている（05年11月12日付日本経済新聞）．この方針は，公的年金資金による国債運用を非市場性国債で行うことと正に整合する．また，03年11月に公表された「公的債務管理政策に関する研究会」報告書[2003]でも，公的年金積立金について非市場性国債による運用も視野に入れるべきことが提言されている．

29) 06年9月末時点で社会保障基金が保有する国債59兆1,234億円のうち，58兆306億円が公的年金分である．したがって，社会保障基金向けに非市場性年金国債を発行するということは，実質的に公的年金資金で運用することを意味する．

4-2 非市場性の年金国債を発行した場合のメリットと問題点

日本における非市場性の年金国債の導入可能性を検討したところで，最後にそのメリットと問題点について整理し，本章を締めくくることとする．なお，個人向けについてはその需要を検討することが先決であるため，以下では社会保障基金（公的年金）向けに発行した場合のメリットと問題点を論じる[30]．

(1) メリット

①市場を介さないことで，巨額な公的年金積立金の運用が金融・証券市場（特に国債市場）に大きな影響を及ぼさないようにすることができる[31]．

②公的年金の予定運用利回り（名目ベース）に応じた年金国債を引き受けることで，運用成果の不確実性を排除することができる．インフレに対する不確実性は，物価連動型の年金国債を発行することによって回避することができる．

③非市場性であるため，国債発行に係る諸費用を削減することができる．

④年金国債の特性から，社会保障基金が現在保有している国債を利付国債で更新するより，債務負担の軽減を図ることができる．社会保障基金が06年9月末に保有する市場性国債残高は約59兆円（うち，公的年金資金による保有分は約58兆円）ある．これらをすべて年金国債に借り換えた場合，利付国債によって更新した場合と比較してどの程度債務負担

---

30) 平山［2005］は公的年金システムの構造の観点から，公的年金向けに非市場性国債を導入することに係る問題点を論じている．

31) メリットとして挙げた①から③までは平山［2005］を参考にした．なお，①に関連して，平山は，「（公的年金資金による）非市場性国債の引受けは，市場を介さない巨額の資金循環が生じるため，債券市場の利回りが過剰に低めに決定される」というデメリットを指摘している．この問題は，社会保障基金による保有国債を年金国債に借り換える過程でも生じる可能性がある．それを回避または軽減するために，財務省は市場動向を注視しかつ借換えを徐々に進める，借換えの額や時期などについて市場参加者と意見調整を行う（借換えスケジュールの事前公表）などの工夫が必要であろう．

が軽減されるかをいくつかの（T, Y）のケースで試算すると次のようになった（単位は兆円，カッコ内は公的年金分）．

$T=30, Y=0.01：8.3 (8.1)$,　　$T=30, Y=0.03：22.3 (21.8)$

$T=50, Y=0.01：13.4 (13.2)$,　　$T=50, Y=0.03：33.3 (32.7)$

この試算より，今後金利が上昇した場合，年金国債へ借り換えることにより債務負担の軽減効果が大きくなることがわかる．

(2) 問題点

①市場を介さないで発行できることから，発行のモラルハザードが生じる可能性がある．

②金利とともに元本の一部分も償還するため，満期を除く各期の支払いが利付国債を発行する場合より増加し，各期ベースでの財政負担が重くなる．この支払いを賄うために年金国債または市場性国債の発行が増加する可能性がある．

③現実には，年金積立金管理運用独立行政法人は国債以外にも国内外の市場性のある債券や株式で運用しており（図6-2），非市場性の年金国債を導入した場合，運用ポートフォリオに市場性と非市場性の証券が混在してしまう．

これらの問題点については，次のような解釈が可能であろう．まず，第1の問題については，年金国債の発行増加は利付国債以上に毎期の支払負担増加につながるため，モラルハザードに歯止めをかけることができる．第2点目については，前述したように，利付国債と比較した年金国債のメリットは元利を合わせた債務負担が軽いことに加え，何より減債効果が期待されることにある．逆に言えば，年金国債を発行するということは市場に対して財政再建の意思が示されることでもあるため，上述のような問題が生じたときには財政当局は市場の信頼を失い，市場を通じた資金調達（市場性国債の発行）に支障をきたすようになるであろう（例えば，借換不能・資金調達未達，

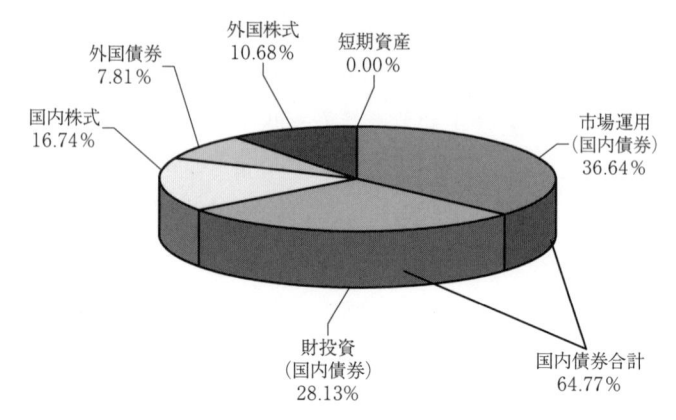

外国株式 10.68%
短期資産 0.00%
外国債券 7.81%
国内株式 16.74%
市場運用（国内債券）36.64%
財投資（国内債券）28.13%
国内債券合計 64.77%

注：06年9月末時点．時価ベースでの構成比．
出所：年金積立金管理運用独立行政法人，『平成18年度 第2四半期運用状況』から作成．

図 6-2 年金積立金管理運用独立行政法人による運用資産の構成状況

プレミアムの付加による金利の大幅な上昇など）．その意味で，年金国債の発行には強固な財政再建の意志が伴わなければならない．また，第3の問題点については，年金国債の中途換金を認めた上で，公的年金の運用に必要な分だけ非市場性の年金国債を公的年金向けに発行すればよいだろう．次章で詳述するが，実際に英米ではこのように非市場性国債の中途換金を認めている．

　以上の点に留意すれば，超長期の非市場性年金国債の導入は前述したメリットから日本の財政再建および債務負担の軽減に大きな効果をもたらすと考えられる．本章の冒頭で述べたように，今後，国債の発行と消化を取り巻く環境が悪化する可能性が高い．年金国債はこの環境変化に正に適合した国債であり，その導入を早急かつ真剣に検討すべきであろう．

第7章

非市場性国債の活用
―国債管理政策の視点から―

1 はじめに

　日本では国債を取り巻く環境に重大な変化が生じている．将来的な金利上昇の兆しが生じているのだ．この金利上昇は日本経済の正常化を映したものであり，経済の正常化は税収増加につながるという点で財政にとって望ましいことである．しかし，金利上昇は国債費（利払費）の増加をもたらす．特に，これまで本書の中で再三にわたり言及してきたように，日本では借換債の発行額は中長期的に高水準が続く見通しであり，このような事態が進行するなかで金利が上昇していけば，国債費負担が財政再建の大きな阻害要因となろう．

　こうした環境変化を踏まえ，第5章では国債買戻制度の整備・活用を，第6章では非市場性年金国債の導入を提言してきた．第6章で年金国債を非市場性国債として発行することを提言したのは，あくまで年金国債の低流動性の可能性を考慮したためであり，年金国債だけが非市場性国債として適しているわけではない．上述した金利リスクを緩和するためにも，日本政府はいわゆる「非市場性国債」をもっと活用していくべきではないだろうか[1]．

　本書では，「非市場性国債」を「財政上の資金調達のために政府が発行する国債（証券）で，市場での流通（売買）が予定されていないもの」と定義

---

[1] 財務省も，満期保有を前提とする非市場性国債を銀行などの金融機関向けに発行することを検討している（2006年6月22日付日本経済新聞）．

している.この意味で,現在日本で発行されている非市場性国債は個人向け国債のみである[2].通常,非市場性国債は発行対象が限定されており,表面利率などの特性をアレンジすることができる[3].また,非市場性国債の発行を通じてファイナンスした額だけ市場性国債の供給圧力を緩和できる.さらに,政府部門(公的機関)の保有国債を非市場性とすることで,それが国債市場のかく乱要因となることを排除することができるなどのメリットもある.こうしたメリットから,アメリカやイギリスでは非市場性国債が積極的に活用されている.

　本章では,英米の制度に基づいてこの非市場性国債について深く考察する.具体的な論点は,①非市場性国債としてどのようなものがあるか,②非市場性国債を発行する場合にそのメリットと国債市場への影響にはどのようなものがあるかという2点である.第1の論点につき,前章でも指摘したが,非市場性国債は個人向けの貯蓄国債と政府部門(公的機関)等向けの非市場性国債に大別することができる.以下の第2節では貯蓄国債について,第3節では政府部門向け非市場性国債について,英米の制度に基づいて概説する.第4節では,2番目の論点を理論的な分析も交えて考察する.第5節では,結論として,それまでの分析をまとめるとともに,それから導かれる日本へのインプリケーションを述べる.

2　貯蓄国債

2-1　貯蓄国債とは

　貯蓄国債とは,貯蓄促進などを目的に,主として個人向けに発行される小額の(小口取引を基本とした)国債である.多くの国では,貯蓄国債に市場

---

2)　交付国債,出資・拠出国債も市場での流通(売買)が予定されていないが,財政上の資金調達のために発行されているわけではない.これらの国債の概要については財務省[2006a](44頁)を参照されたい.

3)　例えば,日本の10年個人向け国債の表面利率は10年固定利付国債の平均落札利回りから0.8%引いたものを適用している.

性はなく，利息等の収益に対して課税優遇措置が採られている．

　貯蓄国債の歴史は意外に古く，G5 諸国の中では 19 世紀半ばにフランスが貯蓄国債の性格を持つ一般大蔵省証券を発行している．20 世紀に入り，イギリスで 1916 年に戦時貯蓄証書（20 年には国民貯蓄証書に名称変更され現在に至っている）が発行され，次いでアメリカとドイツが各々 35 年，69 年に発行したが，日本で導入されたのは 2003 年と非常に遅い[4]．その残高はアメリカ 2,037 億ドル，ドイツ 102.5 億ユーロ，日本 20.7 兆円（以上 06 年 9 月末），イギリス 725 億ポンド（06 年 3 月末，貯蓄口座を含む），フランス 1.3 億ユーロ（05 年末）である[5]．また，一口に貯蓄国債といっても，例えばイギリスでは現在 9 種類も発行されており，多彩である．

　では，貯蓄国債にはどのような特徴があるのだろうか．以下では，英米の制度を中心にその特徴を概説する[6]．

(1) 目　的

　欧米，特にヨーロッパで貯蓄国債が導入された当初は，政府による元本保証と確定利付を背景に個人の勤倹貯蓄促進の一手段という目的を強く打ち出していた．そのため，貯蓄国債の販売は，当時国営であり全国に設置されて

---

4) 日本では，明治時代以来第 2 次世界大戦後にいたるまで，必ずしも非市場性のものだけではないが，個人向けの少額貯蓄債券（公債）が発行されている．しかし，それらの発行制度が短期の時限的なものであったため，ここでは現在の個人向け国債の制度を恒久的な貯蓄国債制度とみなし，日本の制度導入を 2003 年とした．

5) フランスの一般大蔵省証券は個人以外に民間非金融法人も購入可能な非市場性国債であるが，99 年以降発行されていない．そのため，その残高は 01 年末の 14.2 億ユーロ（92-01 年末平均でも 19.8 億ユーロ）から，02 年末 5.6 億ユーロ，03 年末 2.0 億ユーロ，04 年末 1.5 億ユーロ，05 年末 1.3 億ユーロへと急減している．なお，フランスでは長期固定利付国債（OAT）の個人消化を目的に，95 年から個人消化 OAT（OAT particuliers）が発行されているが，これはあくまで市場性国債である OAT を個人投資家向けに販売するためのスキームである．フランスにおける個人向け国債流通市場については中川 [2007] を参照されたい．

6) 本章では特に断らない限り証券形態のもののみ考察の対象とし，口座形態のものは考察の対象外とする．

いた郵便局を中心に行われていた（現在でも，日本やイギリスでは貯蓄国債の販売は郵便局が主たる販売網となっている）．しかし，個人向け金融商品の発展とそれに伴う民間金融機関のリーテイル分野における競争・強化により，貯蓄国債の貯蓄促進手段としての意義は薄れ，現在では個人の貯蓄を吸収することによる政府の資金調達，つまり国債の個人消化が貯蓄国債発行の主目的となっている．

(2) 購入資格者

貯蓄国債の定義でも述べたように，購入資格者は原則として個人である．ただし，一般的に個人の単独名義だけではなく，個人の共同名義や信託名義（受託者，受益者の一方または双方の名義）が認められるほか，商品によっては慈善団体等の団体による購入が可能なものもある．

販売網としては，前述したように以前は郵便局が中心であったが，現在では郵便局に加え銀行，証券会社などの金融機関で購入できるほか，発行体に対するオンライン（インターネット）申込みの形でも購入できる場合が多くなっている．

(3) 購入金額

貯蓄国債の目的が国民の貯蓄促進および個人からの財政資金調達（国債の個人消化）にあることから，最低購入金額は小額に設定されている．具体的には，商品の種類にもよるが，概ねイギリスでは100ポンド，アメリカでは25ドル，日本では1万円から購入可能である．一方，後述するように，概して貯蓄国債からの収益（利息，プレミアムなど）に対して課税優遇されている商品が多いことから，通常は購入上限が設けられている．なお，通常の利付国債の場合，最低券面額はアメリカが1,000ドル，日本が5万円となっている．イギリスのギルト債の場合，制度上は1ペンス単位で購入が可能だが，実際は各業者が取引単位を定めている．

(4) 非市場性

譲渡制限に強弱はあるものの，ほとんどの国で貯蓄国債は基本的に非市場性国債として発行されており，その流通市場はない．貯蓄国債も債券であることから満期はあるが，満期以前に財政当局から中途換金を受けることも可能である．その場合には，通常，利息またはプレミアムに対してペナルティが課される．貯蓄国債は，額面など購入条件として予め決められている固定価格で購入し，定期的な利息支払いに加え償還時には購入額（およびプレミアム）が払い戻される．したがって，上述した中途換金に伴う利息等へのペナルティを考え合わせると，貯蓄国債は銀行等の定期預金に類似した性格を持つと言えよう．

(5) 税優遇

貯蓄国債からの収益は税制面で優遇されている場合が多い．これは個人による貯蓄および国債消化を促進するためであろう．具体的には，アメリカでは利息に対して州・地方所得税が免除されるほか，連邦所得税も償還時または中途換金時まで繰り延べることができる．また，イギリスでも多くの商品において，利息やプレミアムに対する所得税およびキャピタル・ゲイン税が適用免除されている．

2-2　貯蓄国債商品の英米比較

ここでは，英米各国で具体的にどのような貯蓄国債商品が発行されているか概観してみよう．

2-2-1　アメリカ

アメリカでは国債の個人消化を主目的に非市場性の合衆国貯蓄債券（U.S. Savings Bond）が発行されている[7]．07年3月時点で発行されている貯蓄

---

7) アメリカの貯蓄債券制度は林 [1999]，US Treasury [2004] が詳しい．

債券にはシリーズ EE とシリーズ I があり，いずれも利息増加型債券で，登録債である（本章末の付表 7-1 を参照）．以下では，まず購入，換金，税制面での共通点を説明し，その後に各シリーズの特徴を述べる．

購入資格者は次のいずれかの条件を満たす者であり，個人名義だけではなく共同名義または受益者名義での登録も可能である．

① アメリカ本土，領土もしくはプエルトリコの居住者または海外に居住する米国民
② アメリカの民間被用者または軍隊に従事する者で，社会保障番号（SSN）を取得している者
③ アメリカで働く SSN 取得者で，雇用者が給与天引制度を提供しているカナダまたはメキシコの居住者

この貯蓄債券には電子ベースのものと現物ベースのものがある．前者は米財務省公債局のオンライン Treasury Direct (http://www.treasurydirect.gov/) を通じて購入するものであり，後者の購入には（雇用者が提供する）給与天引制度を利用する方法と，米財務省公債局が発行と償還の代理機関として認可した全米約 4 万の金融機関の店頭で購入する方法がある[8]．なお，電子ベースの貯蓄債券と現物ベースのそれとは購入方法以外にも制度上の相違があるが，それについては後述する．

現在発行されている貯蓄債券の年限はいずれも 30 年だが，満期到来前に中途換金することができる．ただし，大型ハリケーンのような大規模災害など特殊事情による場合を除き，購入後 12 カ月以内に換金することは制限されている．さらに，12 カ月が過ぎても 5 年以内に中途換金した場合には，換金前 3 カ月分の利息がペナルティとして控除される．

貯蓄債券からの収益（利息およびインフレ・プレミアム）には州・地方所得税が免除されるほか，満期または中途換金するまでその収益に係る連邦所

---

8) 給与天引制度は，同制度に登録後，給与から定期的に貯蓄債券を購入できるシステムである．同制度を利用した場合，債券の券面にかかわらず登録した金額が自動的に給与から天引きされ，貯蓄債券の購入に充当される．

得税を繰り延べることができる．さらにアメリカ独特の制度として，教育貯蓄債券プログラムがある．これは，次に掲げる条件を始めとした一定の条件を満たす場合に，貯蓄債券からの収益に対する連邦所得税の全部または一部が免除される制度である．

①連邦補助資格を受けている高等教育機関またはプログラムに係る授業料および諸経費に貯蓄債券の払戻金を用いる場合
②換金した年の家計所得が，税免除を申請するためのガイドラインを満たしている場合

以上が貯蓄債券に共通する主な制度だが，前述したシリーズEEとシリーズⅠとでは当然異なる性質を有する．ここでは，まず現物ベースの貯蓄債券について説明し，電子ベースとの相違は後に補足する．

シリーズEEは額面の50%の価格（半額）で購入することができ，利息が購入額に付加されることによって債券価値が増加していく利息増加型債券である[9]．年限は30年だが，03年6月以降に発行されたものについては購入後20年以内に債券価値が額面金額に達することが保証されている．

利率は毎年5月1日と11月1日に改定され（直近6カ月間における5年財務省証券の平均利回りの90%），その利率に従って「購入時点から」半年ごとに複利計算される．ただし，95年5月以降05年4月以前に発行されたものについては，この半年ごとに改定された利率が適用（変動金利）されるが，05年5月以降に発行されたものは原則として購入時の利率が満期まで適用（固定金利）される．

シリーズⅠも利息が購入額に付加されることによって債券価値が増加していく年限30年の利息増加型物価連動債券であるが，以下の点でシリーズ

---

[9] 01年12月11日以降に金融機関を通じて購入したシリーズEEは特別に「愛国者債券（Patriot Bond）」と命名されている．これは，国家の反テロリズム活動への支持を表す1つの方法としてアメリカ国民に提供されたものである．ただし，その性質は従来の現物ベースのものと同じである．また，この債券の発行によって得られた資金は他の国債と同様に財政資金として使用され，特に反テロ活動のためだけに用いられるわけではない．

EEと異なる．第1に，額面購入である．したがって，購入後20年以内での額面保証はない．第2に，物価連動債である．このため，利息は固定利率部分と物価調整部分で構成される．固定部分は毎年5月1日と11月1日に発表され（ただし，シリーズEEのように特定の財務省証券の利回りに連動するよう決めるという規定はない），購入時の利率が満期まで適用される．一方，物価調整部分はCPI-U（CPI for All Urban Consumers）に基づいて計算されたインフレ率に従って半年ごと（5月，11月）に改定され，この改定値が「購入時点から」半年ごとに適用される．

以上が現物ベースでのシリーズEEとシリーズIの特徴だが，電子ベースのものは次の点で異なる．第1に，米財務省のTreasury Direct（TD）においてオンライン口座を開設するためには18歳以上でなければならない．なお，電子ベースでの登録にも単独所有，共同所有，受益者所有があるが，共同所有の形態について現物ベースの場合と異なる．電子ベースでは主たる所有者と従たる所有者を決め，基本的に前者が中途換金などの取引を行わなければならない．一方，現物ベースの共同所有には主従の区別はなく，いずれの所有者も取引を行うことができる．第2に，いずれのシリーズも額面金額で購入しなければならず，上限は各々3万ドルである．したがって，現物ベースでのシリーズEEの購入上限額は実質的に6万ドルだが，電子ベースでは3万ドルとなる．ただし，現物ベースのように額面が50ドル，75ドルなど予め決められているわけではなく，25ドル以上1セント単位で購入することができる．第3に，最低25ドルの定期購入（5年先まで）が可能である．この場合，TDにオンライン口座を開設し，雇用先に預金引落または給与天引の手続きをとることを要する．給与天引の場合，天引額に年金口座または預金口座からの資金を追加して購入資金とすることができる．

2-2-2 イギリス

イギリスでは国民に貯蓄手段を提供して貯蓄を奨励し，個人から財政資金を調達するために国民貯蓄投資商品（National Savings and Investments Products）が国民貯蓄投資庁（NS&I）から提供されている[10]．この国民貯蓄投資商品は貯蓄国債と貯蓄口座に分けられ，一部の商品には購入方法に制約があるものの，郵便局の店頭（全国に約17,500），NS&Iへの電話・インターネット（http://www.nsandi.com/）・郵送による申込みによって購入することができる[11]．

イギリスの貯蓄国債は，他国に比べてその種類が極めて多いこと（07年3月末時点で9種類）が特色である（本章末の付表7-2を参照）．共通する特徴としては，一部の商品には年齢制限があるものの，購入資格者は個人（共同名義，受託者名義も可）であること[12]，商品ごとに購入最低額および上限が定められていることがある[13]．また，いずれの商品も満期以前の中途換金は可能だが，その場合にはほとんどの商品で利息に対するペナルティが課される．

割増金付貯蓄債券と元本保証株式（インデックス連動）債券を除き，固定金利または変動金利（物価連動貯蓄証書，所得債券）に基づく利息が付される．これらの利率（物価連動貯蓄証書の場合は固定部分）はNS&Iが英大蔵省に提案し，同省が政府の資金調達（財政）の状況に応じて決定する．したがって，短期市場金利や国債金利は考慮されるが，必ずしも市場金利に連動するわけではない．この点はアメリカと異なる．こうした方針に基づき，国民貯蓄投資商品からの資金調達状況が政府の資金調達計画を上回る場合には，市場金利より低い利率を設定することによって購入インセンティブを低下させる場合もある．ここで，政府の資金調達との関係で述べれば，貯蓄国債の発行は必ずしも定期的ではない．付表7-2にも示したように，貯蓄国債

---

10) NS&Iは英大蔵省のエグゼクティブ・エージェンシーである．その基本的な責務，組織等についてはNational Savings ［2000］を参照されたい．
11) 詳しくは斉藤［1999］（第3章），全国銀行協会［2000］を参照．
12) 国民貯蓄証書はさらに慈善団体，共済団体等の団体による購入も可能である．なお，アメリカと異なり，居住，国籍等に関する制限は購入条件に記されていない．
13) イギリスの場合，アメリカと違い，貯蓄国債に額面（券面）はなく，購入単位は商品ごとに定められた購入条件で異なる．

は募集期間,募集金額等が定められているもの(第○回××債券・証書)と随時受け付けているものがあるが,後者であっても政府の資金調達状況によっては発行が停止される場合がある[14]。

貯蓄国債からの収益(利息,プレミアム等)に関する課税は商品によって異なる.具体的には,割増金付貯蓄債券,国民貯蓄証書(確定利付型,物価連動型とも),子供ボーナス債券は利子所得非課税商品である.他の商品は収益に対して課税されるが,課税方法は一律ではない.確定利付貯蓄債券の利息は税率20%で源泉徴収される反面,他の課税商品の収益は非課税で支払われ,最終的に総合課税の対象となる.

以上がイギリスにおける貯蓄国債商品の概要である.次に個別商品についてだが,ここでは非常に特徴的な(他国にはない)割増金付貯蓄債券,元本保証株式(インデックス連動)債券,年金受給者向け収入保証債券,子供ボーナス債券の概要について説明する.他の商品の概要については付表7-2を参照されたい.

(1) 割増金付貯蓄債券

56年に導入されたくじ付き債券である.年限の定めはなく,元本は保証されているが,利息の支払いはなされない.利息相当分はプールされ,毎月1回コンピュータで打ち出された番号の当選者に賞金(非課税)として支払われる.賞金の抽選単位は1ポンド,賞金額は50ポンドから100万プラス10万ポンドまである.最低購入額は100ポンド,上限は3万ポンドに設定されており,この上限を超えた金額分は抽選の対象とされない.

(2) 元本保証株式(インデックス連動)債券

この債券は無利息だが,その収益がFTSE100株式インデックスの成長率に連動する債券であり,02年3月7日に第1回債が発行された(募集期間

---

[14] さらに,金融市場の革新に応じて商品自体の改廃,新設も適宜行われている.

と募集金額が定められている回号制債券で，購入方法はNS&Iに対する電話または申込書の郵送による）．年限は5年であり，最低購入額は1,000ポンド（第1～6回債は2,000ポンド），上限は100万ポンド（共同名義の場合は200万ポンド）である．

購入時から満期までの収益率はFTSE100株式インデックスの成長率に連動するが，仮にその間のインデックスが低下（マイナス成長率）した場合でも購入元本は保証される[15]．一方，インデックスが上昇（プラス成長率）した場合でもその上昇率自体が債券の収益率となるわけではない．これは各回号によって異なるが，例えば04年7月に発行された第8回債ではインデックス上昇率の75％（インデックスが80％上昇した場合，債券の収益率は60％となる）しか債券の収益率に適用されない（その代わり，購入額の15％の収益が保証されている）．また，04年11月に発行された第9回債では，インデックス上昇率の105％（インデックス成長率が80％の場合，債券の収益率は84％）が債券の収益率に適用される．この債券からの収益については非課税で支払われるが，総合課税の対象となる．

(3) 年金受給者向け収入保証債券

この債券は，その名のとおり60歳以上（当初は65歳以上）の個人のみを対象としたものであり，94年1月に導入された．年限は1・2・5年の3種類があり，いずれも固定利付債券（回号制）で利息は毎月支払われる．この利息については非課税で支払われるが，総合課税の対象となる．最低購入金額は500ポンド，上限は全回号合計で100万ポンドである．

(4) 子供ボーナス債券

この債券は子供をターゲットとした商品として91年7月に導入された．これは16歳未満の子供のために両親ないし保護者が利用できる利息一括受

---

15) 元本保証のシステムについてはHM Treasury［2003］(p. 27) を参照．

取型の5年物債券である．子供が21歳になるまで更新することができるが，5年債であるため利息は5年ごとに見直される．さらに，5年ごとおよび子供の21歳の誕生日にボーナスが付与される．

最低購入金額は25ポンド，上限が3,000ポンド（回号ごと，子供1人当たり）と小額に設定されているが，購入単位は25ポンド単位である．中途換金については，名義人が16歳未満の場合は両親または保護者に，16歳以上の場合は本人に払い戻される．なお，本人が21歳になった時点で換金しなければならない．この子供ボーナス債券の利息については，以上の制約の下で（子供が課税年齢に達した場合でも）非課税の扱いとなる．

2-3 貯蓄国債の財政と家計金融資産への影響度

貯蓄国債は政府の資金調達手段であると同時に，それを購入した個人にとっては金融資産を形成する．以下では，貯蓄国債の財政と家計金融資産（対家計非営利団体を含む）への影響度を見てみよう．

2-3-1 アメリカ

80年代以降，貯蓄債券の残高（年度末ベース）は順調に拡大しており，06年度末の残高は2,037億ドルに達している．商品別の内訳を見ると，シリーズE/EEが8〜9割の太宗を占めるが，近年ではシリーズIの増加が著しい[16]（表7-1）．

このように順調に残高が拡大している貯蓄債券だが，財政と家計金融資産における比重は低い．政府部門向け等の非市場性国債を含む総国債残高に対

---

16) シリーズH/HH（満期20年）は現金での購入が認められておらず，購入後6カ月が経過したシリーズE/EE，貯蓄ノートないしは満期を迎えたシリーズHHからの乗換えのみによって購入することができる．ここで，貯蓄ノートとは，67年5月から70年6月までシリーズEと抱き合わせで販売された貯蓄債券である．ただし，04年8月をもってシリーズE/EE等からシリーズHHへの乗換えは廃止された．したがって，04年9月以降シリーズHHは発行（販売）されていない．

第7章　非市場性国債の活用

表 7-1　合衆国貯蓄債券の商品別残高

(単位：10億ドル)

年度末	シリーズ E/EE	シリーズ H/HH	シリーズ I	その他	合　計
1983	62.7	7.8	—	0.0	70.6
1984	65.7	8.0	—	0.0	73.7
1985	70.1	8.2	—	0.0	78.2
1986	78.5	8.5	—	0.1	87.1
1987	89.6	8.9	—	0.0	98.5
1988	98.6	9.2	—	0.0	107.8
1989	106.1	9.3	—	0.3	115.7
1990	114.4	9.5	—	0.0	123.9
1991	125.6	9.8	—	0.0	135.4
1992	140.0	10.3	—	0.0	150.3
1993	158.0	11.1	—	0.0	169.1
1994	167.2	11.4	—	0.0	178.6
1995	172.0	11.5	—	0.0	183.5
1996	174.8	12.0	—	0.1	186.8
1997	173.6	12.3	—	0.3	186.2
1998	173.3	12.6	0.0	0.1	186.0
1999	172.7	12.8	0.5	0.2	186.2
2000	169.3	12.8	2.2	0.1	184.3
2001	167.8	12.9	5.7	0.2	186.5
2002	167.6	13.4	12.1	0.2	193.3
2003	167.3	13.8	20.3	0.2	201.6
2004	163.3	15.4	25.3	0.2	204.2
2005	159.9	14.4	29.2	0.1	203.6
2006	154.6	13.1	35.8	0.1	203.7

出所：US Treasury, *Treasury Bulletin* から作成.

する貯蓄債券残高の比率（年度末ベース）を見ると，趨勢的に低下しており，03年度末以降はついに3％を割っている（図7-1）．

　一方，家計金融資産に占める比重は80年代から90年代半ばまで0.9％前後で安定的に推移していたが，90年代後半から0.6％前後にその水準を落としている．ただし，比重はこのように変化しているものの，その水準自体が元々低いことから，家計の資産形成にとって貯蓄債券の重要性は低いと言えよう．

(10億ドル) (%)

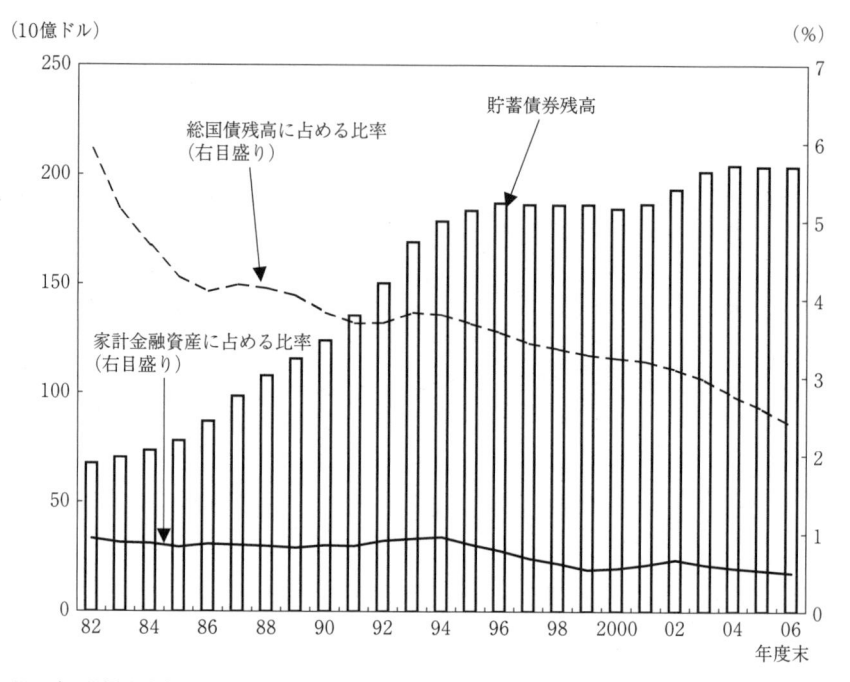

注：1） 総国債残高とは市場性国債と非市場性国債の残高を合計したもの．
　　2） 家計には対家計非営利団体を含む．
出所：US Treasury, *Treasury Bulletin*, FRB, *Flow of Funds Accounts* から作成．

図 7-1 合衆国貯蓄債券の財政と家計金融資産に占める比率

2-3-2 イギリス

　イギリスの場合，前述したように，NS&I が提供する貯蓄投資商品として貯蓄国債以外に貯蓄口座がある．日本の郵便貯金口座と異なり，イギリスの貯蓄口座に預けられた資金は中央政府の財政資金として位置付けられており，さらに，個人にとっては貯蓄国債商品の購入であろうと貯蓄口座への預入れであろうと金融資産には変わりがないことから，ここでは貯蓄口座も含めて分析する．

　80 年代以降，貯蓄国債・口座（以下，「貯蓄投資」と総称する）の残高（年度末ベース）は順調に拡大しており，05 年度末の残高は約 725 億ポンド

第 7 章　非市場性国債の活用

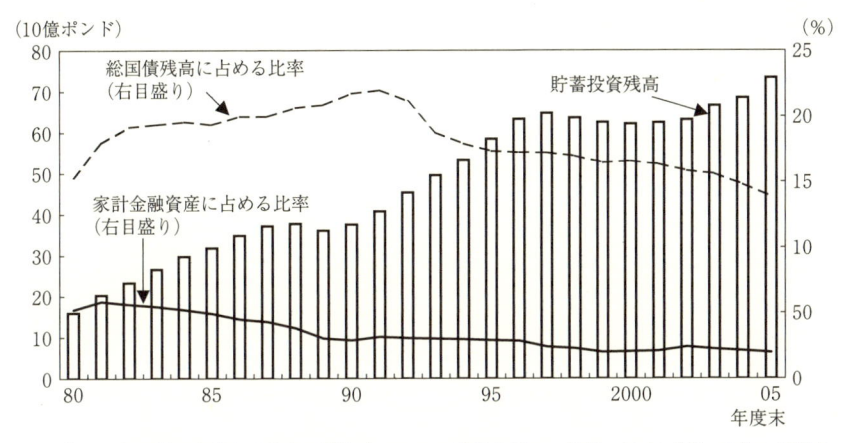

注：1) 89 年以前の家計金融資産は暦年末ベースの数値を用いて計算．96 年（度）以前の家計金融資産は個人セクターのみ，97 年度以降は対家計非営利団体を含む．
　　2) 総国債残高とは市場性国債，貯蓄投資，NILO 債の残高を合計したもの．
出所：BOE, *Statistics Abstract 2002-Part1*, ONS, *Financial Statistics*, National Audit Office (NAO), *Consolidated Fund and National Loans Fund Account 2003-2004・2004-2005, National Loans Fund Account 2005-2006*, NS&I 資料から作成．

図 7-2　イギリスにおける貯蓄投資の財政と家計金融資産に占める比率

に達した（図 7-2）．貯蓄国債，貯蓄口座別に 05 年度末までの推移を見ると，貯蓄国債の残高が趨勢的に増加しているのに対して，貯蓄口座のそれは 95 年度末をピークに減少に転じている[17]（表 7-2）．その結果，貯蓄国債の残高が貯蓄投資総残高に占める割合は 80 年度末の 71.1％ から 05 年度末には 87.8％ まで上昇した．

貯蓄国債の商品別内訳を見ると，FIRST オプション・ボンド，預託債券，英国（ブリテイン）貯蓄債券等は既に販売が中止されているため単純には比較できないが，割増金付貯蓄債券の残高がほぼ一貫して増加しており，05 年度末で貯蓄投資総残高の 42.4％（貯蓄国債残高の 48.3％）を占めるまでになった．他にも，国民貯蓄証書と所得債券はともに 90 年代半ばをピークにその残高が減少傾向にあるものの，05 年度末時点での残高は大きく，上述

---

17)　厳密には 94 年度末がピークである．

表 7-2 イギリス貯蓄投資の商品別残高

年　度　末	1980	1985	1990	1995	2000	2001
貯蓄国債						
国民貯蓄証書	8,727.8	17,099.8	12,827.6	19,885.9	18,722.0	17,885.0
確定利付	5,690.5	12,891.5	7,314.0	11,199.4	9,187.0	8,888.5
物価連動	3,037.3	4,208.3	5,513.6	8,686.5	9,535.0	8,996.5
割増金付貯蓄債券	1,461.6	1,832.8	2,326.3	6,456.9	15,312.0	17,315.7
所得債券	—	3,684.8	8,963.2	10,428.0	9,560.0	9,279.4
キャピタル・ボンド	—	—	694.7	2,438.4	1,325.0	1,371.1
子供ボーナス債券	—	—	—	643.6	1,158.0	1,213.0
年金受給者向け収入保証債券	—	—	—	4,158.1	5,091.0	4,198.1
固定利回り貯蓄債券	—	—	—	—	439.0	544.6
元本保証株式（インデックス連動）債券	—	—	—	—	—	40.7
小　　計	10,189.4	22,617.4	24,811.8	44,010.9	51,607.0	51,847.6
その他	1,177.4	1,252.2	1,719.3	2,933.2	892.1	788.9
貯蓄国債計	11,366.8	23,869.6	26,531.1	46,944.1	52,499.1	52,636.5
貯蓄口座						
投資口座	2,320.3	5,595.3	8,626.5	9,342.9	7,628.0	7,442.1
国庫口座	—	—	—	—	54.9	62.0
ISA's	—	—	—	—	534.0	882.7
引き出しが簡単な貯蓄口座（旧普通口座）	1,740.1	1,686.0	1,474.3	1,432.3	1,380.0	1,381.0
小　　計	2,320.3	7,281.3	8,626.5	9,342.9	8,216.9	8,386.8
その他	556.2	690.0	945.5	776.3	67.0	48.0
貯蓄口座計	4,616.6	7,971.3	11,046.3	11,551.5	9,663.9	9,815.8
合　　計	15,983.4	31,840.9	37,577.4	58,495.6	62,163.0	62,452.3

注：1）　その他は各年度末で販売されていない商品（貯蓄国債，貯蓄口座別）の残高合計額．
　　2）　普通口座は04年1月29日から「引出しが簡単な貯蓄口座（Easy Access Savings Account）」なった．
出所：01年度以前はONS, *Financial Statistics*, 02年度以降はNS&I資料から作成．

の割増金付貯蓄債券と合わせた3商品で総残高の77.1％（同87.8％）を占めている．

次に，図7-2に戻って貯蓄投資の財政と家計金融資産における比重を見てみよう．まず，政府部門向け非市場性国債を含むポンド建て国債全体（貯蓄口座を含む）の残高に占める貯蓄投資残高の比率（年度末ベース）は91年度末の22.0％をピークに低下しているものの，05年度末でも13.7％を占め

第7章　非市場性国債の活用

(単位:100万ポンド)

	2002	2003	2004	2005
	17,023.8	16,786.5	17,044.5	17,696.5
	—	—	—	—
	—	—	—	—
	19,711.3	24,251.4	26,241.7	30,763.9
	8,617.1	8,048.1	7,585.2	7,426.2
	1,300.9	1,301.9	1,256.8	1,186.5
	1,230.2	1,254.5	1,289.3	1,304.7
	3,986.1	3,726.0	3,590.4	3,304.0
	618.0	568.5	577.8	546.8
	312.2	563.6	947.7	1,222.3
	52,799.6	56,500.4	58,533.4	63,451.0
	360.6	296.1	241.8	214.5
	53,160.1	56,796.5	58,775.2	63,665.5
	7,226.5	6,885.4	6,333.5	6,033.8
	65.3	67.2	64.1	59.1
	1,226.1	1,449.6	1,576.9	1,714.8
	1,376.8	1,293.3	735.6	977.0
	8,517.9	8,556.6	8,710.1	8,784.6
	41.9	39.7	34.9	35.2
	9,936.6	9,735.3	8,745.0	8,819.8
	63,096.7	66,531.8	67,520.2	72,485.3

が販売された時点で新規口座開設が終了と

ている．一方，家計金融資産に占める比率はアメリカと同様に低下傾向にある．特に97年度末以降低下基調を強め，05年度末には2.0％しかない．

このように，財政面にしても家計金融資産面にしても，貯蓄投資の比重はアメリカと同じく90年代に入って低下傾向にあるが，その水準を両国で比べるならば，いずれの面においてもイギリスのほうがアメリカより貯蓄国債（投資）の重要性は高いと言える．

3　政府部門向け非市場性国債

3-1　貯蓄国債以外の非市場性国債

政府は貯蓄国債以外にも，財政上の資金調達のために発行対象を限定した非市場性国債を発行する場合がある．ただし，そのような国債を発行している国は貯蓄国債の場合より少なく，G5諸国ではイギリスとアメリカだけである[18]．

発行対象は，イギリスでは（ほとんど）政府部門向けのみであるのに対して，アメリカでは政府部門向け（政府勘定シリーズ），州・地方政府向け（州・地方政府シリーズ），整理資金調達公社向け（国内シリーズ），外国政府・外国通貨当局向け（海外シリーズ）

---

18) ドイツでは貯蓄国債以外に，非市場性の個人・企業向け割引大蔵省証券が発行されているが，1人当たりの購入制限があるなどその性格は貯蓄国債に類似している．

など多様である．しかし，貯蓄債券を除く非市場性国債残高に占める各シリーズの構成比（06年度末）は政府勘定シリーズ93.1％，州・地方政府シリーズ6.0％，国内シリーズ0.7％，海外シリーズ0.1％，その他0.1％と，政府勘定シリーズがほとんどである．したがって，以下ではアメリカとイギリスにおける政府部門向け非市場性国債について論じる．

3-2 アメリカ

アメリカの連邦予算はすべての収入および支出を統合した統合予算制度を採っているが，実際の資金勘定は連邦基金と信託基金とに分けられる．連邦基金は，さらに一般基金（特定目的に指定されていない一般的歳入により賄われ，連邦政府の一般的目的の遂行に係る支出に充てられる基金），特別基金（特定目的のために法令で定めた特定財源により賄われ，特定のプログラムに支出される基金），公企業基金（継続的な企業的活動によって生じる収入およびそうした活動を賄うために法令により指定された収入を管理する基金），政府内基金（主に政府機関内および政府機関間の企業的活動を管理する循環的基金）の4種に分けられる．

信託基金は，特定の目的あるいはプログラムを遂行する法令または契約の条件に従って政府が徴収した収入およびその支出を管理する基金である．社会保障や失業保険等に係る信託基金がこれに当る．収入の使途は法令または契約に定められており，他の目的には使用できない．なお，信託基金は，企業的活動を管理する循環的信託基金と社会保障や失業保険などのように特定の目的やプログラムを管理する非循環的信託基金とに分けられる．

このように連邦予算は複合的な基金区分から構成され，さらにこれらの区分内に特定の目的またはプログラムを遂行するための個別基金が設定されている．そのうち主要な基金の概要については本章末の付表7-3を参照されたい．各基金には当然その目的に沿った収入と支出があるわけだが，必ずしもその収支が毎年一致するわけではなく，収入が支出を上回る場合には基金内に余剰資金が蓄積されていくこととなる．この余剰資金は一般的に非市場性

国債(政府勘定シリーズ)で運用される[19]. 特に,(大規模な残高を有する)信託基金は, 一般に年率最低5%の利率を有する政府債務(証券)に投資することが合衆国コード(Title 31 United States Codeの§9702)によって定められている. また, 基金の支払いが経常的な収入を上回るようになったときは, 当該基金はそれらの証券を米財務省に払い戻してもらい, 支払いに充当する.

基金が保有するこの特別な非市場性国債は, 公衆に売却される市場性国債と多くの点で類似している. つまり, 満期日および表面利率が設定され, 連邦債務の一部を構成する[20]. ただし, その利率は総じて市場利回りに連動するものの, 発行対象基金の根拠法等に定められた計算方法によって決められる. しかし, 非市場性国債は各基金に対して直接発行されるが市場では取引されず, 満期日または基金からの払戻し要求があったときに米財務省公債局が償還するまたは払い戻すだけである. また, その利子は追加的な非市場性国債の形で基金の勘定に記入される.

総論として以上のような性質を有する基金向け非市場性国債(政府勘定シリーズ)であるが, 具体的には額面発行特別債(Par Value Special:以下, "PVS"と略す)と市場連動型特別債(Market-based Special:以下, "MK"と略す)の2種類がある.

(1) 額面発行特別債

PVSは, 購入も償還(払戻し)も額面で行われる非市場性国債である.

---

19) 少数の基金は余剰資金を非市場性国債で運用せず, 単に預金として保有している. また, 議会によって非市場性国債以外の政府機関債等に投資する特別な権限を与えられている基金もある.

20) 基金が保有する債務は内部債務(政府部門間での貸借)を表すため, 政府の統合財務諸表には現れないが, それは政府の債務を構成する. というのは, 基金が支払いに充当するために保有する非市場性国債の償還(払戻し)が必要となったとき, 米財務省は払い戻さなければならないからである. このような場合, 同省は増税, 歳出削減, 公衆からの借入れ増加, 債務買戻しの削減(統合予算が黒字の場合)またはそれらの組合せによって払戻金を調達しなければならない.

そのため，売買に係るキャピタル・ゲインやロスは発生しない．その表面利率は法令上の公式に従って決定されるが，通常は特定の満期を有する現存の市場性国債の平均市場利回りに基づく利率が付される．PVSは，特定の基金を管理する法令が当該基金向けにPVSが発行されることを明記し，かつその利率を決める方式（金利公式）を規定している場合にのみ，当該基金に対して直接発行される．具体的には，社会保障信託基金，医療健康保険（メディケア）信託基金をはじめ限られた数の（信託）基金のみPVSに投資することが可能である．

社会保障信託基金の場合，社会保障法に定められているように，米財務省はPVSに係る毎月の表面利率を計算する．その計算方法は期限前償還または満期までの残存期間が4年以上のすべての市場性利付政府債務の平均金利とする．利子は6月30日と12月30日に基金に付加されることになっているが，実際にはPVSのポートフォリオが次の15年間にわたって均等となるよう，当該月（6月または12月）に（計算された表面利率の）PVSに再投資される．

上記のようなPVSの性格により，払戻し時期を巧みに操作すれば基金はより高収益を獲得することができる．高金利時には，基金はキャピタル・ロスを被ることなく低い表面利率のPVSを払い戻して，高利率のPVSに再投資すればよいからだ．しかし，制度上の規約により，このような操作はできないこととなっている．例えば，社会保障信託基金と医療健康保険信託基金の評議員会（Board of Trustees）は，信託基金の資産がプログラムの支出を賄うためのみに満期前に払戻しできる政策を確立し，米財務省は満期以前にPVSを払い戻す場合の手続きを定めている[21]．なお，社会保障法は，PVSが社会保障信託基金，医療健康保険信託基金にとって望ましい投資対象であると定めており，これらの信託基金がMKに投資するには別途立法が必要である．

---

21) 社会保障信託基金の場合，次の順番で払い戻される．①残存期間が最も短いもの，②同一の残存期間の中では，最も表面利率の低いもの．

(2) 市場連動型特別債

MKは，その金利と満期が政府債市場で取引されている特定の財務省関連証券の金利と満期を反映する非市場性国債であり，一般的にMKが連動している市場性証券が償還されない限りいつでも売買することができる．基金の根拠法にPVSへの投資を求める明示的な規定がない限り，当該基金はMKに投資すべきであるというのが米財務省の基本的な政策である．

MKには鏡像市場連動型財務省特別債（Mirror-image Market-based Treasury Special）と補足的市場連動型財務省特別債（Additional Market-based Treasury Special）とがある．前者は譲渡性を除き，表面利率，利払日，期限前償還日（call date），満期日について現存する特定の市場性国債と同一の非市場性国債である．したがって，現存する市場性国債と同じ形態のものがある．具体的には，短期債（Bill），中期債（Note），長期債（Bond）および物価連動債がある．基金による取得または満期前払戻しの価格は，流通市場における実際の取引に基づいて米財務省（Office of Market Finance Price）が決定している．

後者は，その金利または価格が，上記市場性国債以外の財務省関連金融商品の金利または価格に基づいて決定される非市場性国債である．これには翌日物証券（Overnight Securities）とゼロ・クーポン債（Zero-coupon Bond：以下，"ZCB"と略す）がある．

翌日物証券は購入の翌営業日に満期が到来するMK証券であり，鏡像型MKの購入時限（午前11時）以降に受け入れた基金収入に対して利用可能である．この証券の金利は，ニューヨーク連銀がゼネラル・レポの翌日物レートを用いて決定している．ZCBは利払いのない長期割引債（年限10年以上）である．ZCBに適用される金利（割引率）は，その発行日における特定の市場性ストリップス債に係る実際のビッド・イールドとアスク・イールドの平均に基づいて決定され，その満期日は当該特定ストリップス債と一致する．現在，ZCBは，米財務省とZCBの投資に対する条件を確立する覚書を交わしている基金に対してのみ発行することができる．

3-3　イギリス

1780年代初めの政府に対する国家（政府）債務の強い削減圧力から1786年国家債務削減法（National Debt Reduction Act of 1786）が成立し，さらにWilliam Pittの減債基金が設立された．同時に6人の国債委員会（National Debt Commissioners）が任命され，必要に応じて官吏その他の職員を雇う権限が与えられた．これがその後の国家債務庁（National Debt Office），現在の国家債務削減委員会（CRND）に引き継がれていくのである．なお，CRNDは公共事業資金貸付協会（PWLB）とともに2002年7月に債務管理庁（DMO）に統合された．

CRNDに本来求められた機能は減債であったが，現在ではその機能はほとんど残っていない[22]．一方，CRNDは設立初期から主要な政府基金の投資に責任を有していたが，今やこれがCRNDの主たる機能となっており，様々な基金の資産を管理している（06年末時点で管理している総資産残高は時価ベースで450億ポンドを超える）．現在，大規模な基金として国民保険基金投資勘定，裁判所基金投資勘定，国民富くじ分配基金投資勘定，破産サービス投資勘定，国民貯蓄銀行基金がある．主要な基金の概要は本章末の付表7-4を参照されたい[23]．

基金の投資目的は各基金を司る関連法規定によってある程度異なるが，概して，基金のプログラムを管理する政府（省庁）部局の引出し要請に応じら

---

[22] 初期の減債基金の構想は1968年国家貸付法（National Loan Act 1968）によって取り除かれた．ただし，3.5% Conversion Stockを払い戻すために特定の減債基金がその目論見書の条件に従ってまだ運営されている．CRNDの減債機能を示すものとしては，寄贈・遺贈基金が唯一残っている．これは，国家債務の削減のために寄贈もしくは遺贈された資金，または不動産（財産）のような有形資産を国債の買入消却に用いるために管理する基金である．

[23] その他に北アイルランド国民保険基金投資勘定（06年末残高9億3,000万ポンド），科学技術・芸術国家基金投資勘定（同2億5,000万ポンド），北アイルランド裁判（所）サービス投資勘定（同1億2,300万ポンド），オリンピック富くじ分配基金投資勘定（同7,100万ポンド），請求されない証券，利息（配当）および償還金勘定（同3,300万ポンド）などがある．

れるだけの十分な流動性を維持すること，収入を最大化すること，基金の資本価値を維持または増大させることにある．したがって，基金の投資対象も基本的には中央政府および地方政府が発行する債券に制限されている．

しかしながら，CRNDが基金の資金運用のために市場から大量のギルト債を購入すると，財政当局ならびに通貨当局は国債管理政策または金融政策の目的を遂行することが困難となる場合がある．このような弊害を避けるために，特定量の新発ギルト債がCRNDのために取り置かれたこともしばしばあったが，これは必ずしも有効な解決策ではなかった．CRNDが大量の資金を投資する必要がある時期に，市場環境が新発銘柄の売出しに好ましくない場合もあるし，また，新発銘柄がその表面利率，満期などの点からCRNDが管理する基金の要求に合わない場合もある．そこで，81年に英大蔵省は，状況に応じて，CRNDによる資金運用のために特別な"NILO (National Investment and Loans Office)"債を創出する措置を講じた．

NILO債は，それが関連するオリジナルなギルト債銘柄と同一の条件で発行されるものであり，銘柄名に"NILO"をつけることによってオリジナルの"parent"（ギルト）債と区別される[24]．つまり，NILO債は鏡像債（銘柄）である．NILO債は取引所で取引されない非市場性であること以外はすべての点でparent債と同じである．NILO債のすべての取引はparent債の市場価格に基づいて行われ，基金に資金需要が生じた場合には満期前でも英大蔵省によって払い戻される．

3-4　政府部門向け非市場性国債の財政への影響度

以上が英米における政府部門向け非市場性国債の概要だが，これら国債の財政へのインパクトはどうであろうか．ここで，データに基づいて検討して

---

[24] イギリスの場合，従来タップ発行を通じて過去に発行された既発銘柄をリオープンすることが多かった（現在は通常の発行入札を通じてリオープンが行われている）．このタップ発行であれば基金の目的に合致した既発銘柄をNILO債として基金向けに発行することができる．

おこう．

3-4-1　アメリカ

　80年代以降，貯蓄債券を除く非市場性国債の残高は順調に拡大しており，06年度末の残高は4兆3億ドルに達している（図7-3）．シリーズ別には前述したように政府勘定シリーズが93.1%と圧倒的な比率を占め，次いで州・地方シリーズが6.0%，海外シリーズと国内シリーズは1%未満である．
　基金ごとに政府勘定シリーズの保有高を見ると，社会保障信託基金（連邦老齢・遺族保険（OASI）信託基金と連邦障害者保険（DI）信託基金の合計）の構成比が53.6%，医療健康保険（メディケア）信託基金（連邦入院保険（HI）信託基金と連邦補足的医療保険（SMI）信託基金の合計）の構

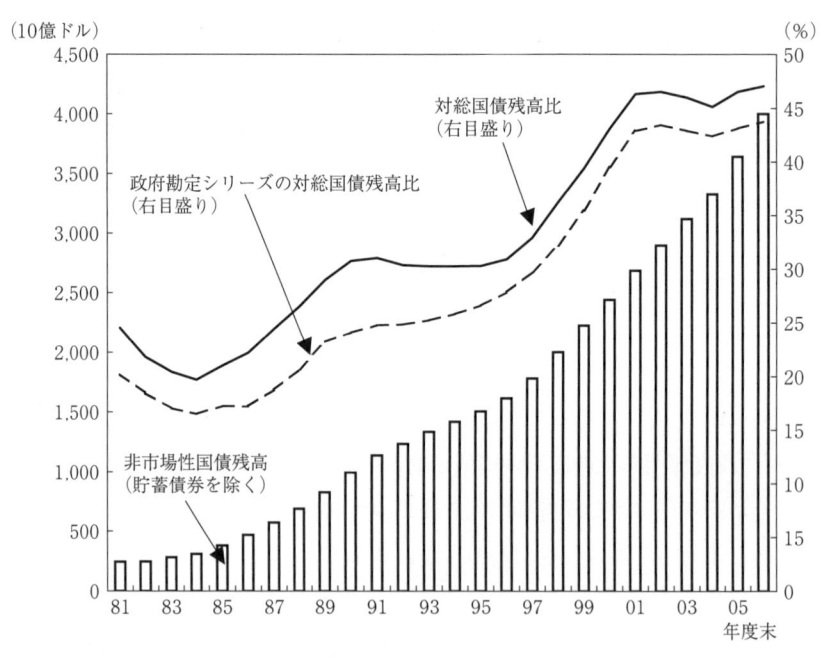

注：総国債残高とは市場性国債と非市場性国債（貯蓄債券を含む）の残高を合計したもの．
出所：US Treasyry, *Treasury Bulletin* から作成．

図7-3　アメリカにおける非市場性国債の残高と総国債残高に占める比率

成比が9.0%と，社会保障法関係で60%以上を占める．さらに，公務員退職・障害基金（連邦職員退職基金）の構成比が18.5%と大きい．

貯蓄債券を除く非市場性国債の残高はこのように順調に拡大しているだけに，総国債残高に占める割合も81年度末の24.5%から06年度末には47.0%まで上昇した．政府勘定シリーズだけで見ても20.1%から43.8%への上昇である．つまり，連邦政府が発行している国債の4割強が政府内部の基金によって保有されているのである．

このような非市場性国債の残高増加は，必ずしも政府が意図したものではない．上述のように，政府勘定シリーズの主要な保有基金が社会保障法関連の信託基金であることから，それは拠出と給付のずれから生じたものであり，将来的に人口高齢化が進み，給付が拠出を上回るようになれば，非市場性国債の残高も減少に転じざるを得なくなるであろう．

3-4-2　イギリス

イギリスでは政府部門向け非市場性国債であるNILO債が発行されるようになったのは81年以降である．その残高は2000年代初頭まで順調に拡大してきたが，02年度末以降頭打ちとなっている（図7-4）．05年度末の残高は252.2億ポンドである．また，各基金投資勘定のNILO債保有高は不明だが，付表7-4に掲げた06年末の各基金残高を見ると，国民保険基金がそのほとんどを保有していると推測される[25]．

残高は拡大基調にあるNILO債だが，財政におけるインパクトはアメリカより小さい．貯蓄国債を含む総国債残高に占めるNILO債残高の比率を見ると，趨勢的には上昇しているものの，01年度末の7.6%をピークに05年度末には4.9%まで低下した．また，貯蓄国債を除く国債残高ベースでも01年度末の8.8%をピークに05年度末には5.5%まで低下している．

---

25) イギリスにおける公的年金はほぼ完全な賦課方式であるため，積立金は給付費の2カ月分程度しかない．

280

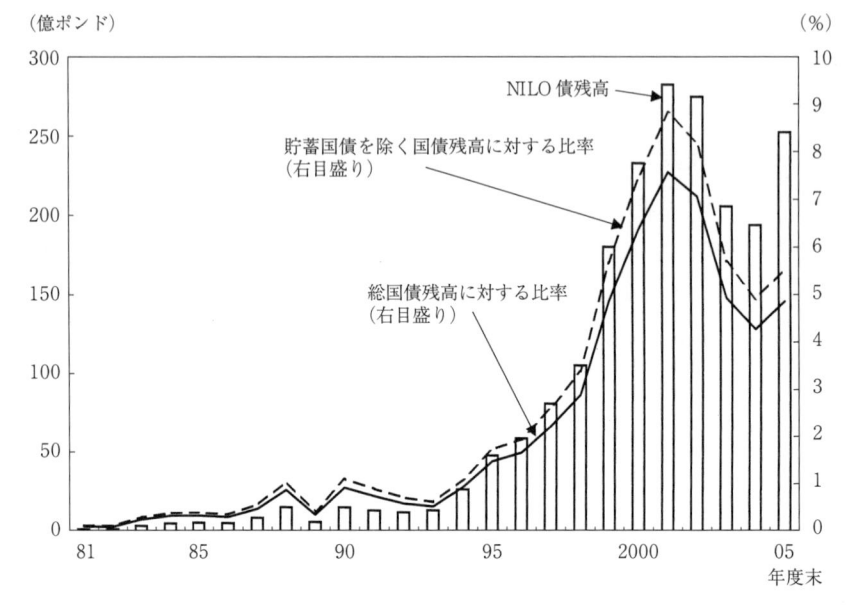

```
(億ポンド)                                                           (%)
300                                                                10
                              NILO 債残高
250                                                                9
              貯蓄国債を除く国債残高に対する比率                        8
              （右目盛り）
200                                                                7
                                                                   6
150                                                                5
              総国債残高に対する比率
              （右目盛り）                                         4
100                                                                3
                                                                   2
 50                                                                1
  0                                                                0
    81      85       90       95      2000      05
                                               年度末
```

注：総国債残高とは市場性国債，貯蓄国債，NILO 債の残高を合計したもの．
出所：BOE, *Statistics Abstract 2002-Part1*, ONS, *Financial Statistics*, NAO, *Consolidated Fund and National Loans Fund Account 2003-2004・2004-2005*, *National Loans Fund Account 2005-2006*, NS&I 資料から作成．

図 7-4　NILO 債の残高と総国債残高に占める比率

　以上，前節から本節にかけて英米における非市場性国債制度の概要について説明してきた．ここで両国の特徴を整理しておこう．まず，総体として，総国債残高に占める非市場性国債のウエイトはアメリカでは高いが，イギリスでは必ずしも高くない．しかし，内訳を見ると，貯蓄国債については，アメリカでは財政および家計金融資産におけるウエイトはかなり低い．また，イギリスにおいてもウエイトは決して高いと言えないが，アメリカよりそれらに対するインパクトはある．一方，政府部門向け非市場性国債の財政に対する影響度は，イギリスでは貯蓄国債（貯蓄投資商品）より低いが，アメリカではかなり高く，その残高が総国債残高の半分近くを占めている．これは，特に社会保障法関係の信託基金残高が大きいことによるが，それはこれまで基金に係る拠出が給付を上回っていた結果であり，将来的に両者の関係が逆

転すれば,非市場性国債の残高も減少に転じるであろう.こうした変化が国債市場に及ぼす効果は次節で分析する.

4 非市場性国債発行のメリットと市場への影響

4-1 非市場性国債発行の意義

英米における非市場性国債の制度について概説したところで,改めて非市場性国債を発行することの意義を考えてみよう.まず,貯蓄国債の意義は明快である.国債の個人消化,つまり個人による資産形成の奨励とその財政資金としての吸収にある.

一方,基金残高を非市場性国債によって運用する意義は少々複雑である[26].基金の残高(余剰資金)を非市場性国債に投資するとき,当該国債は基金にとって資産である反面,政府にとっては債務である.したがって,グロスの政府債務を削減するわけではない.にもかかわらず基金残高を非市場性国債で運用するまたは基金向けに政府が非市場性国債を発行することには次のようなメリットがある.まず,非市場性国債は,市場性国債と同様,リスク・フリー,広範な満期,(必要な場合には)満期以前の速やかな流動化という特質を有していることから,基金の安全かつ多様な資産運用ニーズに応えることができる.

第2に,非市場性国債の発行によって市場性国債の発行量が削減される分だけ民間の資金需給は緩和される.この民間資金を投資に活用することによって将来の経済成長が促進されれば,政府が将来の給付を支払う能力は改善しうる.第3に,第2の点とも関係することだが,市場性国債の供給圧力緩和を通じて市場性国債の市場安定に寄与する.また,政府部門(基金)の保有国債を非市場性とすることで,それが国債市場のかく乱要因となることを排除することもできる.こうしたことは,政府にとって,市場性国債の発行コスト軽減に通じるほか,非市場性国債の金利を市場性国債の金利に連動さ

---

26) ここでの議論は US Treasury [2000], GAO [2001b] を参考にした.

せる場合，非市場性国債を含めた国債全体の発行コストを軽減することができよう．

最後に，これは必ずしも大きなメリットとは言えないが，非市場性国債の特性の設計によっては，政府の発行コストを軽減することができる．例えば，発行も償還（払戻し）も額面で行う，市場金利より低い表面利率を付すなどである．ただし，特に後者については，そのような特性を持つ非市場性国債で運用する基金にとっては必ずしもメリットとは言えない．

4-2 モデル分析

政府部門向けに非市場性国債を発行することには上述のようなメリットが考えられるが，第 2, 3 点目のメリットはあくまで非市場性国債に投資する政府部門（基金）の残高が増加することが前提であり，それが減少する過程では市場性国債の市場に与える影響を慎重に判断しなければならないだろう．この点をより明確にするために，個人，政府の基金部門（以下，「基金」と記す），政府の財政部門（以下，「政府」と記す）で構成されるモデルを考えてみよう．これら経済主体の行動仮定は以下のとおりである．

〈個人〉

- 個人の一生は退職前の Young 期（Y 世代）と退職後の Old 期（O 世代）とに分けられ，t 期には Y 世代と O 世代が混在している．
- Y 世代は t 期に労働所得 Y_t を得る．その所得から税金 τY_t と年金拠出 E_t とを差し引いた可処分所得を，消費 C_t^Y と政府が発行する市場性国債の購入 $p_t D_{1,t}$ に配分する．ここで，国債価格 p_t は市場性国債の発行量に対する個人の需要で決まる．また，この市場性国債は当該個人の Old 期に額面 1 で償還される．したがって，Y 世代の予算式は次のようになる．

$$(1-\tau)Y_t = E_t + C_t^Y + p_t D_{1,t} \tag{7.1}$$

なお，市場性国債を購入するのは Y 世代のみであり，Y 世代は Old 期に入ったときに国債の償還を受けるから，$D_{1,t}$ は t 期における市場性国

債の Y 世代による購入量とともに，t 期末における発行残高を表す．
- O 世代は，労働所得がないため，年金給付 B_t と Young 期に購入した市場性国債の利子および償還金 $(1+r_{t-1})D_{1,t-1}$ を所得として C_t^o だけ消費する．Y 世代への遺産はない．このとき O 世代の予算式は次のようになる．

$$B_t+(1+r_{t-1})D_{1,t-1} = C_t^o \tag{7.2}$$

ここで，r_t は t 期に購入した市場性国債の表面利率であり，名目市場金利に等しい．

〈基金〉
- 基金は公的年金を管理する．具体的には法的に強制徴収された拠出金 E_t を受け入れ，給付金 B_t を支払う．年金収支の結果，基金に資金が蓄積されればそれを政府が発行する非市場性国債で運用する．反面，t 期における給付が拠出で賄えない場合は，非市場性国債を政府に払い戻してもらい，拠出の不足分を補う．
- 発行される非市場性国債は名目確定利付の1期債であり，その発行，償還（払戻し）とも額面で行われる．毎期発行する国債の表面利率は市場金利に連動し，金利の支払いは現金ではなく非市場性国債で支給される．
- 以上の仮定の下で，基金の予算制約は次のようになる．

$$E_t-B_t = D_{2,t}-(1+r_{t-1})D_{2,t-1} \tag{7.3}$$

ここで，$D_{2,t}$ は t 期末における非市場性国債の発行残高である．

〈政府〉
- 政府は税収 τY_t と拠出金 E_t に基づいて，政府支出 G_t と給付金 B_t，さらに前期に発行した市場性国債の元利払い $(1+r_{t-1})D_{1,t-1}$ を賄うが，不足分は市場性国債 $D_{1,t}$ を価格 p_t で発行する．したがって，政府の予算制約は次のようになる．

$$\tau Y_t+E_t+p_tD_{1,t} = G_t+B_t+(1+r_{t-1})D_{1,t-1} \tag{7.4}$$

以上がこのモデルを構成する経済主体の行動仮定だが，ここで，(7.1)，(7.2)，(7.4) 式より

$$Y_t = C_t^Y + C_t^O + G_t$$

が成立することに注意すべきである．この式は t 期の生産物を Y 世代，O 世代，政府で分け合うことを意味しており，基金の収益性は全く現れていない．このことは，前述した基金残高を財政上の資金調達に利用することによって民間の資金需要を助け（資金の需給逼迫を緩和し），経済成長を促すという政府部門向け非市場性国債発行のメリットを示している[27]．

ここで本題に戻り，基金向けに非市場性国債を発行することが市場性国債の市場に及ぼす影響を分析していこう．政府の目的は，E_t, B_t, p_t を所与として予算制約(7.4)の下で，将来にわたる Y 世代と O 世代の効用を最大化するよう $D_{1,t}$ と G_t を決定することと仮定する[28]．これは次のように定式化することができる．

$$\underset{\{D_{1,t}, G_t\}_{t=0}^{\infty}}{\text{Max}} E_0 \left[\sum_{t=0}^{\infty} \beta^t u(C_t^Y + C_t^O) \right] \tag{7.5}$$

s.t. (7.4)式

ここで，

$E_t[\cdot]$：t 期において利用可能な情報に基づく条件付期待値演算子

β：政府の将来に対する主観的割引率 ($0 < \beta < 1$)

$u(\cdot)$：（社会的）効用関数，$u' > 0, u'' < 0$

である．

この動学的最適化問題を解くと，1階の条件から次の関係が導かれる．

$$\beta \frac{1+r_t}{p_t} = E_t \left[\frac{u_t'}{u_{t+1}'} \right] \tag{7.6}$$

ここで，$u_t' \equiv \dfrac{d}{d(C_t^Y + C_t^O)} u(C_t^Y + C_t^O)$ である．

---

[27] このことは，90年代以降にアメリカで活発に議論された社会保障信託基金の一部を株式運用することについての本質的な論点でもある．この点については GAO [1998]，玉木 [2004a, b] を参照されたい．

[28] 予算制約(7.4)の下で，政府が操作することができる変数は $\tau, D_{1,t}, G_t, E_t, B_t$ のうち4つである．本論では E_t と B_t を所与と仮定したから，操作変数は $\tau, D_{1,t}, G_t$ のうち2つであるが，ここでは $D_{1,t}$ と G_t を操作変数とした．

(7.1),(7.2)式より $\tau, Y_t, p_t, D_{1,t}, D_{1,t-1}, r_{t-1}$ が一定のとき，$d(C_t^Y + C_t^o)$ $= -d(E_t - B_t)$ だから，(7.6)式より

$$\frac{\partial}{\partial(E_{t+1} - B_{t+1})}\left(\beta\frac{1+r_t}{p_t}\right) = E_t\left[\frac{u'_t u''_{t+1}}{(u_{t+1})^2}\right] < 0$$

が示される．これは，所与としていた $\{E_t - B_t\}$ 系列が将来にわたり減少していく，つまり基金の残高が毎期減少していったとき，市場性国債の収益率（政府にとっては市場性国債の発行コスト）が上昇することを示している．つまり，基金向けに非市場性国債を発行することのメリットは市場性国債の市場に対する供給圧力を緩和できることにある．逆に，基金残高が減少する過程では，国債全体の発行圧力が緩和されない限り市場性国債の供給圧力が増幅されることとなる．

アメリカの社会保障信託基金についての将来推計（SSA [2006]）によると，ベビーブーム世代の退職と人口高齢化により基金残高（中位推計）は26年にピークを打った後，急速に減少し，40年には残高がゼロとなる見通しである（図7-5）．したがって，上述の論理からすると，27年以降は市場

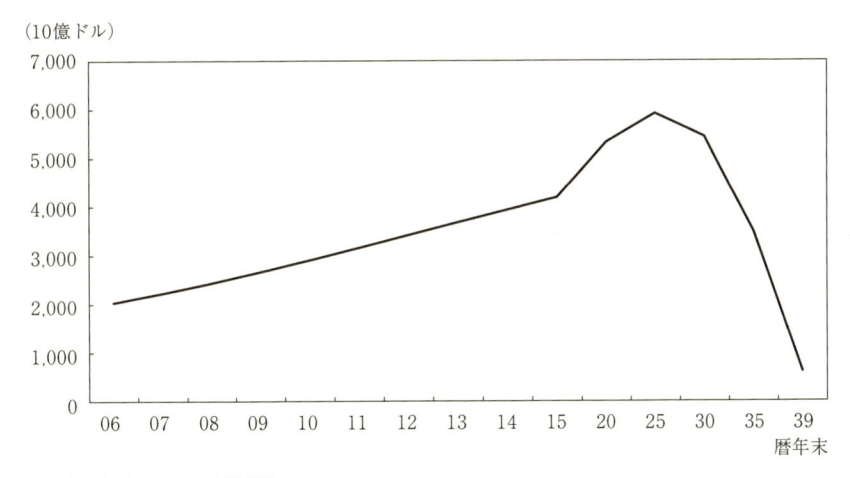

(10億ドル)

注：1）名目ベースの中位推計．
　　2）40年末には残高が消滅すると推定されている．
出所：SSA [2006] から作成．

図7-5　アメリカの社会保障信託基金残高の将来推計

性国債の供給圧力が増大しよう．

5　結論：日本へのインプリケーション

　以上，英米における非市場性国債の現状について説明してきた．貯蓄国債，政府部門向け非市場性国債のいずれについても，両国とも類似の制度を有しているが，次のような特徴がある．
　①イギリスでは政府部門向けより貯蓄国債および貯蓄口座を含む貯蓄投資商品を財政資金のファイナンスに積極的に活用している．
　②アメリカでは社会保障信託基金など政府基金の運用に政府部門向け非市場性国債を積極的に活用している．

　非市場性国債を発行する大きなメリットの1つに，市場性国債の供給圧力を緩和できる点が挙げられる．総国債残高（貯蓄口座を除く）に占める非市場性国債残高の比率はイギリス（05年度末）で17.1%に対して，アメリカ（06年度末）は49.4%にも上っている．特に政府部門向け非市場性国債（政府勘定シリーズ）の残高だけでも43.8%に上り，この点から見れば，アメリカは市場性国債の供給圧力を緩和するために，非市場性国債を積極的に活用している．しかし，将来的にこの戦略は1つの危うさを孕んでいる．政府勘定シリーズの50%以上を社会保障信託基金が保有しているが，同基金の残高は27年以降急速に減少する見通しであり，その場合，国債全体の発行圧力が緩和されない限り，市場性国債の供給圧力が急速に大きくなると予想される．

　では，日本はどうであろうか．本章の冒頭で定義した非市場性国債として日本で発行されているものは，貯蓄国債である年限5年，10年の個人向け国債しかない（表7-3）．しかし，その導入が03年3月（5年物は06年1月に導入）と遅かったにもかかわらず，低金利下で定期預貯金の代替商品として好調な需要に支えられたことから，その残高は06年9月末で20.7兆円，総国債残高に占める比率は約3%に達している[29]．

表 7-3 日本の個人向け国債の概要

償還期限	5 年	10 年
購入対象者	個人に限定	
最低購入額	1 万円・パー発行	
償還金額	額面金額 100 円につき 100 円（中途換金も同じ）	
金利	固定金利・年 2 回（半年ごと）の支払い	変動金利・年 2 回（半年ごと）の支払い
金利水準（表面利率）	基準金利−0.05 % ―基準金利は，募集期間開始時の直前に行われた 5 年固定利付債の入札における平均落札利回り	基準金利−0.80 % ―基準金利は，募集期間開始時の直前に行われた 10 年固定利付債の入札における平均落札利回り
金利の下限	0.05%（年率）	
中途換金	第 4 期利子支払期（発行から 2 年経過）以降であれば，いつでも中途換金可能	第 2 期利子支払期（発行から 1 年経過）以降であれば，いつでも中途換金可能
中途換金の特例	保有者が死亡した場合または大規模な自然災害により被害を受けた場合は，上記各利子支払期以前であっても中途換金することが可能	
中途換金時の買取金額	額面金額＋経過利子相当額−最大 4 回分の利子（税引前）相当額	額面金額＋経過利子相当額−最大 2 回分の利子（税引前）相当額

注：中途換金時に差し引かれる利子は，08 年 4 月より「税引後」に変更される予定．
出所：財務省資料から作成．

　最後に，日本における政府部門向け非市場性国債の発行について考えてみよう．政府部門向け非市場性国債の引受先として考えられるのは，第 6 章でも指摘したように社会保障基金の公的年金であろう．06 年 9 月末時点での残高は 218.3 兆円あり，そのうち 58.0 兆円を国債（財政融資資金特別会計国債を含む）で運用している．一方，04 年度の財政再計算によれば，公的年金の残高は 45 年度まで拡大し，その後減少に転じる見通しである（図 7-6）．したがって，今後，市場性国債の供給圧力を緩和するためにも公的年金の運

---

29)　個人向け国債の発行予定額と販売額を比較すると以下のようになっており，平均的には販売額が発行予定額を大幅に上回っている．発行予定額（億円）：02 年度―3,000，03 年度―12,000，04 年度―16,000，05 年度―51,000（補正後），06 年度―73,000（補正後）．販売額（億円）：02 年度から 06 年度まで順に 3,835，29,671，68,210，72,712，71,382．

(兆円)

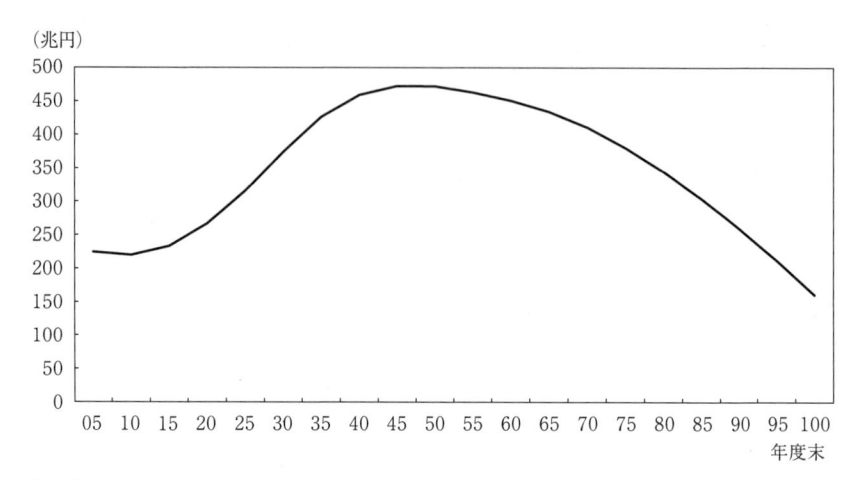

注：名目ベース．
出所：厚生労働省，『平成16年財政再計算に基づく公的年金制度の財政検証』から作成．

図7-6 日本の公的年金残高の見通し

用に対して非市場性国債を発行してはどうであろうか．しかし，46年度以降は，公的年金の積立金が減少に転じる見通しであることから，市場性国債の圧迫要因となるため，それまでの間に国債の総発行額を減らすよう財政再建を図る必要があることは言うまでもない．

第7章 非市場性国債の活用

付表7-1 アメリカの合衆国貯蓄債券商品

商品名	シリーズEE	シリーズI
特徴	・額面の50%で発行（例えば、額面で100ドル分のEE債を購入するためには50ドルを支払う） ・購入単位は額面ベース ・額面は50・75・100・200・500・1,000・5,000・10,000ドルの8種類 ・1人当たり年間（暦年）に発行額3万ドル（額面では6万ドル）まで購入可能	・額面で発行 ・購入単位は額面ベース ・額面の種類はシリーズEEと同じ ・1社会保障番号につき年間（暦年）3万ドルまで購入可能
利息	・固定金利 ・毎年5月1日と11月1日に利率を公表、その利率は直近6カ月間における5年財務省証券の平均利回りの90％として計算される ・05年4月以前の発行分については、購入から半年ごとに公表された利率で利息が計算されていた（半年ごとの変動金利） ・05年5月以降の発行分については、発行時点での利率が満期までは換金時まで適用される（固定金利） ・発行後20年で額面金額に達することを保証 ・債券の価額は毎月上昇し、半年複利 ・利息は換金時には支払われる ・利息支払いは最長30年	・インフレ連動型金利 ・固定利率部分およびCPI-Uに基づく半年間のインフレ率として計算 ・固定利率は、毎年5月1日と11月1日に公表 ・シリーズEEのように発行後20年以内に額面金額達といった収益水準に対する保証はない ・一般的に債券価値は毎月上昇し、半年複利（デフレ時の債券価値は不変） ・利息は換金時に支払われる ・利息支払いは最長30年
換金	・購入から12カ月経過後はいつでも換金可能 ・購入から5年以内に換金する場合は、換金時に3カ月分の利息が控除される ・金融機関はIRSフォーム1099-INTに基づいて利息収益（換金価値と購入価格の差額）を報告する	
税金	・利息収益については換金するまで地方の所得税は免除されるが、連邦所得税、連邦と州の遺産税、相続税、贈与税、その他消費税は免除されない ・満期到来または換金する年まで利息収益に係る連邦所得税は繰り延べることができる ・教育関する税金免除（教育貯蓄債券プログラム）：以下の条件に加えその他特定の条件を満たした場合、貯蓄債券からの収益に対する連邦所得税（全額または一部）が免除される	

購入資格者	・次のいずれかに属する者 　－アメリカ本土、その領土もしくはプエルトリコの居住者または海外に居住する米国民 　－アメリカの民間被用者および軍隊のメンバーで社会保障番号（SSN）を有する者 　－アメリカで働き、SSNを有し、かつその雇用者が貯蓄債券購入費用の給与天引プラン（PSP）を提供しているカナダまたはメキシコの居住者 ・米財務省公債局が指定する地域（Circular, No. 655 (31 CFR Part211.1)）に居住している限り、米国外に居住している米国民以外の者を共同所有者または受益者として指名することができる ・登録には単独所有、共同所有（2名）、受益者と受益者を登録（所有者と受益者を登録）がある ・贈り物または他者名義で購入することも可能
その他	・利息が毎月発生し、累積された利息が半年ごとに債券の価値に付加されていく利息増加型債券（登録債） ・現物ベースのものについては購入に係る金額・単位・上限、購入後の登録、中途換金などに相違がある.

注：1）07年3月時点.
　　2）現物ベースの特徴、電子ベースの特徴.
出所：US Treasury [2004] から作成.

第7章　非市場性国債の活用

付表 7-2　イギリスの貯蓄国債商品

商品名―年限	金利	最低投資額と上限（ポンド）	購入資格者	払戻し（換金）	その他
割増金付貯蓄債券 (Premium Bond)	・ある一定の金利が想定されているが、実際には支払われず、毎月の抽選による賞金として保留 ―賞金については非課税	・100―3万	・16歳以上の個人 ―16歳未満の個人でも、両親、保護者（後見人）、（曾）祖父母による保有可	・通常は手続き後7営業日以内	・抽選により毎月最高100万＋10万ポンドの賞金が当たる政府債券。既発債の利息総額が賞金の原資となる
確定利付貯蓄証書 (Fixed Interest Savings Certificate) ―2・5年	・固定金利 ―非課税	・100―15,000 ―上限は回号当たり ―満期到来する場合、更新する場合には上限なし	・個人 ―共同名義 ―受託者名義 ―NS&IのDirectorに承認を受けた慈善団体などの団体	・通常は手続き後7営業日以内 ―購入後1年未満で中途換金した場合は無利息。1年以上経過後満期到来前に中途換金した場合は購入時の条件による	・確定利付政府債券、回号引
物価連動型貯蓄証書 (Index-linked Savings Certificate) ―3・5年	・インフレ連動型金利 ―非課税				・利息が物価（小売物価指数）に連動する政府証券。回号別
所得債券 (Income Bond)	・変動金利 ・投資残高（現在では2.5万ポンド）に応じて格差あり ―課税（源泉徴収なし）	・500―100万 ―単独または共同名義合計	・個人 ―共同名義（2名） ―2名以下の個人のための受託者名義	・通常は手続き後7営業日以内 ―BACS (Banker's Automated Clearing Service) を通じた口座振替	・毎月利息が支払われる政府債券

商品名	金利・税	購入単位	名義	中途換金等	備考
年金受給者向け収入保証債券（Pensioners Guaranteed Income Bond）—1・2・5年	・固定金利 ―課税（源泉徴収なし）	・500—100万 ―単独または共同名義で保有する全回号合計	・60歳以上の個人 ―共同名義（2名、ともに60歳以上） ―2名以下の個人（ともに60歳以上）のための受託者名義	・満期の場合は通知不要だが、満期到来前の場合は60日前に通知が必要（通知後の利息はない）。通知前に差し引かれる ―BACSを通じた口座振替	・60歳以上を対象とした政府債券。利息は毎月支払われる。回号制
キャピタル・ボンド（Capital Bond）—5年	・固定金利 ―課税。ただし、利息が元本に付加されている間は非課税	・100—100万 ―単独または共同名義で保有する全回号合計	・個人 ―共同名義（2名） ―2名以下の個人のための受託者名義	・通常は手続き後7営業日以内 ―購入後1年未満で中途換金した場合は無利息	・購入時から1年ごとに利息が元本に付加され、複利運用される政府債券。回号制
子供ボーナス債券（Children's Bonus Bond）—5年 ―子供の年齢が21歳になるまで	・固定金利 ―子供が21歳になるまで5年ごとに金利が見直される ―5年ごとおよび子供の21歳の誕生日にボーナスあり ―非課税（子供が課税年齢に達した場合も）	・25—3,000 ―購入単位は25ポンド ―上限は回号ごと、子供1人当たり	・16歳未満の子供を持つ両親または保護者	・通常は手続き後7営業日以内 ―購入後1年未満で中途換金した場合は無利息。1年以上5年未満で中途換金した場合は、5年目のボーナス利息が差し引かれた利率が適用される	・16歳未満の子供の保護者が利用可能な政府債券。子供が5年債だが、子供が21歳になるまで更新することが可能。回号制
確定利付貯蓄債券（Fixed Rate Savings Bond）—1・3・5年	・固定金利 ―投資残高（現在では500・2万・5万ポンド）に応じて格差あり ―20％の源泉徴収	・500—100万 ―単独または共同名義で保有する全回号合計	・16歳以上の個人 ―共同名義（2名） ―2名以下の個人のための受託者名義	・通常は手続き後7営業日以内 ―満期到来前に中途換金した場合は90日分の利息が差し引かれる ―BACSを通じた口座振替	・毎月利息を受け取るか、または再投資して複利運用するかの選択ができる確定利付政府債券。回号制

第7章　非市場性国債の活用

	標準および低率被課税者はそれ以上の負担はない		
元本保証株式（インデックス連動）債券（Guaranteed Equity Bond）5年	・金利の概念はない―債券からの収益はないが、源泉徴収はないが、総合課税の対象	・1,000－100万―共同名義の場合は200万	―	・利息は付かないが、収益がFTSE100株式インデックスの成長率に連動する政府債券。回号制。投資期間中にFTSEインデックスが低下した場合でも購入元本は保証される。回号制

注：1）07年3月時点.
　　2）満期は購入時点から計算.
出所：NS&I資料から作成.

付表7-3 アメリカにおける主要な基金の概要

基金名	公務員退職・障害基金	医療健康保険（メディケア）信託基金	軍隊退職基金
性　格		Nonrevolving Trust Fund	
概　要	・連邦公務員に対する2つの主要な退職システム—公務員退職システム (CSRS) と連邦職員退職システム (FERS)—の確定給付部分をカバーする基金。これら2つの退職プランによってカバーされる連邦公務員の約9割がカバーされている。ただし、84年以降、CSRSは新規加入を受け入れていない。	・当該基金は、連邦入院保険信託基金 (Part A: HI) と連邦補足的医療保険信託基金 (Part B: SMI) から構成される。 ・Part Aは、40四半期 (10年) 以上の適格 (稼得) 期間を有する65歳以上の米国民、24カ月 (2年) 以上にわたって社会保障障害者給付を受けた者、大部分の腎臓病患者 (ESRD) を対象に、入院加療、ホーム・ヘルス、ホスピス・サービスの利用をカバーしている。 ・Part Bは Part A の対象者が、医師（内科医）のサービスから臨床検査に及ぶ広範な院外サービスに対するカバレッジを任意で購入するプログラム。	・軍人の退役に対する傷害退役に対する給付および死亡した退役軍人の適格遺族への遺族給付を提供する。受給者は拠出負担しない確定給付プラン。
運用方針	・利付米政府証券に投資。場合によっては連邦機関債に投資することもある。	・利付米国債または米政府によって利子および元本が保証されている債券にのみ投資することができる。これらの投資は米財務省が決めた額面で行われる（つまり、額面購入・償還）。	・非市場性の特別銘柄の財務省証券に投資。
国債による運用残高	Special Issue: 685,423 Market Based: — Marketable: — Agency Securities: —	[Part A] [Part B] Special Issue: 305,387 32,360 Market Based: — — Marketable: — — Agency Securities: — —	Special Issue: — Market Based: 202,730 Marketable: — Agency Securities: —

基金名	郵便サービス基金（Off-budget）	社会保障信託基金（Off-budget）	失業信託基金
性　格	Public Enterprise Fund (Off-budget)	Nonrevolving Trust Fund (Off-budget)	Nonrevolving Trust Fund

第 7 章 非市場性国債の活用

概要	・郵便サービスから得た収益の管理.	・労働者およびその遺族、障害者に対して毎月、退職給付(年金)を提供するプログラム。ほとんどの労働者はこのプログラムへの参加が強制される。 当該基金は、連邦老齢・遺族保険信託基金 (OASI) と連邦障害者保険信託基金 (DI) から構成される。 前者 (OASI) に基づいて、労働者は65歳(と2カ月)で退職し、年金の完全給付を受けることができる。62歳で早期退職し、減額された給付の選択をすることもできる。後者 (DI) は、健康状態により長期にわたり実質的な収入活動に従事することが不可能な労働者に給付を行うプログラム。連邦政府と州政府は Social Security Administration の管轄である。連邦政府と州政府によって管理されている。	・両基金とも、利付米国債または利付米国債の投資に保証されている債券のみに投資することができる。これらの投資は、財務省特別銘柄および財務省証券の2つで構成される。特別銘柄はこれらの信託基金向けの特別な財務省証券であり、それらは常に額面で購入・償還される。	・非市場性の財務省負債証書および財務省特別銘柄の財務省証券に投資。	・連邦、州および鉄道の失業保険システムを提供. ・失業給付は次の2つの目的を持って行われる。 —経済的理由（経済不況など）により失業した労働者の賃金の一部を補填すること を通じて一時的な救済を提供すること。 —不況期の経済安定に資する。
運用方針	・非市場性の財務省証券に投資.				
国債による運用残高	Special Issue: — Market Based: 818 Marketable: — Agency Securities: —	Special Issue: [OASI] [DI] 1,845,339 203,922 Market Based: — Marketable: — Agency Securities: —		Special Issue: 65,909 Market Based: — Marketable: — Agency Securities: —

注：1) 07年3月末時点.
2) 国債による運用残高は06年末の数値であり、単位は100万ドル.
3) "Special Issue", "Market Based" は各々本論で説明している "PVS" と "MK" に該当する.
出所：GAO [2001b]、米財務省HPに公表されている資料 (*Investment Funds Summary Holdings Report*) などから作成.

付表7-4 イギリスにおける主要な基金の概要

投資勘定名	国民保険基金	裁判所基金	国民富くじ分配基金	破産サービス	国民貯蓄銀行基金
概要	・1973年と1975年の社会保障法に基づく国民保険(社会保険)スキームの経常勘定を管理する基金。十分な資金の給付支払分に相当)を保有することによって、拠出と給付の変動を滑らかにし、例えば、景気後退期や不測の給付増加の時期などの時期に対処するための資金源を供給する。	・裁判の原告または地方裁判所に預けた資金を管理する基金。基本投資勘定と特別投資勘定とがあり、各勘定に基づいて蔵省の同意に基づいてConstitutional Affairs (現、英法務省)によって決められた利子(現在は基本勘定：4%、特別勘定：6%)が支払われる。	・国民富くじ売上金(約28%)を運用する基金の一部(約28%)を運用する基金。	・倒産および会社清算に伴い生じた資金(ファンド)を管理する基金。従来、自発的清算者もこの基金への預入れは強制的であったが、2002年企業法(Enterprise Act 2002)により、04年4月から自発的清算者はこの基金にそのファンドを預けるか否かの選択ができるようになった。	・NS&Iの普通口座勘定を管理する基金。・85年から94年までは、この基金の運用利益(利息収入)から預金者への利息支払分およびその他諸経費を差し引いた額(余剰収入)の95%を英大蔵省(CF)に繰り入れていたが、95年以降は100%を繰り入れている。・(旧)普通口座勘定の資金は政府証券または政府保証債に投資される。
運用方針	・高水準の流動性維持、基金の資本価値維持と収益確保の目的の下で、約20年までの満期帯に属する広範なギルト債で運用する。	・十分な流動性の維持、原告に支払う利子および裁判所基金庁やCRNDの管理費を賄うだけの収益を生み出すよう運用する。・上記の利子および管理費を上回る余剰収入は統合基金(CF)に繰り入れられる反面、利子の不足分はCFから補填される。	・リスク・フリーの短期流動性債券で運用する。	・基金の資本を維持すること、資金の預入者の流動化要求に備えること、および中期的に収益を最大化することを投資政策としている。・上記04年4月からの制度変更によって、ファンドの安定性が損なわれる可能性が増した。そこで、従来保有していた(長期)ギルト債は04年2月中に処分され、その売却益はDebt Management Account に投資される。	

第7章　非市場性国債の活用　　297

残高	37,771	5,218	1,838	Deposit Facility の短期預金に預け入れられた。 1,397	924
ギルト債残高	05年度末残高：35,378 残存期間内訳 1年以下：19,735 1年超5年以下：12,384 5年超10年以下：2,825 10年超：433 残存期間1年超を中心に、残高の5割程度はNILO債と推測される。	04年2月末残高：4,147 内訳 市場性ギルト債：18 NILO債：4,129	03年度末：2,720 CRNDによる投資残高であり、内訳は不明。保有しているギルト債のほとんどはNILO債と推測される。	03年度末：0	04年度末（政府保証債等を含む）：957 CRNDによる投資残高であり、内訳は不明。ただし、保有しているギルト債のほとんどはNILO債と推測される。

注：1）07年3月末時点。
　　2）基金残高は06年末の数値。基金残高とギルト債残高はいずれも時価ベースであり、単位は100万ポンド。
　　3）国民貯蓄銀行基金については、NS&Iが03年に「引出しが簡単な貯蓄口座（Easy Access Savings Account）」を新設して、普通口座に置き換えることを発表した。この新型口座は04年1月29日から預金を受入れ、その時点から普通口座の新規開設はない。預金者が普通口座から新型口座または他の貯蓄投資商品に資金を移すに従い、この基金から資金が流出している。この基金は06-07年中に閉鎖され、基金が保有する資産は統合基金に移管される計画である。

出所：CRNDのHPに掲載されている資料、NAOに提出された各基金勘定の報告書から作成。

参考文献

岩國哲人［2004］「世界初の「年金国債制度」導入で年金問題は解決できる」,『週刊東洋経済』2月14日号, 東洋経済新報社, 88-89頁.

上村敏之［1997］「国および地方の財政赤字に関する中立命題の検証」,『経済学研究』第28巻, 関西学院大学, 253-278頁.

内田浩行［2000］「米国における財政収支・連邦債務構造の動向」, *International Department Working Paper Series,* 00-J-5, 日本銀行国際局.

柿沼重志［2002］「非ケインズ効果は起きているか―スウェーデンの財政再建から検証する」,『経済セミナー』4月号, 日本評論社, 45-52頁.

川出真清, 伊藤新, 中里透［2004］「1990年以降の財政策の効果とその変化」, 井堀利宏編『日本の財政赤字』（第5章）岩波書店.

絹川真哉［2000］「景気刺激策としての財政再建」,『FRI研究レポート』No. 83, 富士通総合研究所.

倉脇剛［2005］「1990年代以降の米国生保一般勘定資産運用動向」『生命保険経営』第73巻第1号, 生命保険経営学会, 78-98頁.

黒田晁生［1982］『日本の金利構造』東洋経済新報社.

経済企画庁［1998］『平成10年版 経済白書』大蔵省印刷局.

――――［2000］『平成12年版 経済白書』大蔵省印刷局.

公的債務管理政策に関する研究会［2003］『報告書』（平成15年11月25日）.（http://www.mof.go.jp/singikai/saimukanri/top.htm）

近藤広紀, 伊藤新［2004］「中立命題の検証」, 井堀利宏編『日本の財政赤字』（第2章）岩波書店.

斉藤美彦［1999］『イギリスの貯蓄金融機関と機関投資家』日本経済評論社.

財務省［2006a］『日本国債ガイドブック 2006』.

――――［2006b］『債務管理レポート 2006』.

――――［2007］『日本国債ニュースレター』2007年1月号.

柴田章久, 日高政浩［1992］「日本における公債中立命題の検証」,『経済学雑誌』第93巻第2号, 大阪市立大学, 58-69頁.

白石浩介, 大島一宏［2003］「日本の国債管理とリスク」, *MRI Monthly Review,* 三菱総合研究所.（http://www.mri.co.jp/REPORT/ECONOMY/2003/mr031000.pdf）

須藤時仁［1998a］「ストリップス債の特徴とイギリス市場の動向（その1）」,『証券レビュー』第38巻第10号, 日本証券経済研究所, 33-46頁.

―――― [1998b]「ストリップス債の特徴とイギリス市場の動向（その2・完）」,『証券レビュー』第38巻第12号, 日本証券経済研究所, 41-54頁.

―――― [2003]『イギリス国債市場と国債管理』日本経済評論社.

全国銀行協会 [2000]『欧州主要国の郵便貯金の公社化』.

副島豊, 花尻哲郎, 嶋谷毅 [2001]「国債流通市場と発行市場のリンケージ強化」,『金融市場局ワーキングペーパーシリーズ』2001-J-2, 日本銀行金融市場局.

武田洋子 [2003]「近年の米国財政収支の変化が米国債市場に与えた影響」, *International Department Working Paper Series*, 03-J-3, 日本銀行国際局.

竹田陽介, 小巻泰之, 矢嶋康次 [2005]『期待形成の異質性とマクロ経済政策―経済主体はどこまで合理的か―』東洋経済新報社.

玉木伸介「2004a」「公的年金積立金とその市場運用のマクロ経済的な位置付けおよび運用組織の果たすべき機能と独立性について」, *NIRA Working Paper Series*, No. 2004-2, 総合研究開発機構.

―――― [2004b]『年金2008年問題：市場を歪める巨大資金』日本経済新聞社.

富田俊基 [1999]『国債累増のつけを誰が払うのか』東洋経済新報社.

―――― [2001]『日本国債の研究』東洋経済新報社.

中川辰洋 [2003]「EU経済通貨統合とフランス政府証券市場―"Europlace-Paris"戦略の展開とその問題点―」,『証券経済研究』第42号, 日本証券経済研究所, 77-98頁.

―――― [2007]「フランスにおける個人向け国債流通市場の1年」,『証券レビュー』第47巻第2号, 日本証券経済研究所, 94-109頁.

中里透 [2002]「財政政策の非ケインズ効果をめぐる論点整理」,『経済分析』第163号, 内閣府経済社会総合研究所, 71-90頁.

西岡慎一 [2004]「ポートフォリオ理論に基づいた最適な国債満期構成について」,『日本銀行ワーキングペーパーシリーズ』04-J-1.

花尻哲郎, 二宮拓人, 植木修康 [2003]「米国の国債管理政策～国債管理の手法と運用～」,『金融市場局マーケットレビューシリーズ』2003-J-1, 日本銀行金融市場局.

浜田恵造編 [1997]『国債 発行・流通の現状と将来の課題』大蔵財務協会.

林宏美 [1999]「個人消化を目的とした米国貯蓄国債」,『資本市場クォータリー』Vol. 3-2 Autumn, 野村総合研究所, 176-188頁.

平山賢一 [2005]「「公的年金運用に非市場性国債導入」へのハードル」,『金融ビジネス』5月号, 東洋経済新報社, 74-77頁.

藤井眞理子 [2004]「英国における国債管理政策の変遷：1694～1970」,『証券経済研究』第45号, 日本証券経済研究所, 47-69頁.

堀保浩 [2001]「財政投融資改革と今後の課題」,『郵政研究所月報』No. 149, 郵政省郵政研究所, 129-138頁.

本間正明 [1996]「財政赤字の実証分析：中立命題の再検証」,『公共債をめぐる諸問

題』(金融調査研究会報告書), 金融調査研究会, 1-24頁.
真壁昭夫, 玉木伸介, 平山賢一 [2005]『国債と金利をめぐる300年史 英国・米国・日本の国債管理政策』東洋経済新報社.
水口洋一 [1993]「公債の中立命題に関する理論・実証分析」,『経済学論集』第33巻第2号, 龍谷大学, 142-174頁.
蓑谷千凰彦 [2001]『金融データの統計分析』東洋経済新報社.
村田治 [1996]『公債と財政赤字のマクロ理論』有斐閣.

Acharya, S. and I. Diwan [1993] "Debt Buybacks Signal Sovereign Countries' Creditworthiness: Theory and Tests," *International Economic Review*, Vol. 34, pp. 795-817.
Afonso, A. [2001] "Non-Keynesian Effects of Fiscal Policy in the EU-15," *ISEG Economics Department Working Paper*, No. 7/2001/DE/CISEP.
Alesia, A. and R. Perotti [1995] "Fiscal Expansions and Adjustments in OECD Countries," *Economic Policy*, Vol. 21, pp. 205-248.
―――― [1997] "Fiscal Adjustments in OECD Countries: Composition and Macroeconomic Effects," *IMF Staff Paper*, Vol. 44, pp. 210-248.
Alesina, A. and S. Ardagna [1998] "Tales of Fiscal Contractions," *Economic Policy*, Vol. 27, pp. 487-545.
Anderson, N. and J. Sleath [1999] "New Estimates of the UK Real and Nominal Yield Curves," *Quarterly Bulletin*, Vol. 39, Bank of England, pp. 384-392.
―――― [2001] "New Estimates of the UK Real and Nominal Yield Curves," *Bank of England Working Papers*, No. 126.
Barro, R.J. [1974] "Are Government Bonds Net Wealth?," *Journal of Political Economy*, Vol. 82, pp. 1095-1117.
―――― [1979] "On the Determination of Public Debt," *Journal of Political Economy*, Vol. 87, pp. 940-971.
―――― [1995] "Optimal Debt Management," *NBER Working Paper*, No.5327.
Barry, F. and M. Devereux [1995] "The 'Expansionary Fiscal Contraction' Hypothesis: A Neo-Keynesian Analysis," *Oxford Economic Papers*, Vol. 47, pp. 249-264.
Bertola, G. and A. Drazen [1993] "Trigger Points and Budget Cuts: Explaining the Effects of Fiscal Austerity," *American Economic Review*, Vol. 83, pp. 11-26.
Blanchard, O.J. [1990] "Comment on Giavazzi and Pagano ([1990])," in O. J. Blanchard and S. Fischer (eds.) *NBER Macroeconomics Annual 1990*, Cambridge, MA: MIT Press.
Bohn, H. [1990] "Tax Smoothing with Financial Instruments," *American Economic Review*, Vol. 80, pp. 1217-1230.

Breedon, F.J. and J.S. Chadha [1997] "The Information Content of the Inflation Term Structure," *Bank of England Working Papers*, No. 75.

Brooke, M., N. Cooper and C. Scholtes [2000] "Inferring Market Interest Rate Expectations from Money Market Rates," *Quarterly Bulletin*, Vol. 40, Bank of England, pp. 392-402.

Bulow, J. and K. Rogoff [1988] "The Buyback Boondoggle," *Brookings Paper on Economic Activity*, No. 2, pp. 675-698.

───── [1991] "Sovereign Debt Repurchases: No Cure for Overhang," *Quarterly Journal of Economics*, Vol. 106, pp. 1219-1235.

Caks, J. [1977] "The Coupon Effect on Yield to Maturity," *Journal of Finance*, Vol. 32, pp. 103-115.

Calvo, G.A. and P.E. Guidotti [1990] "Indexation and Maturity of Government Bonds: An Exploratory Model," in R. Dornbusch and M. Draghi (eds.), *Public Debt Management: Theory and History*, Cambridge: Cambridge University Press.

Campbell, J.Y. [1995] "Some Lessons from the Yield Curve," *Journal of Economic Perspective*, Vol. 9, pp. 129-152.

Cambell, J.Y. and R.J. Shiller [1991] "Yield Spreads and Interest Rate Movements: A Bird's View," *Review of Economic Studies*, Vol. 58, pp. 495-514.

Canto, V.A. and D. Rapp [1982] "The 'Crowding Out' Controversy: Arguments and Evidence," *Economic Review*, Vol. 67 (August), Federal Reserve Bank of Atlanta, pp. 33-37.

Charemza, W.W. and D.F. Deadman [1997], *New Directions in Econometric Practice: General to Specific Modelling, Cointegration and Vector Autoregression* (2nd edition), Cheltenham: Edward Elgar.

Choi, C.Y., L. Hu and M. Ogaki [2005] "Structural Spurious Regressions and a Hausman-type Cointegration Test," *RCER Working Papers*, No.517, University of Rochester.

Chopin, M.C., R.N. Dickens and O.W. Gilley [1997] "An Examination of the Impact of Changes in the Maturity Mix of Government Borrowing on Long-Term Interest Rates," *Quarterly Journal of Business and Economics*, Vol. 36, pp. 37-48.

Christensen, P.O. and J.A. Nielsen [1987] "The Bond-Type Effect on Yield to Maturity," *Scandinavian Journal of Economics*, Vol. 89, pp. 193-208.

Coe, P., M.H. Pesaran and S.P. Vahey [2000] "The Cost Efficiency of UK Debt Management: A Recursive Modelling Approach," *Cambridge Working Papers in Economics*, No. 0005.

───── [2003] "Scope for Cost Minimization in Public Debt Management: the

Case of the UK," *Cambridge Working Papers in Economics*, No. 0338.

―――― [2005] "The Cost Effectiveness of the UK's Sovereign Debt Portfolio," *Oxford Bulletin of Economics and Statistics*, Vol. 67, pp. 467-495.

Darrat, A.F. [1989] "Fiscal Deficits and Long-Term Interest Rates: Further Evidence from Annual Data," *Southern Economic Journal*, Vol. 56, pp. 363-374.

De Ménil, G. [1996] "Les politiques budgétaires en Europe à la veille de l' UnionMonétaire," *Économie Internationale*, Vol. 68, pp. 31-55.

Dickey, D.A. and W.A. Fuller [1979] "Distributions of the Estimators for Autoregressive Time Series with a Unit Root," *Journal of the American Statistical Association*, Vol. 74, pp. 427-431.

―――― [1981] "Likelihood Ratio Statistics for Autoregressive Time Series with a Unit Root," *Econometrica*, Vol. 49, pp. 1057-1072.

Durlauf, S.N. and P.C.B. Phillips [1988] "Trends versus Random Walks in Time Series Analysis," *Econometrica*, Vol. 56, pp. 1333-1354.

Fischer, S. [1983] "Welfare Aspects of Government Issue of Indexed Bonds," in R. Dornbusch and M. H.Simonsen (eds.), *Inflation, Debt and Indexation*, Cambridge, MA: MIT Press.

Friedman, B.M. [1977] "Financial Flow Variables and the Short-Run Determination of Long-Term Interest Rates," *Journal of Political Economy*, Vol. 85, pp. 661-689.

Gale, D. [1990] "The Efficient Design of Public Debt," in R. Dornbusch and M. Draghi (eds.), *Public Debt Management: Theory and History*, Cambridge: Cambridge University Press.

Giavazzi, F. and M. Pagano [1990] "Can Sever Fiscal Contractions be Expansionary? Tales of Two Small European Countries," in O.J. Blanchard and S. Fischer (eds.) *NBER Macroeconomics Annual 1990*, Cambridge, MA: MIT Press.

―――― [1996] "Non-Keynesian Effects of Fiscal Policy Changes: International Evidence and the Swedish Experience," *Swedish Economic Policy Review*, Vol. 3, pp. 67-103.

Giavazzi, F., T. Jappelli and M. Pagano [2000] "Searching for Non-Linear Effects of Fiscal Policy: Evidence from Industrial and Developing Countries," *European Economic Review*, Vol. 44, pp. 1259-1289.

Goudswaard, K.P. [1990] "Determinants of Public Debt Maturities," *De Economist*, Vol. 138, pp. 33-46.

Gowland, D.H. [1991] "Debt Management in the United Kingdom and the London Gilt-Edged Market," in D.H. Gowland (ed.), *International Bond Markets*, London: Routledge.

Gravelle, T. [1998] "Buying Back Government Bonds: Mechanics and Other Considerations," *Working Papers*, 98-9, Bank of Canada.

Hardouvelis, G.A. [1988] "The Predictive Power of the Term Structure during Recent Monetary Regimes," *Journal of Finance*, Vol. 43, pp. 339-356.

Heylen, F. and G. Everaert [2000] "Success and Failure of Fiscal Consolidation in the OECD: A Multivariate Analysis," *Public Choice*, Vol. 105, pp. 103-124.

Hicks, J.R. [1939] *Value and Capital*, Oxford: Oxford University Press. (安井琢磨, 熊谷尚夫 訳 [1951]『価値と資本』, 岩波書店.)

HM Treasury [2003] *Debt and Reserves Management Report 2003-04*.

HM Treasury and Bank of England [1995] *Report of the Debt Management Review*.

International Monetary Fund (IMF) and Word Bank [2001] *Guidelines for Public Debt Management*. (http://www.imf.org/external/np/mae/pdebt/2000/eng/guide.pdf)

Kim T.H., S.J. Leybourne and P. Newbold [2000] "Spurious Rejections by Perron Tests in the Presence of a Break," *Oxford Bulletin of Economics and Statistics*, Vol. 62, pp. 433-444.

Leong, D. [1999] "Debt Management-Theory and Practice," *HM Treasury Occasional Paper*, No. 10.

Lucas, R.E. and N.L. Stokey [1983] "Optimal Fiscal and Monetary Policy in an Economy without Capital," *Journal of Monetary Economics*, Vol. 12, pp. 55-93.

Marchesi, S. [2002] "Buybacks of Domestic Debt in Public Debt Management," *Economics Working Paper*, No. 347, University of Siena.

McCulloch, J.H. and L.A. Kochin [2000] "The Inflation Premium Implicit in the U.S. Real and Nominal Term Structures of Interest Rates," *Working Papers*, No. 98-12 (revised on September 2000), Ohio State University, Department of Economics. (http://economics.sbs.ohio-state.edu/pdf/mcculloch/qnspline.pdf)

McDermott, C. and R. Wescott [1996] "An Empirical Analysis of Fiscal Adjustments," *IMF Staff Paper*, Vol. 43, pp. 725-753.

Miller, S.M. and F.S. Russek [1991] "The Temporal Causality between Fiscal Deficits and Interest Rates," *Contemporary Policy Issues*, Vol. 9, pp. 12-23.

——— [2002] "The Relationship between Large Fiscal Adjustments and Short-Term Output Growth under Alternative Fiscal Policy Regimes," *Working Papers*, No.1999-04 (revised version), University of Connecticut, Department of Economics.

Mills, T.C. [1991] "The Term Structure of UK Interest Rates: Tests of the Expectations Hypothesis," *Applied Economics*, Vol. 23, pp. 599-606.

Missale, A. [1999] *Public Debt Management*, Oxford: Oxford University Press.

Modigliani, F. and R. Sutch [1966] "Innovations in Interest Rate Policy," *American Economic Review*, Vol. 56, pp. 178-197.

―――― [1967] "Debt Management and the Term Structure of Interest Rates: An Empirical Analysis of Recent Experience," *Journal of Political Economy*, Vol. 75, pp. 569-589.

National Savings [2000] *Framework Document*, October 2000 (revised on July 2001).

Newey, W.K. and K.D. West [1987] "A Simple, Positive Definite, Heteroscedasticity and Autocorrelation Consistent Covariance Matrix," *Econometrica*, Vol. 55, pp. 703-708.

Ogaki, M. and C.Y. Choi [2001] "The Gauss-Markov Theorem and Spurious Regressions," *Working Papers*, No.01-13, Ohio State University, Department of Economics. (http://economics.sbs.ohio-state.edu/pdf/ogaki/01-13.pdf)

Okun, A. [1963] "Monetary Policy, Debt Management and Interest Rates: A Quantitative Appraisal," in E. Carry Brown et al. (eds.) *Stabilization Policies*, Englewood Cliffs, N.J.: Prentice-Hall.

Pagano, M. [1988] "The Management of Public Debt and Financial Markets," in F. Giavazzi and L. Spaventa (eds.), *High Public Debt: The Italian Experience*, Cambridge: Cambridge University Press.

Park, C.W. [1999] "Maturity Structure of Public Debt and Expected Bond Returns," *Journal of Banking and Finance*, Vol. 23, pp. 1407-1435.

Park, J.Y. and P.C.B. Phillips [1988] "Statistical Inference in Regressions with Integrated Processes: Part 1," *Econometric Theory*, Vol. 4, pp. 468-497.

―――― [1989] "Statistical Inference in Regressions with Integrated Processes: Part 2," *Econometric Theory*, Vol. 5, pp. 95-131.

Peled, D. [1984] "Stationary Pareto Optimality of Stochastic Asset Equilibria with Overlapping Generations," *Journal of Economic Theory*, Vol. 34, pp. 396-403.

―――― [1985] "Stochastic Inflation and Government Provision of Indexed Bonds," *Journal of Monetary Economics*, Vol. 15, pp. 291-308.

Perotti, R. [1999] "Fiscal Policy in Good Times and Bad," *Quarterly Journal of Economics*, Vol. 114, pp. 1399-1436.

Perron, P. [1989] "The Great Crash, the Oil Price Shock, and the Unit Root Hypothesis," *Econometrica*, Vol. 57, pp. 1361-1401.

Pesaran, M.H. and A. Timmermann [1995] "Predictability of Stock Returns: Robustness and Economic Significance," *Journal of Finance*, Vol. 50, pp. 1201-1228.

―――― [2000] "A Recursive Modelling Approach to Predicting UK Stock Returns," *Economic Journal*, Vol. 110, pp. 159-191.

Phillips, P.C.B. [1995] "Robust Nonstationary Regression," *Econometric Theory*, Vol. 11, pp. 912-951.

―――― [1998] "New Tools for Understanding Spurious Regression," *Econometrica*, Vol. 66, pp. 1299-1325.

Phillips, P.C.B. and B.E. Hansen [1990] "Statistical Inference in Instrumental Variables Regression with I(1) Processes," *Review of Economic Studies*, Vol. 57, pp. 99-125.

Phillips, P.C.B. and J.Y. Park [1988] "Asymptotic Equivalence of Ordinary Least Squares and Generalized Least Squares in Regressions with Integrated Regressors," *Journal of American Statistical Association*, Vol. 83, pp. 111-115.

Ricard, D. [1820] "Funding System," in P. Sraffa (ed.) [1951], *The Works and Correspondence of David Ricard*, Cambridge: Cambridge University Press.

Roley, V.V. [1982] "The Effect of Federal Debt-Management Policy on Corporate Bond and Equity Yields," *Quarterly Journal of Economics*, Vol. 97, pp. 645-668.

―――― [1983] "Asset Substitutability and the Impact of Federal Deficits," *NBER Working Paper*, No. 1082.

Rossi, M. [1996] "The Information Content of the Short End of the Term Structure of Interest Rates," *Bank of England Working Papers*, No. 55.

Rotemberg, J.J. [1991] "Sovereign Debt Buybacks Can Lower Bargaining Costs," *Journal of International Money and Finance*, Vol. 10, pp. 330-348.

Saikkonen, P. [1991] "Asymptotically Efficient Estimation of Cointegration Regressions," *Econometric Theory*, Vol. 7, pp. 1-21.

Scott, R.H. [1965] "Liquidity and the Term Structure of Interest Rates," *Quarterly Journal of Economics*, Vol. 79, pp. 135-145.

Sill, D.K. [1994] "Managing the Public Debt," *Business Review*, July-Aug, Federal Reserve Bank of Philadelphia, pp. 3-13.

Stiglitz, J.E. [1983] "On the Relevance or Irrelevance of Public Financial Policy: Indexation, Price Rigidities, and Optimal Monetary Policies," in R. Dornbusch and M.H. Simonsen (eds.), *Inflation, Debt and Indexation*, Cambridge, MA: MIT Press.

Sutherland, A. [1997] "Fiscal Crises and Aggregate Demand: Can High Public Debt Reverse the Effects of Fiscal Policy?," *Journal of Public Economics*, Vol. 65, pp. 147-163.

Taylor, M.P. [1992] "Modelling the Yield Curve," *Economic Journal*, Vol. 102, pp. 524-537.

Tobin, J. [1963] "An Essay on the Principles of Debt Management," in Commission on Money and Credit(ed), *Fiscal and Debt Management Policies*, Englewood Cliffs, N.J.: Prentice-Hall.

UK Debt Management Office (DMO) [1998a] *Gilt-edged Stock Conversion Offers: Rationale and Methodology*.
———— [1998b] *Press Notice* (16, November).
———— [1999a] *Gilt-edged Stock Switch Auctions: Proposals for Consultation*.
———— [1999b] *Response to DMO Consultation Document on Switch Auctions and 'Cash-plus' Conversion Offers* (revised on November 2000).
———— [2000a] *Reverse Auctions: Proposals for Consultation*.
———— [2000b] *Response to DMO Consultation Document on Reverse Auctions* (modified on July 2003).
———— [2003] *Report of Bond Exchanges and Debt Buy-backs: A Survey of Practice by EC Debt Managers*. (http://www.dmo.gov.uk/publication/Final-SwitchReport.pdf)
———— [2004a] "The UK Government's Debt Management Strategy," *DMO Annual Review 2003/2004*, Chapter 7.
———— [2004b] *Issuance of Ultra-Long Gilt Instruments: Consultation Document*.
———— [2005] *Issuance of Ultra-Long Gilt Instruments: Response to Consultation Document*.
———— [2006] *Official Operations in the Gilt-edged Market: Operational Notice by the UK Debt Management Office*.
U.S. Government Accounting Office (GAO) [1998] *Social Security Financing: Implications of Government Stock Investing for the Trust Fund, the Federal Budget, and the Economy*, GAO/AIMD/HEHS-98-74.
———— [1999] Federal *Debt: Debt Management in a Period of Budget Surplus*, GAO/AIMD-99-270.
———— [2001a] *Debt Management: Insight and Tools from Selected Nations*, GAO-02-14.
———— [2001b] *Federal Trust and Other Earmarked Funds: Answers to Frequently Asked Questions*, GAO-01-199SP
U.S. Social Security Administration (SSA) [2006] *The 2006 Annual Report of the Board of Trustees of the Federal Old-age and Survivors Insurance and Disability Insurance Trust Funds*.
U.S. Department of the Treasury (US Treasury) [2000] *Treasury Responsibility in Investment Fund Administration: Report for the Secretary of the Treasury*.
———— [2004] *The U.S. Savings Bonds Owner's Manual*, August 2004
Van Aarle, B. and H. Garretsen [2001] "Keynesian, Non-Keynesian or No Effects of Fiscal Policy Changes? The EMU Case," *CESifo Working Paper*, No. 570.
Vries, G.H. de [1979] "The Influence of Debt Management on the Term-Structure of Interest Rates," *De Economist*, Vol. 127, pp. 298-329.

Wallace, M.S. and J.T. Warner [1996] "Do Excess Holding-Period Returns Depend on the Composition of Outstanding Federal Debt?" *Journal of Money, Credit and Banking*, Vol. 28, pp. 132–139.

West, K.D. [1988] "Asymptotic Normality, when Regressors Have a Unit Root," *Econometrica*, Vol. 56, pp. 1397–1417.

Wiseman, J.D.A. [2005] *Issuance of Ultra-Long Gilts* (http://www.jdawiseman.com/papers/finmkts/long-consultation.pdf).

World Bank and IMF [2001] *Developing Government Bond Markets: A Handbook*, Washington D.C.: World Bank, International Monetary Fund.

Zaghini, A. [1999] "The Economic Policy of Fiscal Conditions: The European Experience," *Temi di Discussione* (Economic Working Papers), No.355, Bank of Italy, Economic Research Department.

Zivot, E. and D.W.K. Andrews [1992] "Further Evidence on the Great Crash, the Oil-Price Shock, and the Unit-Root Hypothesis," *Journal of Business and Economic Statistics*, Vol. 10, pp. 251–270.

索　引

【欧文等】

1786年国家債務削減法　276
1875年減債基金　231
1968年国家貸付法　276
08年度問題　172, 193, 213
ADFテスト　135-6
AIC　⇨赤池の情報量基準
BIC　⇨ベイズの情報量基準
BOE　⇨イングランド銀行
CMB　⇨資金管理短期証券
CRND　⇨国家債務削減委員会
DFGLS推定　⇨動学的実行可能な一般化最小2乗推定
DGLS推定　⇨動学的一般化最小2乗推定
DI　⇨連邦障害者保険信託基金
DMO　⇨債務管理庁
DOLS推定　⇨動学的通常最小2乗推定
ECM　⇨誤差修正モデル
Engle-GrangerタイプのADFテスト（E-Gテスト）　139
FB　⇨政府短期証券
FRB　⇨連邦準備理事会
FTSE100株式インデックス　264
GEMM　⇨ギルト債マーケット・メーカー
HI　⇨連邦入院保険信託基金
Housmanタイプのテスト（Hテスト）　139
LIBOR　⇨ロンドン・インターバンク・レート
MK　⇨市場連動型特別債
NILO債　248, 277
NS&I　⇨国民貯蓄投資庁
OASI　⇨連邦老齢・遺族保険信託基金
parent（ギルト）債　277
PD　⇨プライマリー・ディーラー
Perronテスト　135, 201
Pitt減債基金　231
PVS　⇨額面発行特別債
PWLB　⇨公共事業資金貸付協会
Q基準　135
RA　⇨買戻オークション
SA　⇨スイッチ・オークション
SMI　⇨連邦補足的医療保険信託基金
SUR　⇨見かけ上無相関な回帰
TB　⇨短期国債
Treasury Direct（TD）　260
VARモデル　⇨ベクトル自己回帰モデル
Walpole減債基金　231
WI取引　⇨入札日前取引，発行日前取引
ZCB　⇨ゼロ・クーポン債
Zivot-Andrewsテスト（Z-Aテスト）　135

【ア行】

愛国者債券　261
赤池の情報量基準（AIC）　140
アコード　233
足切り価格　176, 183
アナウンスメント効果　178, 183
イールド・スプレッド　125, 129, 134, 165
一時貸付金　249
一時預金　249
一般大蔵省証券　257
一般基金　272
医療健康保険（メディケア）信託基金　250, 274, 294

イングランド銀行（BOE） 95, 132, 248
オペレーショナル・リスク 5, 6
オリンピック富くじ分配基金投資勘定 276

【カ行】

買入オペレーション 176, 178
買入タップ 221
海外シリーズ 271
買戻オークション（RA） 176, 184, 217
買戻オペレーション 174
買戻制度 173
科学技術・芸術国家基金投資勘定 276
確定利付貯蓄債券 292
確定利付貯蓄証書 291
額面発行特別債（PVS） 273
合衆国貯蓄債券 259
カバー率 196
借換オファー 184, 217
借換オペレーション 174, 179
借換債 21
借換リスク 5, 6, 24, 228
頑健推定 152
元本保証株式（インデックス連動）債券 264, 293
期限前償還条項付国債 173, 191
擬似支払日 237
寄贈・遺贈基金 276
北アイルランド国民保険基金投資勘定 276
北アイルランド裁判（所）サービス投資勘定 276
希望利回較差 193
キャピタル・ボンド 292
給与天引制度 260
教育貯蓄債券プログラム 261
狭義の発行政策 88, 119
鏡像市場連動型財務省特別債 275
競争入札方式 180
競争利回較差入札 193
共和分回帰 139

共和分検定 139
ギルト債 68, 132, 277
ギルト債マーケット・メーカー（GEMM） 70, 189
金利コストの抑制（目的） 110, 119
金利スワップ取引 171
金利の期間構造（理論） 119, 123
金利の期待理論 123
金利リスク 5, 33, 228
クーポン効果 240
軍隊退職基金 294
経済の安定化（目的） 110, 119
決済リスク 5, 6
減債基金 230
減税特例国債に係る特例繰入 231
公企業基金 272
公共事業資金貸付協会（PWLB） 276
公債の中立命題 9, 15
構造的国債管理政策 4
公的債務 3
公務員退職・障害基金 279, 294
国債価格支持政策 232
国債委員会 249, 276
国債管理政策 35, 65
国債管理の中立命題 11
国債市場特別参加者 70, 193
国債証券買入銷（消）却法 193
国債整理基金特別会計法 171
国債整理基金による既発国債の買入消却制度 171, 193, 224
国債の補完供給制度 74
国内シリーズ 271
国民貯蓄銀行基金 276, 296
国民貯蓄証書 257, 264
国民貯蓄投資商品 248, 262
国民貯蓄投資庁（NS&I） 263
国民富くじ分配基金投資勘定 276, 296
国民保険基金投資勘定 276, 279, 296
誤差修正モデル（ECM） 122, 130
個人向け国債 256, 286
国家貸付資金 249

索　引　311

国家債務削減委員会（CRND）　248, 276
国家債務庁　276
固定価格条件　187
固定比率方式　180, 181
固定利付債　79
子供ボーナス債券　265, 292
コンベンショナル方式　75

【サ行】

財政構造改革の推進に関する特別措置法停
　止法　18, 230
財政政策　35, 65
財政投融資（財投）改革に伴う経過措置
　23, 228, 229
財政融資資金特別会計国債（財投債）　1,
　228, 229
裁判所基金投資勘定　276, 296
債務管理庁（DMO）　89, 194, 235
残高管理政策　171
資金管理短期証券（CMB）　79, 82
市場性国債　78, 244
市場性財務省証券の償還（買戻）オペレー
　ション　191, 224
市場連動型特別債（MK）　273, 275
シ団引受方式　68
失業信託基金　294
実質保有収益率　46
シニア満期前借換制度　233
社会保障基金　247, 252, 287
社会保障信託基金　249, 274, 285, 294
州・地方政府シリーズ　271
ジュニア満期前借換制度　233
循環的信託基金　272
小額買入オペレーション　221
商業銀行負債レート　132
証券決済システム改革法　171
勝者の災い　75
商品性　67
剰余金繰入　231
所得債券　291
シリーズ I　261, 289

シリーズ EE　261, 289
シリーズ H　266
新規財源債　65
シンジケート団（シ団）制度　67, 69
信託基金　249, 272
信用リスク　5, 6
スイッチ・オークション（SA）　184, 217
スイッチ・タップ　221
数量的国債管理政策　4
ストリップス債　72, 77, 175
スプレッド・リスク　180
請求されない証券、利息（配当）および償
　還金勘定　276
政府勘定シリーズ　249, 271
政府債務　3
政府短期証券（FB）　78
政府内基金　272
税預金証書　249
ゼロ金利政策　20
ゼロ・クーポン債（ZCB）　275

【タ行】

ターム・プレミアム　125, 129
第 I 非価格競争入札　113
対象銘柄　174
第 II 非価格競争入札　77, 113
ダッチ方式　75, 192
タップ方式　69
単位根　134
短期国債（TB）　79, 132
短期 TB　79, 80
中立性（目的）　111, 119
超過（保有）収益率　129, 133
長期借換　232
貯蓄口座　248, 263
貯蓄国債　248, 256, 263
貯蓄投資　268
貯蓄ノート　266
ツイスト・オペレーション　232, 233
定期分配型投資信託　242
低利借換　232

定率繰入　231
デュレーション　87, 175, 238
動学的一般化最小2乗推定（DGLS 推定）
　　139
動学的実行可能な一般化最小2乗推定
　　（DFGLS 推定）　139
動学的通常最小2乗推定（DOLS 推定）
　　139
統合予算制度　272
特定期間選好仮説　124
特別基金　272

【ナ行】

入札結果発表時間　67, 74
入札日前取引（WI 取引）　67
入札方式　68
年間年金率　237
年金額　236, 238
年金国債　235
年金受給者向け収入保証債券　265, 292
年金積立金管理運用独立行政法人　251,
　　253

【ハ行】

パー・ボンド　240
破産サービス投資勘定　276, 296
発行市場の枠組み　67
発行制度　67
発行日前取引（WI 取引）　67, 187
発行銘柄　174
バローの中立命題　9
非ケインズ効果　8, 12, 15
非市場性国債　78, 244, 255
非循環的信託基金　272
非定常変数回帰　138
普通国債　1
物価連動債　79
物価連動貯蓄証書　291
プッタブル債　251
プライマリー・ディーラー（PD）　70, 192
プライマリー・ディーラー制度　68, 69

分離適格振替国債　78
ベイズの情報量基準（BIC）　135, 140
ベクトル自己回帰モデル（VAR モデル）
　　130
ベンチマーク銘柄　174
変動利付債　78, 87
補足的市場連動型財務省特別債　275
保有収益率　127, 133
ホワイト・ノイズ・オーバーラッピング・
　　エラー　126, 138

【マ行】

マーケット・リスク　5
満期前借換制度　194, 233
見かけ上無相関な回帰（SUR）　154
見せかけの回帰　139

【ヤ行】

郵便サービス基金　294
翌日物証券　275
予算繰入　231
予算リスク　5, 6

【ラ行】

ランプ銘柄　186, 190
リオープン制度（方式）　67, 72
リカードの等価定理　9
リスク・プレミアム　21, 24, 53, 66, 126
利息増加型債券　261
流動性供給入札制度　74
流動性プレミアム仮説　123
流動性リスク　5, 6
量的緩和政策　20, 228
ルオーギ債　235
連邦基金　272
連邦準備理事会（FRB）　232
連邦障害者保険信託基金（DI）　250, 295
連邦職員退職基金　250
連邦入院保険信託基金（HI）　250, 294
連邦補足的医療保険信託基金（SMI）
　　294

連邦レギュレーション・コード　191
連邦老齢・遺族保険信託基金（OASI）
　　250, 295
ロンドン・インターバンク・レート
　　（LIBOR）　132

【ワ行】

割引債　78
割増金付貯蓄債券　264, 291

初出一覧

第1章　国債管理政策の意義
　　「国債管理政策の意義」,『証券レビュー』第44巻第7号, 日本証券経済研究所, 2004年7月.
第2章　最適満期構成の理論的考察―新発国債の需要と供給―
　　「最適満期構成の理論的考察―新発国債の需要と供給―」,『証券経済研究』第47号, 日本証券経済研究所, 2004年9月.
第3章　国債発行政策の日米英比較
　　「国債発行制度の日米英比較」,『証券レビュー』第45巻第7号, 日本証券経済研究所, 2005年7月.
　　「国債発行政策に関する国際比較」,『証券レビュー』第45巻第8号, 日本証券経済研究所, 2005年8月.
第4章　国債発行政策と金利の期間構造
　　「発行政策と金利の期間構造―英米の比較分析」,『現代ファイナンス』No.19, 日本ファイナンス学会, 2006年3月.
第5章　国債買戻政策の日米英比較
　　「国債残高管理政策としての買戻し制度」,『証券レビュー』第46巻第2号, 日本証券経済研究所, 2006年2月.
　　「買戻し制度の日米英比較」,『証券レビュー』第46巻第8号, 日本証券経済研究所, 2006年8月.
第6章　国債残高管理政策としての年金国債導入
　　「国債残高管理政策としての年金国債導入」,『月刊 資本市場』No.245, 資本市場研究会, 2006年1月.
第7章　非市場性国債の活用―国債管理政策の視点から―
　　「非市場性国債の活用―国債管理政策の視点から―」,『証券経済研究』第58号, 日本証券経済研究所, 2007年6月.

[著者紹介]

須　藤　時　仁
（す　どう　とき　ひと）

1962年生まれ．慶應義塾大学経済学部卒，英国Warwick大学大学院修了，横浜国立大学より博士（学術）．(財)日本証券経済研究所勤務．主著に『イギリス国債市場と国債管理』日本経済評論社，2003年．

国債管理政策の新展開
――日米英の制度比較――

2007年8月25日　第1刷発行

定価（本体5500円＋税）

著　者　須　藤　時　仁

発行者　栗　原　哲　也

発行所　株式会社　日本経済評論社

〒101-0051 東京都千代田区神田神保町3-2
電話 03-3230-1661／FAX 03-3265-2993
振替 00130-3-157198

装丁＊渡辺美知子　　　　　　太平印刷社・山本製本

落丁本・乱丁本はお取替いたします　　Printed in Japan

© SUDO Tokihito 2007
ISBN978-4-8188-1954-2

・本書の複製権・譲渡権・公衆送信権（送信可能化権を含む）は㈱日本経済評論社が保有します．

・JCLS〈㈱日本著作出版権管理システム委託出版物〉
本書の無断複写は著作権法上での例外を除き禁じられています．複写される場合は，そのつど事前に，㈱日本著作出版権管理システム（電話 03-3817-5670，FAX 03-3815-8199，e-mail : info@jcls.co.jp）の許諾を得てください．